Mosaik bei
GOLDMANN

Mosaik bei
GOLDMANN

Johanna Paungger
Thomas Poppe

Der lebendige *Garten*

Gärtnern zum richtigen Zeitpunkt

In Harmonie mit Mond- und Naturrhythmen

Mosaik bei
GOLDMANN

FSC
Mix
Produktgruppe aus vorbildlich bewirtschafteten Wäldern und anderen kontrollierten Herkünften

Zert.-Nr. SGS-COC-1940
www.fsc.org

Verlagsgruppe Random House FSC-DEU-0100
Das für dieses Buch verwendete FSC-zertifizierte Papier *EOS* liefert Salzer, St. Pölten.

3. Auflage

Umschlaggestaltung: Heinz Kraxenberger, München
Umschlagillustration: Reinhild Hofmann, München
Illustrationen: Reinhild Hofmann, München
Redaktion: Sybille Schlumpp
Layout und Satz: Barbara Rabus
Druck und Bindung: GGP Media GmbH, Pößneck
Printed in Germany
ISBN 3-442-39065-6

www.mosaik-goldmann.de

Dieses Buch ist allen Menschen guten Willens gewidmet.
Allen Menschen, die Achtung empfinden
vor der Natur, dem Wasser, der Erde, jedem Lebewesen.
Wir gehören alle zusammen.

Inhalt

In eigener Sache – Teil eins

Johanna Paungger-Poppe

Mit diesem Buch möchte ich Ihnen ein Geschenk machen, nämlich dasselbe Geschenk, das mir in meiner Kindheit unser Garten und die Obstbäume auf unserem Bauernhof gemacht haben.

Der Garten hatte nie Kunstdünger und Pestizide erlebt, wurde niemals bewässert. Wir säten und pflanzten eine Vielfalt von Gemüse und Kräutern zum richtigen Zeitpunkt, wir freuten uns am Wachstum, an den Schmetterlingen, Bienen und Vögeln, wir ernteten den Überfluss zum richtigen Zeitpunkt – ohne zu viel Arbeit, mit viel Dankbarkeit. Und wir waren nie traurig über irgendeinen Mangel, irgendein Gemüse, irgendeine Beere, die in einem Jahr nicht so reiche Ernte schenkte, denn der Sinn davon war uns vertraut. Die Natur schwingt in Wellen, wie sich auch der Mensch in Wellen entwickelt – mit Bergen und Tälern, mit Hochs und Tiefs.

Zur Reifezeit leuchteten die Apfelbäume rot oder gelb, die Zwetschgenbäume waren blau, unsere Aprikosenbäume orange, die Birnbäume waren gelb. Alles leuchtete und war so voll und schwer beladen mit Früchten, dass man die grünen Blätter kaum mehr erkennen konnte.

Die Früchte kamen Jahr um Jahr, mal beim einen Baum weniger, dafür beim anderen mehr, ohne chemischen Dünger und ohne jeden Baumschnitt. Bogen sich die Äste unter ihrer Last bis auf den Boden, war nichts zu tun. Hingen sie schwer in der Luft, dann – in Gottes Namen – wurden sie manchmal gestützt. Die Stützen dazu lagerten in allen Größen im Schuppen. Trotz gewaltiger Schneemengen im Winter dachte niemand an die Gefahr brechender Äste, weil nicht gedüngte und nicht geschnittene Bäume nicht brechen.

Die Bäume und ihre Früchte waren für uns da und unsere Erntedankfeste waren nicht nur leeres Brauchtum. Diese Bäume hielten bei mir ein Gefühl am Leben, das mich bis heute nicht verlassen hat: Dass die Freigebigkeit der Natur und ihre Weisheit grenzenlos ist. Und dass selbst Unbarmherzigkeit und Härte, die scheinbar von ihr ausgeht, einen tiefen Sinn hat, den zu ergründen nicht schwer fällt, wenn man sich traut zu schauen und zu fühlen.

Als ich in die Schule kam, bot sich anfangs ein anderes Bild. Wir hatten offenbar den »Fortschritt« ein wenig verpasst. Es gab in unmittelbarer Umgebung Nachbarn, die nach neuen Methoden anbauten, die Kunstdünger und Pestizide verwendeten, und auch die größeren Äpfel ernteten. Dafür aber waren sie wässriger und schmeckten nach nichts. Man ließ uns spüren, dass der Fortschritt sogar behindert wird, wenn man weder Kunstdünger noch Pestizide und Maschinen verwendet. Jedes Kind aber will seine Eltern überholen, will ihnen beweisen, dass es gut ist und was kann. Auch ich hatte diesen Wunsch und deshalb bekam ich manchmal Probleme, und hatte das Gefühl, zwischen den Stühlen zu sitzen.

In der Schule wurde uns wörtlich gesagt: »Natürlich gibt es noch vereinzelt primitive Bauern, die alles ablehnen und womöglich sogar noch nach dem Mond gehen. Sie erzählen dann auch noch herum, dass Kunstdünger und Pestizide Gift sind. Das tun sie aber nur, weil sie verschleiern wollen, dass sie sich den Fortschritt nicht leisten wollen.« Dieser Schachzug war sehr unfair, denn einerseits wurde der Ankauf der Chemikalien und Maschinen zum Teil bis zur Hälfte des Kaufwertes vom Staat unterstützt, und andererseits gab es wahrlich gute Gründe, diesen Fortschritt zu verachten.

Fast alle hielten zusammen: Lehrer, Bürgermeister, Lagerhaus, Bank, Gemeindeverwaltung. Ein »Bündnis für Arbeit«. Nämlich für die Arbeit der Chemiker und Ärzte, die in Zukunft sehr gut verdienen würden mit all den ernährungsbedingten Krankheiten, die wir Bauern vorbereiten halfen.

Dann kam mein Umzug nach München. Natürlich habe ich mich damals, als junges Mädchen auf dem Weg in die Großstadt, auch ein wenig über »sture« Eltern geärgert, wenn sie von »ungesunder Cola und Büchsennahrung« sprachen. Eine Dose Ravioli ist schnell zubereitet, es ist »alles drin«, was der Mensch braucht, es schmeckt gut. Das Gefühl des Schadens im Körper kommt ja erst später. Dann aber ist man schon abhängig und rennt den Suchtstoffen hinterher, die in Konserven und Fertigkost enthalten sind.

So viele meiner Altersgenossen ließen sich von Bequemlichkeitsversprechen und Werbephrasen verführen. Mein Glück war meine große Neugier und die Erinnerung an meinen Großvater, der mir immer in aller Ruhe die Zusammenhänge in der Natur gezeigt hatte. Selbstverständlich glaubte ich anfangs den schönen Worten im Großstadtgetümmel, den Fortschrittsparolen, verschlang die süßen Hüllen um die bitteren Hintergedanken. Ganz allmählich erst gewann ich die Kraft, eigene Wege zu gehen und immun zu werden gegen die Verführungskünste der Industrie und Wissenschaft. Auch die Kraft, mir eine klare Meinung zu bilden über den Unterschied zwischen echtem Fortschritt und nur scheinbarer Entwicklung. Das Gefühl, einen guten Weg zu gehen, wurde mir schließlich wichtiger als der Schmerz, eine Außenseiterin zu sein.

Mit diesem Buch möchte ich Ihnen Mut machen, auch diesen Weg zu gehen und so viel wie möglich selbst im Garten anzubauen und zu ernten, so viele Kräutertöpfe und Pflanzenkübel zu betreuen, wie nur möglich. Das wäre die Medizin, die wir brauchen! Das Geschenk all der Pflanzen und Bäume, der Früchte und Beeren in meiner Kindheit an mich und an Sie besteht darin, dass dieser Überfluss immer für uns da ist, fast ohne etwas dafür tun zu müssen. Einen lebendigen Garten zu führen, ist eine der einfachsten Sachen der Welt.

Eines glücklichen Tages werden wir alle begreifen, dass die wahren Apotheken unsere Bio-Läden, dass die wahren Umweltschützer unsere Bio-Bauern sind. Kommen Sie mit uns auf die Reise zu diesem glücklichen Tag.

In eigener Sache – Teil zwei

Thomas Poppe

»Ich schreibe, wie sie denkt und fühlt und sie spricht, wie ich denke und fühle« – diese Antwort gab ich kürzlich auf die Frage eines Journalisten, worin das Geheimnis unseres Erfolges und der guten Zusammenarbeit mit meiner Frau liegt. Das war eine ganz spontane Antwort, und erst einige Zeit später fiel mir auf, dass in der Antwort auch eine Antwort auf die Frage zu finden ist, warum ich so lange Zeit gezögert hatte, gemeinsam mit Johanna ein Buch über das Gärtnern zu schreiben. Die Bergbauerntochter hat der Stadtpflanze einfach so ungeheuer viel Erfahrung im Bereich von Garten und Landwirtschaft voraus, dass ich mir fast überheblich vorgekommen wäre, so einfach Ja zu sagen zu einem Paungger-Poppe-Buch zu diesem Thema. Und als bloßer Ghostwriter sehe ich weder meine Vergangenheit noch meine Zukunft.

Zudem erschlägt mich immer bei meinen regelmäßigen Besuchen in Buchhandlungen das Angebot in der Gartenabteilung. Unfassbar, wie viele Bücher es zum Thema gibt, wie bunt, komplex, dick und fett, wie »wissenschaftlich fundiert« und breit gefächert das Angebot ist. Für jeden einzelnen Aspekt des Gärtnerns, vom Kompostieren bis zum Regenwurmzüchten, für alles gibt es mindestens ein Buch zum Thema, meistens sogar zehn bis hundert. Warum also noch eins schreiben?

Schuld war der Rhabarber.

Er kam mit der Post und ließ uns nicht ahnen, was aus ihm werden sollte. Ein kleines Pflänzchen, gehüllt in feuchtes Papier, zu uns geschickt – fast als ob der Begleitbrief sagen würde: »Das ist seine letzte Chance.« Wir pflanzten ihn schon bald in eine magere Ecke des Gemüsegartens – anwässern, ein paar gute Wünsche, fertig. Kein Kompost, kein Dünger, nichts. Ein paar gute Gedanken, das war's.

Jahre sind seither vergangen. In dieser Zeit ist es bei den guten Wünschen geblieben. Keine Gießkanne, kein Dünger, kein Kompost, kein Mist im Herbst, nichts. Aber was für ein Anblick! Jedes Jahr wächst und gedeiht der Rhabarber, als gälte es, Preise zu gewinnen. Mit seinen gigantischen Blättern nimmt er inzwischen eine Fläche von vier Quadratmetern ein und beschenkt uns jedes Jahr reichlich – Kompott, Marmelade, was auch immer. Gesund und vitaminreich. Ohne dass wir auch nur einen Finger rühren, um ihn zu pflegen oder zu päppeln. Nichts außer unseren guten Wünschen – die müssen schon sein.

Kürzlich dann blätterte ich in einer Buchhandlung in einem dicken Standardwerk zum Thema »Garten« und stolperte über das Stichwort »Rhabarber«. Und was stand da? Ganze vier Seiten zum Thema »Rhabarber und seine Pflege«! Fast eine wissenschaftliche Abhandlung, nach deren Lektüre für mich die Überzeugung stand, man müsse Chemie und Physik und Gartenbau und Geologie studiert haben, um es wagen zu dürfen, erfolgreich ein Rhabarberpflänzchen zu setzen. Ehrfurcht einflößend, kompetent und detailliert. Anders gesagt: Eine einzige Katastrophe!

Durch die Brille des Laien begann ich daraufhin, in anderen Gartenbüchern zu blättern und mein Entsetzen wuchs. Generell gewann ich den Eindruck, dass die Verlage und Autoren kaum darüber nachdenken, ob ihre Werke auch alltagstauglich sind. Mit anderen Worten: Liest ein Anfänger die Bücher, wird er entmutigt. Liest sie der Fachmann, erfährt er nichts Neues oder gleich so Exotisches, dass es nicht praktikabel oder irrsinnig teuer ist. Viele schöne Bilder mit wenig praktischem Wert.

Letztlich wirkten fast alle Bücher auf mich wie Betriebsanleitungen zum Führen eines Turbo-Gartens – zu einer höchst komplizierten Maschine, die von Menschenhand erschaffen ist und ohne Zutun von Experten stillstehen und verkommen muss. Vorausgesetzt allerdings, man investiert genug Zeit, Mühe, Arbeitskraft und Geld, und nähert man sich mit Hilfe eines Spezialwissens dieser Maschine, dann könnte sich das Ergebnis der Mühen »sehen« lassen, dann lohnt sich der Aufwand und der Ertrag stimmt.

Von wem sehen lassen? Und wofür? Ich empfand diese Bücher fast als Zumutung für den Laien. Und begriff immer deutlicher, was Johanna meinte, wenn sie immer wieder sagte, dass unser Buch »einfach« geschrieben sein sollte. Im Laufe der Jahre mit Johanna hatte ich ja auch einige Praxis im Garten erworben und niemals das Gefühl gehabt, es wäre irgendetwas kompliziert daran.

Lebenslang hatte mich eine Gewissheit aus meiner Kindheit begleitet, nämlich dass die Natur perfekt ist und wir diese Perfektion nur *sehen* müssen – statt blind immer nur einen kleinen Aspekt zu erfassen und sogleich nach unserer begrenzten Vorstellungen von »Ästhetik« und »Ertrag« zu formen und letztlich zu kastrieren.

Unser Entschluss stand fest: Wir wollen zeigen, dass es anders geht. Unsere große Hoffnung steht auch fest: Dass es uns mit diesem Buch gelungen ist. Es ist kein Handbuch, sondern ein Kopf- und Herzbuch. Sie erfahren nicht, wie man Rosen züchtet und Zierbeete anlegt, nicht, wie man Begonien düngt und Tomaten bewässert. Sie erfahren stattdessen, wie man zum richtigen Zeitpunkt sät, setzt und erntet, wie man die Natur in Frieden lässt, damit sie tun kann, wofür Gott sie geschaffen hat – nämlich in vielfältigster Weise für uns da zu sein, damit wir unseren Weg im Leben finden, gestärkt an Leib und Seele.

Und jetzt wissen Sie auch, wem Sie dieses Buch zu verdanken haben: Einer kleinen Rhabarberpflanze, die sich zu einem Prachtexemplar entwickelt hat, aller Wissenschaft und aller Untauglichkeit ihrer Umgebung zum Trotz. Rhabarberpflänzchen zum richtigen Zeitpunkt in die Erde, angießen, ein paar gute Gedanken – fertig. Seit sechs Jahren reiches Wachstum in magerster, lehmiger Erde, hart wie Beton bei Trockenheit. Wir danken diesem Pflänzchen für die Inspiration zu diesem Buch. Möge es Ihnen nützlich werden und ein treuer Begleiter auf Ihrem Weg in eine gute Zukunft für uns alle.

Das Schneckenvorwort

Mit diesem Buch geben wir Ihnen *das* Werkzeug in die Hand, um die Schneckenplage in Ihrem Garten loszuwerden. Nur zwei Kleinigkeiten müssen Sie dafür erfüllen: Sie müssen erstens ab sofort etwas *nicht mehr* tun und zweitens ist eine Einsicht nötig.

Doch zuerst eine kleine Anekdote: Unser Haus liegt in einer sehr trockenen Region mit wenig Niederschlägen, mit viel Wärme und der einen oder anderen Dürreperiode im Sommer und vor allem mit viel Wind. »Ohne regelmäßiges Gießen und Bewässern geht hier gar nichts im Garten« – diesen Eindruck vermittelte dort nicht nur jeder Gärtner, als wir einzogen, auch die Zahl der automatischen Beregnungs- und Bewässerungsanlagen in den Privatgärten sprach eine deutliche Sprache. Zudem mussten nach dem Hausbau Mengen an Gartenerde herbeigeschafft werden und auch der neu angelegte Rasen machte den Eindruck, täglich neu zu verdursten. Also ließen wir uns überzeugen und machten uns mit Gartenschlauch und Gießkanne ans Werk. Fast schien es uns jetzt, als ob die Erde umso mehr austrocknete, je mehr wir bewässerten.

Nach einer der seltenen Regennächte wachten wir eines Morgens auf, holten die Zeitung aus dem Postkasten – und erblickten Hunderte, wenn nicht Tausende von Nacktschnecken überall! Auf den Wegen, vor der Garage, auf Holztreppen und am schlimmsten: Hunderte, so kam es uns vor, waren über Nacht *die Wände unseres Hauses hinaufgeklettert! An allen vier Seiten!* So wie wir müssen sich die Leute im Film *Die Vögel* von Alfred Hitchcock gefühlt haben beim Anblick des Krähenschwarms! »Bis hierher und nicht weiter!«, dachten wir, und hörten auf zu gießen und zu bewässern – *wie wir es früher schon immer getan haben.* Wir entschieden uns, lieber auf einen Garten zu verzichten als unter solchen Umständen einen zu besitzen. Viel Arbeit, viel Wasser, viele Schnecken. »Schluss!« dachten wir. Kein Gießen mehr – so wie wir es aus Johannas Heimat kannten und früher beherzigt hatten.

Das hatte Folgen:

Heute ernten wir wieder Tomaten, die vom ersten Angießen der Pflänzchen bis zur letzten Ernte im November (!) keinen Tropfen Wasser erhalten. Wir bereiten uns Tee zu mit den Blättern von Salbei, Zitronenmelisse und vielen anderen guten Kräutern aus unserem Garten, die niemals einen Tropfen künstliches Nass erhalten. Wir ernten Kohlrabi bis in den Dezember hinein, ausgegraben unter dem Schnee, wunderbar saftig, kein bisschen holzig, ohne dass er jemals die Gießkanne zu Gesicht bekommen hätte. Zwar wird unsere Wiese ein wenig braun, wenn Trockenheit herrscht, aber nur Stunden nach dem Regen erstrahlt sie wieder in frischem Grün. Salat, Spinat, Blumenkohl, Früchte, Beeren, Gemüse – alles aus lehmigem Boden, steinhart bei Trockenheit, ohne Gießen und Bewässern. Und ohne Schnecken! Womit Sie die erste Bedingung erfahren hätten, um Ihre Schnecken loszuwerden. Weiter hinten im Buch erfahren Sie die Zusammenhänge noch genauer.

Die zweite Bedingung erfordert nur ein wenig Einsicht Ihrerseits: *Sie müssen mit ganzem Herzen begreifen, es muss Ihnen in Fleisch und Blut übergehen, dass jegliches Bekämpfen auf dieser Welt von Anfang an sinnlos ist. Von Anfang an und ohne jede Ausnahme.*

Was geschieht, wenn ein Tyrann das Nachbarvolk angreift, fast ausrottet, und dann vom angestammten Land vertreibt? Die erste Generation des unterdrückten Volkes ist noch überrascht, betäubt und vielleicht »besiegt«. Die zweite Generation steht auf, die dritte Generation wird sehr stark und »immun« gegen die Schmerzen. Und schlägt zurück. Für offene Augen und Ohren, für vernunftbegabte Wesen und Wesen mit Liebe im Herzen ist dieses Naturgesetz überall zu beobachten:

Was geschieht, wenn Menschen anderer Religion, Hautfarbe, Parteizugehörigkeit, Besitzstandes sich bekämpfen, statt sich zu verstehen und das Miteinander zu entwickeln? Diese »andersartigen« Menschen werden sich immer wehren, bis der Kampf vorbei ist.

Was geschieht, wenn eine Krankheit bekämpft wird, statt sie zu verstehen, wie etwa Krebs, AIDS, Herzkrankheiten, Alzheimer, Parkinson? Niemals wird es gelingen, sie zu beseitigen, es sei denn, ich verstehe die Ursachen: fleischreiche, zucker- und weißmehlreiche, leere Kost, Impffolgen nach Jahrzehnten, mangelnde Wasserqualität, Atomkraft, Erdstrahlen, Handystrahlen, Elektrosmog.

Was geschieht, wenn Bakterien und Viren bekämpft werden, statt die wahre Ursache der überstarken Vermehrung zu verstehen? Die Bakterien und Viren werden nach und nach resistent gegen Heilmittel und stärker als je zuvor.

Was geschieht, wenn man im Winter übertrieben stark heizt und im Sommer den Einfluss der Klimaveränderung mit Klimaanlagen bekämpft? Die Natur wird mit immer stärkeren Signalen auf ihre Not aufmerksam machen. Überall spürbar, aber anscheinend nicht bei den verantwortlichen Politikern, die in klimatisierten Räumen leben und arbeiten. Müssten diese Politiker und ihre Kinder sich nur einen Monat lang aufhalten in überfüllten U-Bahnen, in überhitzten Schulräumen, in nicht klimatisierten Fahrzeugen, in vom Schwerlastverkehr verpesteten Alpentälern – wir hätten andere Gesetze.

Was geschieht, wenn das »unberechenbare« Verhalten von Wasserläufen mit Flussbegradigungen bekämpft wird, statt der Natur und ihrer Weisheit zuzuschauen? Wir ernten Überschwemmungen.

Was geschieht, wenn »Schädlinge« und »Unkraut« bekämpft werden, statt die natürlichen Kreisläufe und den Sinn eines Zuviel an Insekten und Begleitpflanzen zu verstehen? Wir ernten Gemüse und Früchte, die uns alle vergiften.

Was geschieht also, wenn Sie Schnecken bekämpfen, statt zu verstehen, warum sie hier sind? Sie vergiften sich mit dem Gemüse, das Sie ernten und laden die Schnecken ein, in Massen über Sie herzufallen.

Das Prinzip ist so einfach zu formulieren: *Was ich bekämpfe, das lade ich ein, zu mir zu kommen, in größerer Stärke und Macht als zu Beginn des Kampfes. Ausnahmslos durch das Verständnis von Zusammenhängen und Ursachen lassen sich die Dinge zum Guten wenden – im Kleinen wie im Großen.*

Denken Sie einmal darüber nach: Wildkräuter, Wildblumen, alles, was in der Natur ohne Eingriff des Menschen in Üppigkeit und Schönheit wächst und gedeiht, ohne Gießkanne und Bewässerungsanlage erdulden zu müssen – all das wäre schon längst verschwunden, von Schnecken aufgefressen, und nicht nur von denen, wenn dort dieselben Gesetze herrschen würden, die wir im Garten angeblich anwenden »müssen«.

Es ist wirklich kaum zu fassen, was in Gartenbüchern, in Pflanzkalendern, auf den Gebrauchsanweisungen der Samen und Pflanzen steht – bis hin zu der törichten Empfehlung, überwinternde Pflanzen fest zu gießen. All diese Torheit wird hingenommen wie ein Trend in der Schuhmode. Nur dass dabei kein Schaden entsteht, während die herrschende Mode im Gartenbereich großen Schaden bringt, für Mensch und Tier.

Abgesehen von der Vergiftung durch Chemie: Gehen Sie einmal in Ruhe der Frage nach, was ein Salat in Ihrem Körper bewirkt, wenn Sie sein Gedeihen mit der Vergiftung und Beseitigung zahlloser Schnecken, zahlloser Lebewesen »erkauft« haben? Wie schmeckt gestohlene Schokolade? Wie wohnt es sich in einem Haus, das der vorherige Besitzer aufgrund einer Notlage zwangsversteigern musste? Wie lebt es sich als wohlhabender Mensch, dessen Reichtum auf Ausbeutung seiner Angestellten beruht? Wie genießt man einen Erfolg, der durch Lüge und Verstellung zustande kam?

Wir sind sicher: In Ruhe über diese Fragen nachgedacht, und das Schneckenproblem in Ihrem Garten ist gelöst. Und so ganz nebenbei viele andere Probleme und Schwierigkeiten ebenfalls, die das Leben für Sie bereithält und noch bereithalten wird.

Zum Schluss der Beitrag eines Freundes, der sich dem Thema »Schnecken im Garten« schon 1979, kurz nach der ersten Schneckeninvasion gewidmet hat. Er soll uns auch daran erinnern, dass Humor ein unentbehrliches Gewürz ist bei allem, was wir tun – eine echte Medizin.

Schneckentod

Schneckentod! – Mein Garten ist bedroht!
Aus allen Hecken und Ecken überfallen mich die Schnecken.
Ich hab sie schon x-mal chemisch verseucht und versuppt:
Hat sich leider als Fehlschlag entpuppt!
Dutzendweis hängen's an Kraut und Salat,
»Wann de Hundsviecher amoi da Deifi hol'n dat!«

Seit einem Jahr bin ich jetzt ein Umstellbetrieb,
Mein Garten läuft nach dem Öko-Prinzip:
Den Pflanzen gut zuredn, fleißig kompostiern,
Kein Kunstdünger, kein Spritzmittel, halt a bisserl mit Hirn!
Die Mondphasen beachten, manchmal drauss'n übernachten.
Ich hab jetzt überhaupt eine sanftere Tour eingschlagn:
Die Viecherl werd'n abgsammelt und kübelweis in den Wald
'naustragn

Ein Schild hab ich gmalt: Schnecken, hier »Halt«!
Und weil Schnecken nur nachts gehen, hab ich's angstrahlt.
Ich hab Pflanzen gepflanzt, die den Schnecken nicht schmecken,
Doch es tat den Eindruck erwecken, als wollten's mich derblecken.
Weil meinen Schnecken selbst diese Pflanzen noch schmecken.
Dutzendweis hängen's an Kraut und Salat,
»Wann de Hundsviecher amoi da Deifi hol'n dat!«

Mein Nachbar is neulich direkt durchdraht:
»Jetzt«, hat er gsagt »wird alles niederg'maht!«
Über'n Zaun hat er noch gschrien: »Jetzt ist ausgeschneckselt!«
Und hat das ganze Gemüse durch den Rasenmäher gehäckselt.
Und ab in die Tonne für die Müllabfuhr.
Jetzt frisst er halt seinen Schweinsbraten pur.

Als Biogärtner bin ich da schon aus Prinzip dagegen:
Da muss es doch eine Alternative geben!
Ich hab lang überlegt, aber i bin a net der Dümma.
Und dann is mir eingfalln: »Schnecken können net schwimma!«
Einen zwei Meter breiten Ringkanal hab ich in meinem Garten betoniert,
Um das eine Beet halt, weil der Rest ist kanalisiert.

Jetzt muss ich halt mit dem Kahn
Übers Wasser zum Schnittlauch holn fahrn,
Aber es ist alles schneckenfrei, wunderbar!
Wenn bloß der blöde Kohlweißling net waar!

Werner Meier*

* Bayrischer Liedermacher und Kabarettist, erreichbar unter www.wernermeier.de. Ein kleiner Schnellkurs in Bayrisch zum Verständnis des Gedichts: Deifi = Teufel, dat = täte, niederg'maht = abgemäht, derblecken = verspotten, durchdraht = durchgedreht, waar = wäre.

I. Teil
Zehn Schlüssel zum lebendigen Garten

1. Schlüssel
Die kleine Entscheidung zum Guten

In welchem dargelegt wird, dass die »kleine Entscheidung zum Guten«, der kleine Schritt, die kaum erkennbare Veränderung im Alltag des Einzelnen, die unmerkliche Bewegung – dass dieses »Kleine« an der Wurzel zu allem Großen liegt und deshalb von größerer Tragweite ist als jede Nachricht, die den Weg in die Zeitungen findet.

Der erste Schlüssel zum Bau Ihres persönlichen, lebendigen Paradiesgartens verbirgt sich in einer Überzeugung, in einem tiefen Gefühl, das Sie haben oder auch nicht. Wenn Sie es haben, sind Sie wahrscheinlich ein glücklicher Mensch oder auf dem besten Wege, einer zu werden. Wenn nicht, dann möchten wir hier den Versuch wagen, Ihnen den Mut zu machen, dieses Gefühl, diese Überzeugung zu entwickeln. Es wäre nur ein winziger Schritt.

Das Gefühl, von dem wir sprechen, ist das Gefühl, dass jede einzelne kleine Entscheidung in Ihrem Leben eine Entscheidung von Tragweite ist, nicht nur für Sie selbst in Ihrem Alltag und »engem Umkreis«, sondern für die ganze Welt, ja für das ganze Universum. Ihre Entscheidungen bewegen die Welt.

Sie glauben das nicht? Dafür haben wir Verständnis.

Die Entscheidung, den Eisernen Vorhang zu beseitigen oder den Tunnel zwischen Frankreich und England zu bauen oder die Europäische Union zu besiegeln – solche Taten scheinen unendlich viel größer und bedeutender für uns alle als beispielsweise Ihre persönliche Entscheidung für oder gegen den Einsatz eines Pflanzenschutzmittels.

Dennoch: Es scheint nur so. Was unsere Welt wirklich bewegt, geschieht ausnahmslos hinter den Kulissen der in den Medien sichtbaren Welt. Ausgelöst von scheinbar unbedeutenden Kleinigkeiten, wie beispielsweise die Entscheidung für oder gegen eine Zigarette.

Der Nachbar, der sich mit dem Nachbarn versöhnt, der Chef, der seine Angestellten respektvoller führt und nicht ausbeutet, der Handwerker, der sich den Stolz auf geleistete Arbeit von jenen, die auf ihn herabschauen, nicht nehmen lässt, der Mensch, der unerkannt und »unbelohnt« etwas Gutes tut, und eben Sie, der sich vielleicht nach der Lektüre dieses Buches für einen lebendigen Garten entscheidet – sie alle verhindern Kriege, Naturkatastrophen, Epidemien.

Was sind denn »kleine Entscheidungen zum Guten«?

Vielleicht haben Sie sich noch nie für die Herkunft der Äpfel interessiert, die Sie kaufen. Hauptsache preiswert und es schmeckt. Irgendwie. Eines Tages entscheiden Sie sich, keine Äpfel mehr zu kaufen, die aus Übersee kommen, weil Sie der Meinung sind, das heimische Obst müsse gefördert werden. Mit der Folge, dass wieder einige Landwirte sich entscheiden, auf Bio umzusteigen.

Vielleicht haben Sie seit Sie denken können das Kaugummipapier während des Autofahrens zum Fenster rausgeworfen. Eines Tages halten Sie inne und beschließen, das Papier ab sofort immer nur noch zu Hause in den Recyclingbehälter zu werfen. Ohne dass Sie es merken, folgen Hunderte Menschen Ihrem Tun.

Vielleicht haben Sie jahrzehntelang von Ihrer Heizung erwartet, in kurzen Hosen und Hemd durch die Wohnung spazieren zu können, selbst wenn es draußen schneit und friert. Eines Tages entscheiden Sie sich, die Temperatur um zwei Grad herunterzuregeln und ziehen einen Pullover an. Ihre Entscheidung hat zur Folge, dass Unmengen von schädlichen Gasen nicht mehr die Umwelt belasten, weil sich viele von Ihrem Entschluss inspirieren lassen.

Sie entscheiden sich, jemandem, der Ihnen vor langer Zeit Unrecht getan hat, in Gedanken endlich zu verzeihen. Nicht nur geht es Ihnen jetzt besser, auch ein Diktator in fernen Landen lässt endlich sein Herz ein wenig rühren und trifft Entscheidungen, die seine Leute weniger als bisher ausbeuten.

Sie entscheiden sich, ab jetzt wo es nur möglich ist, statt Kunststoff Holz zu verwenden. Sie entscheiden sich, ab jetzt viel weniger oder gar kein Fleisch mehr zu essen. Beide Entscheidungen retten mehreren Tierarten das Leben.

Sie entscheiden sich für ein Pfund biologischer Tomaten vom Bio-Bauern aus Ihrer Heimat statt für Treibhaustomaten aus fernen Landen? Eine Entscheidung von größerer Tragweite als jede Politikerrede.

Sie haben sich bisher Fernsehsendungen angeschaut, wie beispielsweise »Pleiten, Pech & Pannen«, deren Erfolg auf der Schadenfreude beruhen, und mitgelacht, ohne darüber nachzudenken, wie Sie sich wohl fühlen würden, wenn Sie selbst dort im Fernsehen gerade knapp an diversen Knochenbrüchen vorbeischrammen. Sie erinnern sich, dass der Fernseher einen Schalter hat und entscheiden sich, nicht mehr zum Erfolg solcher Sendungen beizutragen.

Eine der Mega-Entscheidungen, die unsere Welt in eine paradiesische Zukunft katapultieren würde: Sie entscheiden sich, ab sofort mit jedem Ihrer Familienmitglieder mindestens doppelt so viel zu sprechen und vor allem zuzuhören wie bisher. Solche Entscheidungen sind der Stoff, aus dem eine gute Zukunft für uns alle gebaut ist.

Den ersten Schlüssel zum lebendigen Garten haben Sie schon fast umgedreht, wenn Sie bis hierher gelesen haben. Diese Mühe, diese Gedankenarbeit hat schon etwas ausgelöst, worauf Sie zu Recht stolz sein können. Immer und überall sind es solche kleinen Bewegungen, die winzigen Schritte, die kleinen Menschen, die das Große auslösen und bewegen. Die »kleine Entscheidung zum Guten« rettet die Welt. Solange sich aber Nachbarn darum streiten, wem die Äpfel gehören, die vom Baum in Nachbars Garten fallen, solange wird es Kriege geben.

Ein ewiger Kreis

Beobachten Sie die Natur mit ihren wunderbaren, sinnreichen Kreisläufen. Werden und Vergehen, Werden und Vergehen. Frühling, Sommer, Herbst und Winter. Aktivität für alle, Ruhe für alle, Nahrung für alle, Wasser für alle, Luft für alle. Und pausenlos dieser unendlich geduldige Dienst am Menschen, der Krone der Schöpfung. Es entfährt uns manchmal ein Seufzer bei diesem Gedanken: »Ach, wäre es schön, wenn er diese Krone endlich aufsetzen würde ...« Denn dann wird er erfahren, welche Verantwortung damit verbunden ist, welcher Gegendienst, welche Freude und welches friedliche Miteinander aller Lebewesen, aller Menschen.

Sie glauben, das alles sei nur ein schöner Wunschtraum? Nein, das ist für jeden Menschen unmittelbar greifbare Wirklichkeit. Nämlich dann, wenn er den Frieden zuerst in sich selbst verwirklicht und die Verantwortung übernimmt, statt sich zu beklagen oder die Hände in den Schoß zu legen. Denken Sie ab jetzt immer an die »Kraft der kleinen Entscheidung«!

Liest man regelmäßig die Tageszeitung, dann könnte man radikal verzweifeln. Doch diese Verzweiflung ist ein reiner Luxus, denn alles, was dort geschrieben steht, ist änderbar – mit Ihren persönlichen alltäglichen kleinen Entscheidungen! Gewinnen Sie das Vertrauen und die Gewissheit, dass das eine Tatsache ist. Dann haben Sie einen gigantischen Schritt in eine gute Zukunft getan – für uns alle und für sich selbst! Mit unseren Büchern helfen wir Ihnen ein Stück entlang dieses fröhlichen Abenteuers. Auch mit diesem Buch.

Ihr Gespür wird Ihnen den Weg weisen und Sie niemals im Stich lassen, wenn Sie ihm Gehör schenken.

Als Kind sagte mir mein Gespür, dass die Wege meiner Eltern die besseren sind: Das Obst schmeckt besser, die Bäume sind widerstandsfähiger, Mensch und Tier sind gesünder. Aber jeden Tag dieses Trommelfeuer an Parolen der Werbung, dass die alten Wege überholt sind. Hinzu kam, dass dann nach Jahren tatsächlich die größeren Birnen, die größeren Tomaten auf den Markt kamen. Wenn dir nun diese Birnen oder Tomaten nicht schmecken, wird dir eingeredet, dass du unter Geschmacksverirrung leidest. Bis nach Jahrzehnten dieses Irrsinns tatsächlich eine Bio-Tomate viel zu »intensiv« schmeckt, weil man den Geschmack der Industrietomate als das Normale angenommen hat. Also bist du nicht nur primitiv und hinter dem Mond, sondern du leidest also auch noch an Sinnestäuschung und Geschmacksverirrung.

Der Schaden für Umwelt und Gesundheit tritt ja nicht unmittelbar ein. Welches Kind setzt sich dann durch mit dem bloßen *Gespür*, dass hier etwas nicht stimmt? Bevor Asbest verboten wurde, haben zahlreiche wissenschaftliche Studien dessen Unschädlichkeit nachgewiesen.

Um den Unterschied zwischen gesunder Ernährung und Normalkost, zwischen einer Bio-Tomate und Glashaus-Nährlösungs-Kugeln zu erfahren, bedarf es zuerst der Empfindsamkeit und dann der Willenskraft, um sich für einen anderen Weg zu entscheiden. Beides wird systematisch durch unsere Normalernährung untergraben und betäubt, unterstützt durch verschiedenste andere Methoden, Lehrpläne, Zeitgeist, Moden, Werbung, durch die Beigabe von Fluor* zum Trinkwasser und Salz, und so fort.

Diese Situation, diese Teufelskreise zu erkennen ist *eine* Sache, sie zu durchbrechen eine andere. Wenn Sie sie zornig bekämpfen, sich selbst bemitleiden, über sie schimpfen: Sie werden sie nicht ändern, sondern nur verbittern oder verzweifeln. So ist das Universum eingerichtet. Wir stehen zu jedem Zeitpunkt unter Schutz, haben aber unseren freien Willen nicht ohne Grund geschenkt bekommen. Wissen und Information tragen in erster Linie Verantwortung in unser Leben, dann erst Bewegungsfreiheit und Chancen.

Der beste Rat zum Schluss: Machen Sie es sich doch ganz einfach, und lassen Sie sich bei Ihren kleinen Entscheidungen zum Guten von jener Kraft lenken, die alles leicht und durchsichtig und einleuchtend macht: von der Liebe.

Die großen Taten der Menschen,
sind nicht die, welche lärmen.
Das Große geschieht so schlicht
wie das Rieseln des Wassers,
das Fließen der Luft,
das Wachsen des Getreides.
Adalbert Stifter

* Fluor ist ein starkes Nervengift, das die Willenskraft langsam untergräbt. Dass es den Zahnschmelz härtet, ist ein Märchen, das diejenigen erfunden haben, bei denen Fluor als Abfallprodukt anfällt. Sie fanden eine Lösung für die Frage, wie man die teure Entsorgung umgehen kann.

2. Schlüssel
Die Wahl des richtigen Zeitpunkts

In welchem Sie erfahren, welche Bedeutung das Wissen um die Einflüsse der Mondphasen und des Mondstandes im Tierkreis hatte und hat. Bis kurz vor dem Ersten Weltkrieg zeigte fast jeder Kalender auch den Mondstand im Tierkreis an. Das Kapitel will Ihnen den Grund näher bringen.

Ein kleines Stück Papier

Nur ein kleines Stück Papier genügt und schon könnte alles anders aussehen. Mit einem Stück Papier können Sie Ihr Leben um vieles einfacher und schöner machen, Sie können gesünder leben und auch glücklicher. Sie können Geld sparen – sehr viel Geld sogar im Laufe der Jahre –, und Sie können einen Beitrag zum Schutz unserer Umwelt leisten, dessen Wirkung und Tragweite Sie sich kaum erträumen können. Ein kleines Stück Papier genügt, und wir alle könnten einen riesigen Schritt machen in Richtung einer guten Zukunft für uns alle.

Nein, es geht nicht um ein Stück Papier mit vielen Ziffern drauf. Es geht um einen *Mondkalender* – um einen Kalender, der zusätzlich zu den üblichen Angaben auch die Mondphasen und den Stand des Mondes im Tierkreis angibt.

Dieser Kalender ist der zweite und vielleicht sogar wichtigste Schlüssel zum lebendigen Garten. Dass dieses kleine Stück Papier heute wieder überall zur Verfügung steht – für alle Menschen, die sich selbst etwas Gutes tun wollen und damit uns allen –, das ist eine große Freude und ein echter Fortschritt.

Im Herbst 1991 ist unser erstes Buch *Vom richtigen Zeitpunkt* erschienen – das Buch, das der Wiederentdeckung des Wissens um die Mondrhythmen den Weg ebnete, in zweiundzwanzig Sprachen übersetzt wurde und bis heute auf den Bestsellerlisten zu finden ist. Nach einem kurzen Jahrhundert des Vergessens ist das jahrtausendealte Wissen um den *richtigen Zeitpunkt*, um die Einflüsse der Mondrhythmen jetzt also auf dem besten Weg, sich seinen rechtmäßigen Platz in unserem Alltag zurückzuerobern. Seine Wiederentdeckung und Anwendung leistet überall einen großen Beitrag zu unserer eigenen körperlichen und geistigen Ganzwerdung und Gesundung – und damit automatisch zur Gesundung unserer Erde.

Vielleicht kann das Mondwissen noch nicht im »großen Stil« vorbeugend wirken und uns die Dürrezeiten und die Überschwemmungen aufgrund von Raubbau und Kurzsichtigkeit und die Ausbreitung der Torheit Gentechnologie ersparen, aber wenn es später ums Aufräumen und Heilen, ums Aufforsten und Wiederbeleben geht, dann kommt seine ganz große Stunde. Es liegt an Ihnen, ob Sie daran teilhaben.

Wie Fische im Wasser

Natürlich mag es sein, dass Sie hier zum ersten Mal überhaupt davon hören, dass der Mond einen solch weit reichenden Einfluss auf unser Leben hat. Die Fairness gebietet, dass wir Sie nicht zwingen, erst unsere früheren Bücher zu lesen, um die Zusammenhänge zu verstehen. Wir möchten Ihnen deshalb hier eine kurze Einführung über die Zusammenhänge und Wechselwirkungen zwischen Mondphasen, Mondstand im Tierkreis und vielen Abläufen unseres Alltags geben. Sie werden dann besser verstehen, was in diesem Buch auf Sie zukommt. Der zweite Schlüssel zum *lebendigen Garten* wird Ihnen im Laufe der Lektüre noch oft begegnen.

Eigentlich ist es erstaunlich: Da übt der Mensch eine Kunst aus – jahrtausendelang, so selbstverständlich wie für Fische das Leben im Wasser ist und so wertvoll, wirksam und erfolgreich wie nur irgendeine Fähigkeit, die der Mensch mitbekam, um sein Überleben zu sichern und sein Leben zu gestalten. Und da geschieht es, dass – in historischen Zeiträumen ge-

messen fast über Nacht – im Laufe weniger Jahre diese Kunst zuerst in Verachtung, dann in Vergessenheit gerät. Es war, als ob die Fische über Nacht das Schwimmen verlernt und sich obendrein entschieden hätten, die Kunst des Schwimmens für Aberglauben zu erklären.

Es geht nicht um fremdländische Rituale aus irgendeinem tibetischen Hochtal – nein, in der ganzen Welt, von Alaska bis Feuerland, von den Philippinen bis Neuseeland, wurde und wird es ausgeübt. Bauern, Gärtner, Heilkundige, Handwerker, Holzhändler – überall lebten sie »nach dem Mond« so wie die Kids von heute mit dem Fernseher aufwachsen. Nicht im Traum wären diese Menschen auf die Idee gekommen, *nicht* zuerst den Mondkalender zu Rate zu ziehen, bevor sie säen und ernten, heilen und pflegen, bauen und Quellen suchen. Waldbauern beispielsweise erstellten Jahresarbeitspläne für das Aufforsten, Auslichten und Holzschlagen fast ausschließlich auf der Basis des Mondlaufs.

Wollten Sie das ganze Ausmaß des Verzichts auf dieses Wissen mit einem Blick erfassen, dann müssten Sie sich unsere Situation wie bei einem jungen Menschen vorstellen, der obwohl kerngesund und ohne jede Behinderung tagein, tagaus auf Krücken geht. Bis die Muskeln seiner Beine so kraftlos geworden sind, dass er sich nur allzu gerne einen Rollstuhl verkaufen lässt, weil es »bequemer« ist. Und warum? Weil ein Rollstuhlhersteller einen schlauen Verkäufer beschäftigt hat, der seinem Opfer erfolgreich dieses törichte Verhalten einredete. Der Rollstuhl ist »Fortschritt«, ist »cool« und wird »von allen Experten empfohlen« als das Förderlichste in seiner Situation. So viele »Krückenhersteller« gibt es heute, die wiederum ganz eng mit »Rollstuhlherstellern« zusammenarbeiten.

Ebenso gedankenlos würde unseren Vorfahren und manch wissenden Zeitgenossen das Verhalten der Menschen heute erscheinen, die zu willkürlich gewählten Zeitpunkten im Garten arbeiten, Obstbäume beschneiden, düngen und spritzen, die Felder bearbeiten und ernten, die Wäsche waschen, die Zähne behandeln lassen etc.

Der richtige Zeitpunkt kann Ihren Garten in ein Paradies verwandeln – nur: Sie müssen den richtigen Zeitpunkt kennen lernen und dann beherzigen. Fürs Kennenlernen sind wir da, das Beherzigen ist Ihr persönliches Abenteuer.

Am Anfang war die Erfahrung

Die genaue Beobachtung der Natur, der Tier- und Pflanzenwelt und das Leben in Harmonie mit ihr waren es, die unsere Vorfahren zu Meistern des richtigen Zeitpunkts gemacht hat. Amazonas-Indianer können zahllose Grüntöne genau unterscheiden, je nach Nutzen, den die Pflanzen für sie haben. Eskimos kennen über vierzig verschiedene Arten von Eis und Schnee, weil sich nur wenige davon zum Bau von Iglus eignen.

Wenn das Überleben ganzer Sippen von guten Ernten abhängt und gleichzeitig die Gifte und künstlichen Dünger der modernen Industrie nicht zur Verfügung stehen, blieb den Landwirten aller früheren Jahrhunderte keine andere Wahl als ihren vielen Künsten auch die Kunst der Wahl des richtigen Zeitpunkts hinzuzufügen und besonders dem Mondlauf und verschiedenen anderen Naturrhythmen Aufmerksamkeit zu schenken. Die Liste ihrer Erkenntnisse ist lang. Direkte persönliche Erfahrung hatte unsere Vorfahren zur Einsicht geführt;

- dass zahllose alltägliche und weniger alltägliche Handlungen von Naturrhythmen beeinflusst werden – vom Holzschlagen über Feld- und Gartenarbeit, Kochen, Essen, Brotbacken, Milchverarbeitung, Haare schneiden, Düngen, Waschen bis zur Anwendung von Heilmitteln, Operationen und vieles mehr. Sogar wann Fische am willigsten anbeißen, da hat der Mond ein Wörtchen mitzureden.

- dass Pflanzen und ihre Teile von Tag zu Tag unterschiedlichen Kräften ausgesetzt sind, deren Kenntnis ausschlaggebend für erfolgreichen Anbau, Pflege und Ernte der Früchte ist, dass Kräuter zu bestimmten Zeiten gesammelt ungleich wirksamer sind als zu anderen. Und dass Nahrungsmittel aus diesen Pflanzen zu unterschiedlichen Zeiten vom Körper unterschiedlich vertragen werden.

- dass Operationen und Medikamentengaben, an bestimmten Tagen durchgeführt, hilfreich sind, an anderen Tagen nutzlos oder gar schädlich – oft unabhängig von Dosis und Qualität der Medikamente oder von aller Kunst des Arztes.

- dass zahlreiche weitere Geschehnisse in der Natur – Ebbe und Flut, Geburten, das Wetter, der Zyklus der Frauen und vieles mehr – in Beziehung zur Mondwanderung stehen. Zahllose Tierarten beispielsweise richten sich in Ihrem Verhalten streng nach Mondlauf und Mondstand im Tierkreis. Von über achthundert Tierarten ist das sogar schon wissenschaftlich belegt, es sind aber viele Hunderttausende, in vieler Hinsicht sogar alle, wenn man sich mit der Beobachtung genügend Zeit lassen würde.

Zusammengefasst: Unsere Vorfahren lebten nach der Erkenntnis, dass der Erfolg einer Absicht nicht nur vom Vorhandensein der nötigen Fähigkeiten und Hilfsmittel abhängt, sondern entscheidend auch vom Zeitpunkt des Handelns. Und dass dieser günstige Zeitpunkt weitgehend von der Mondphase und vom Stand des Mondes im Tierkreis abhängt. Diese Erkenntnis war – wie wir heute aus zahlreichen Zuschriften und Kalendern aus allen Teilen der Welt wissen – verbreitet und lebendig, von Alaska bis nach Australien, von Japan bis Feuerland.

Viele Kalender der Vergangenheit richteten sich nach dem Lauf des Mondes, weil die vom Mondstand im Tierkreis angezeigten und angekündigten Kräfte von weit größerer Bedeutung für den Alltag der Menschen als die des Sonnenstandes sind. Heute noch werden alle unsere »beweglichen« Feiertage nach dem Stand des Mondes berechnet: Ostern wird stets am ersten Sonntag gefeiert, der dem ersten Vollmond nach Frühlingsanfang folgt.

Das Interesse am Vergessen

Wie konnte es also geschehen, dass zu Anfang des 20. Jahrhunderts dieses unschätzbar wertvolle Wissen fast über Nacht in Vergessenheit geriet? Noch bis zum Ersten Weltkrieg gab nämlich fast jeder Kalender auch Mondphasen und Mondstand im Tierkreis an. Den verschiedenen Antworten auf diese Frage werden Sie im Laufe des Buches noch öfters begegnen, weil die Kenntnis der Zusammenhänge – neben der persönlichen Erfahrung mit Wirksamkeit und Wert der Anwendung des Mondkalenders – Sie immun macht gegen alle Versuche aus Ihrer Umgebung und seitens »interessierter Kreise«, dieses Wissen herabzuwürdigen. Das Mondwissen ist nicht nur ein Schlüssel zu Ihrem lebendigen Garten und Ihrem persönlichen Glück, sondern auch eine Säule echten Fortschritts.

Sicherlich einer der Hauptgründe für das Vergessen ist in der Tatsache zu suchen, dass man dieses Wissen nicht in Bargeld verwandeln kann. Im Gegenteil: Wir würden viel gesünder leben, Produkte würden um vieles haltbarer und kämen ganz ohne Gifte zur Konservierung, Imprägnierung usw. aus. Viele Industrien, die jetzt noch gut von der Missachtung und Ausbeutung der Natur leben, müssten den Gürtel enger schnallen oder sich endlich auf die Herstellung menschen- und umweltfreundlicher Produkte verlegen.

Nach dem Zweiten Weltkrieg hatte sich nämlich die große Maschinerie der Technik und Industrie darauf verlegt, statt Kriegsmaterial die »schnelleren« Lösungen für alle Probleme des Alltags zu produzieren – statt Sprengstoff Kunstdünger, statt Giftgas Pflanzenschutzmittel, statt Atombomben Maschinen zur radioaktiven Bestrahlung von Lebensmitteln. Mit anderen Worten: Nur für Sie persönlich ist das Mondwissen bares Geld wert. Die Umsätze der Firmen, die mit der Ausbeutung der Erde Geld verdienen, würden sinken.

Die Jugend in Aufbruchstimmung lachte über Eltern und Großeltern, sprach von »Mond-Aberglauben« und begann, sich allein auf Wissenschaft und Forschung zu verlassen – in erster Linie, weil sie den Fortschrittsparolen vertraute und geblendet war von der Aussicht auf schnellen materiellen Aufschwung. Die Vertreter der Industrie belagerten die Landwirtschaftsschulen, um den Jungbauern Kunstdünger und Pestizide als »Segen der Neuzeit« zu verkaufen, ohne auch nur einen Gedanken an die Folgen zu verschwenden. Es kam zum übertriebenen Einsatz von Maschinen, Dünger, Pestiziden, Umweltgiften und Kunststoffen.

Die Jugend wurde dazu verführt, das Wissen ihrer Eltern vom rechten Zeitpunkt zu ignorieren und alle »nichtwissenschaftlichen« Erfahrungswerte der Jahrtausende über Bord zu werfen. Steigende Erträge und »schönere« Äpfel, die Erfolge der Medizintechnik und der Kunststoffindustrie schienen ihr lange Zeit Recht zu geben. So entfernte sie sich immer mehr von den Kreisläufen der Natur und begann, die Zerstörung unserer Umwelt nicht mehr wahrzunehmen oder gar als »notwendiges Übel« in Kauf zu nehmen, immer unterstützt von einer Industrie, die nur Wachstum, Umsatz und Gewinn im Auge hat, nicht aber Mensch und Natur.*

Diese Verführung ist eines der größten Verbrechen bestimmter Kreise in Wissenschaft und Industrie, denn hier haben sie tiefe Gefühle und Sehnsüchte missbraucht und ausgebeutet, die keinem Menschen fremd sind. Kein Kind, kein Jugendlicher in Aufbruchstimmung möchte das Gefühl haben, nicht »dazuzugehören«, nicht »modern« zu sein. Die Akademiker, die Universitäten, die »Experten«, die an die landwirtschaftlichen Schulen und zu den Bauernhöfen geschickt worden sind, die von der Industrie bezahlten Redakteure der Fachzeitschriften – wenn sie alle das Gleiche in die Gehirne der Jugend waschen – nämlich wie *erstrebenswert* der Fortschritt ist, wie *modern* ein begradigter Fluss, ein von Schädlingen freies Feld, ein kahl geschlagener Bergrücken ist, dann gehört schon viel Rückgrat dazu, sich diesem allgemeinen Wahn zu verschließen. Nur wenige junge Land-

* Noch im Jahr 2003 wurde ein Schulbuch für Landwirtschaftliche Schulen vorgeschrieben, mit dem Titel *Unkräuter auf Kulturland* (Verlag Jugend und Volk, Wien). Es enthielt eine lange Liste von Pflanzen, samt detaillierter Beschreibung ihrer Ausmerzung und genauer Angaben der Chemikalien und ihrer Hersteller. Fast jedes der beschriebenen Kräuter ist ein kraftvolles Heilkraut!

wirte und mutige Gärtner schafften es; und gerade ihnen haben wir heute viel zu verdanken. Beispielsweise dass wir überhaupt Bio-Nahrungsmittel kaufen können.

Besonders die rasante Entwicklung der Chemie und Pharmazeutik verführte die Menschen, die Schulmedizin *und* die Patienten zu der Überzeugung, ungestraft die Ganzheit des Lebens missachten zu können. Sie haben eine Erkältung? Nehmen Sie Penizillin. Sie haben eine Verstopfung? Nehmen Sie diese Supertablette. Sie haben ein Herzproblem? Essen Sie weiter wie bisher, weil wir ein Mittel oder eine erfolgreiche Operationstechnik oder was auch immer für Sie haben.

Schnelle Schmerz- und Symptombeseitigung galt als »Therapieerfolg«, die Ursachenforschung und Vorbeugung, die Geduld und Bereitschaft zu langfristiger Zusammenarbeit mit dem Patienten traten in den Hintergrund. Echte Heilkundige wurden und werden ins Abseits getrieben.

Ja und heute? Heute kann kaum noch jemand die Augen verschließen vor dem hohen Preis, den wir für die Missachtung der Rhythmen und Naturgesetze bezahlen müssen – die Zivilisationskrankheiten breiten sich aus, Allergien sind an der Tagesordnung, gehören fast zum »guten Ton«. Die Erträge in der Landwirtschaft sinken, Schädlinge haben leichtes Spiel, weil der Boden ausgebeutet wird, ohne sich schützen und regenerieren zu können, der Einsatz von Pestiziden hat sich in wenigen Jahrzehnten vervielfacht, ohne nennenswerten Erfolg, Qualität und Gesundheitswert der Erntefrüchte gehen gegen Null, lebensnotwendige Mineralstoffe haben den Boden verlassen, die Trinkwasserqualität sinkt.

Dass dieser Wahnsinn sich so erfolgreich verbreiten konnte und von Politik, Wissenschaft und Industrie heute noch als der »Weisheit letzter Schluss« verkauft wird, hat einen einfachen Grund: Das entstandene System profitiert in weiten Bereichen vom *Schaden*, nicht von dessen Vermeidung. Ein Beispiel von vielen: Die heute üblichen, zerstörerischen Anbaumethoden und Bewässerungstechniken machen die Pflanzen in höchstem

Maße anfällig für zu geringe Niederschläge. Statt die Ursachen der Anfälligkeit zu beseitigen, erhalten die Bauern Ausgleichszahlungen für Dürreschäden! Die Lösung wäre doch so einfach: Würden die Bauern für Dürreschäden bestraft und nicht belohnt, dann gäbe es keine Dürreschäden. Machen Sie sich selbst ein Bild und beobachten Sie, welche Gewächse in der Natur eine Dürre von langer Dauer überstehen und warum.

Ärzte, Pharmazie und Krankenkassen machen ihre Umsätze und beziehen Macht und Größe aus Krankheit, nicht aus Gesundheit. Echte Vorbeugung, wie beispielsweise genaue Information über gesunde Ernährung, findet nicht statt. Im Gegenteil: Heutige Ärzte wissen nicht einmal selbst, was gesunde Ernährung bedeutet. Sie sind auf Ernährungswissenschaftler angewiesen, deren »letzter Stand der Forschung« fast täglich wechselt.

Stattdessen werden uns »Vorsorgeuntersuchungen« als Fortschritt verkauft, die letztlich nur dazu führen, dass bei den Untersuchungen fast immer etwas gefunden wird – weil die Pharmazie immer mehr normales Verhalten als »Störung« und »Krankheit« einordnet, um dann ein Medikament dagegen zu entwickeln. Ein erhöhter Cholesterinspiegel beispielsweise aufgrund einer kurzzeitigen Stresssituation, der mit etwas Ruhe von selbst vergangen wäre, muss dann »bekämpft« und »behandelt« werden. Ein quicklebendiges Kind mit ein wenig mehr Bewegungsdrang als der »Durchschnitt« wird zum »Patienten«.

Insgesamt also kein guter Nährboden für eine Besinnung auf das Einfache, Natürliche und Wesentliche. Aber auch jene Menschen, die guten Willens waren und liebend gerne mit Hilfe des Mondes gelebt und gearbeitet hätten, konnten das Wissen nicht kennen lernen und darauf zurückgreifen. Denn es gab noch einen Grund, warum es verloren gegangen ist und erst seit wenigen Jahren wiederbelebt wird: *Es war nirgends aufgezeichnet!* So selbstverständlich war früher der Umgang mit dem richtigen Zeitpunkt, dass die Zusammenhänge nirgends vollständig zusammengefasst sind. Nur in Bruchstücken, als belächelte »Bauernregel« und unter Eingeweihten hatte das Wissen überlebt. Genau die Menschen guten Willens sind es, die mit Freude die Wiederbelebung des Mondwissens begrüßt haben und sich heute nicht mehr vorstellen können, jemals darauf zu verzichten. Viele unserer Leser gehören dazu.

Am Schluss des Buches finden Sie auch aus gutem Grund keine Literaturliste. Alle von uns vorgestellten Regeln und Naturgesetze wurzeln ausschließlich in persönlicher Erfahrung und eigenem Erleben, teilweise vom ersten Lebenstag an. Nichts stammt nur vom Hörensagen, nichts beruht auf Vermutungen oder Überzeugungen, nichts stammt aus zweiter Hand oder ist »wissenschaftlich erforscht und auf dem neuesten Stand« (und damit morgen schon wieder überholt). Sie können sich auf diese gelebten Informationen verlassen.

Es gibt natürlich noch viele weitere Rhythmen und Einflussfaktoren in der Natur, etwa in Zusammenhang mit dem Biorhythmus, mit der Aktivität der Sonnenflecken, mit Weltraum- und Erdstrahlungen und dergleichen. Einen großen Teil davon haben wir in unseren bisherigen Büchern vorgestellt (siehe Seite 354ff.). Sie sind aber für die Entstehung eines lebendigen Gartens nicht so wichtig. Es genügt, sich mit sieben verschiedenen »Zuständen« des Mondes vertraut zu machen, nämlich:

● Neumond

☽ Zunehmender Mond

○ Vollmond

☾ Abnehmender Mond

Der jeweilige Stand des Mondes in einem Tierkreiszeichen

◡ Aufsteigender Mond

◠ Absteigender Mond

Die sieben Monde

Lassen Sie uns kurz diese wesentlichen Impulse und ihre Auswirkungen vorstellen, die zu den jeweiligen Zeiten auf der Erde spürbar sind.

● **Neumond:** Bei seinem Umlauf um die Erde wendet der kleine Mond der Erde stets nur eine Seite zu, die Seite, die wir in ihrer ganzen Pracht bei Vollmond zu sehen bekommen. Steht nun der Mond – von uns aus gesehen – zwischen Erde und Sonne, dann liegt die uns zugewandte Seite völlig im Dunkeln. Der Mond geht dann gemeinsam mit der Sonne auf und unter. Für Stunden ist er dann nicht zu erkennen und auf der Erde herrscht Neumond. In Kalendern ist der Mond bei Neumond meist als schwarze oder dunkelblaue Scheibe eingezeichnet.

Eine besondere Kraft macht sich bei Mensch, Tier und Pflanze in den Stunden und Tagen vor Neumond bemerkbar: Bäume beispielsweise sollten grundsätzlich nur bei Neumond beziehungsweise in den drei bis vier Tagen davor geschnitten werden, sonst »bluten« sie zu stark aus. Wer jetzt beispielsweise Obsttage einlegt oder fastet, beugt vielen Krankheiten vor, weil die Entgiftungsbereitschaft des Körpers am höchsten ist. Will man schlechte Gewohnheiten über Bord werfen oder eine Unternehmung neu beginnen, dann ist dieser Tag als Startpunkt geeigneter als fast jeder andere Tag. Die Erde beginnt, einzuatmen. Für alles, was dem Reinigen und Ausschwemmen dienen soll, ein idealer Tag.

☽ **Zunehmender Mond:** Schon wenige Stunden nach Neumond wandert der Erdschatten weiter, der Mond kommt zum Vorschein, als feine Sichel anfangs, auf der Mondoberfläche von links nach rechts wandernd. Der zunehmende Mond mit seinen wiederum spezifischen Einflüssen – macht sich auf den Weg.

Alle oberirdisch gedeihenden Pflanzen, Früchte und Gemüse, wurzeln jetzt leichter an. Grundsätzlich ist die Pflanzzeit für Bäume und Sträucher der zunehmende Mond oder Vollmond. Je mehr der Mond zunimmt, desto ungünstiger kann die Heilung von Verletzungen und Operationen verlaufen. Wäsche wird bei gleicher Waschmittelmenge nicht mehr so sauber wie bei abnehmendem Mond. Alles, was dem Körper zugeführt werden soll, was ihn aufbaut und stärkt, wirkt zwei Wochen lang doppelt gut. Das »tägliche Brot« verwandelt sich in dieser Zeit leichter in Übergewicht als bei abnehmendem Mond.

○ **Vollmond:** Schließlich hat der Mond eine Hälfte seiner Reise um die Erde vollendet, er steht als leuchtender Vollmond am Nachthimmel. Von der Sonne aus gesehen befindet sich der Mond jetzt »hinter« der Erde. In Kalendern ist der Vollmond als weiße oder gelbe Scheibe eingezeichnet.

Auch in den wenigen Stunden vor Vollmond macht sich auf der Erde bei Mensch, Tier und Pflanze ein deutlich spürbare Kraft bemerkbar, wobei der Richtungswechsel der Mondimpulse von zunehmend zu abnehmend stärker empfunden wird als der Kraftwechsel bei Neumond. Schneiden Sie auf keinen Fall Bäume oder Sträucher zurück, weil sie leicht austrocknen. An diesem Tag gesammelte Heilkräuter entfalten größere Kräfte, ein idealer Fastentag herrscht, weil der Körper viel stärker Fett ansetzt als sonst, Wunden bluten stärker als sonst. Und ebenso wie bei Neumond kommt es bei Vollmond leichter zu einem Wetterwechsel.

Viele Leser haben uns gefragt, wann *genau* eigentlich der Vollmondtag ist, wann *genau* Neumond herrscht – etwa als Reaktion auf die Anregung, an Voll- und Neumond einen Fastentag einzulegen. Wie so oft hängt die Antwort davon ab, um welche Tätigkeit es sich handelt, die vom richtigen Zeitpunkt profitiert. Sie müssen Ihr Gespür walten lassen, wenn Sie sich entscheiden, welchen Tag Sie zum Neu- und Vollmondtag erklären.

Wenn beispielsweise der Vollmond zwischen 12 Uhr mittags und 23.59 Uhr abends eintritt, dann würden wir persönlich diesen Tag als Vollmondtag bezeichnen und nur Tätigkeiten ausführen, die vom zunehmenden Mond oder Vollmond begünstigt sind. Steht jedoch bei Vollmond 3.20 Uhr früh im Kalender, dann ist der ganze Tag schon vom abnehmenden Mond beeinflusst, und wir würden uns danach richten, obwohl dieser Tag vielfach als »Vollmondtag« bezeichnet wird. Ähnlich würden wir an Neumond handeln. Letztlich liegt die Entscheidung bei Ihnen und Ihrem Gespür.

☾ **Abnehmender Mond:** Langsam wandert der Mond weiter, seine Schattenseite »beult« ihn scheinbar – von rechts nach links – aus, die etwa dreizehntägige Phase des abnehmenden Mondes beginnt.

Unsere Vorfahren machten sich die besonderen Einflüsse während dieser Zeit zunutze: Viele Arbeiten in Garten und Natur sind jetzt begünstigt, beispielsweise das Zaunsetzen oder das Pflanzen von Wurzelgemüse. Wegplatten werden nicht wackelig und halten auch ohne Betonbett. Unterirdisch gedeihende Feldfrüchte wurzeln jetzt leichter an. Operationen gelingen besser als sonst, fast alle Hausarbeiten gehen leichter von der Hand, selbst wer jetzt etwas mehr isst als sonst, nimmt nicht so schnell zu, wer fastet, hat schnelleren und dauerhaften Erfolg.

Mondstand im Tierkreis: Wenn die Erde um die Sonne wandert, hält sich die Sonne von der Erde aus gesehen im Laufe eines Jahres jeweils etwa einen Monat lang in einem Zwölftel des Tierkreises auf – vom Tierkreiszeichen Widder bis zum Tierkreiszeichen Fische. Die gleichen Tierkreiszeichen durchläuft auch der Mond bei seinem etwa achtundzwanzigtägigen Umlauf um die Erde, wobei er sich jedoch in jedem Zeichen nur ca. zweieinhalb Tage lang aufhält.

Jeder der zwölf Mondstände im Tierkreis bringt auf der Erde zwölf besondere Kräfte zum Tragen, die auf alles Leben Einfluss haben und am unterschiedlichen Verhalten von Mensch, Tier und Pflanze fühl- und sichtbar werden.

Die Tabelle auf Seite 43 ist neben dem Mondkalender Ihr grundlegendes Handwerkszeug. Sie gibt einen Überblick über die unterschiedlichen Wirkungsimpulse der einzelnen Mondstände im Tierkreis – auf Körperzonen, Pflanzenteile, Nahrungsqualität etc. und zeigt Ihnen die gebräuchlichsten Symbole für die Tierkreiszeichen, um das Auffinden und Identifizieren der Zeichen in den Mondkalendern zu erleichtern. Wichtig ist

Grundlegende Wirkungsimpulse des Mondstandes im Tierkreis

Tierkreis-zeichen	Symbol	Körperzone	Organ-system	Pflanzen-teil	Element	Nahrungs-qualität	Tages-qualität
Widder		Kopf, Gehirn, Augen, Nase	Sinnes-organe	Frucht	Feuer	Eiweiß/ Frucht	Wärme-tag
Stier		Kehlkopf, Sprachorgane, Zähne, Kiefer, Hals, Mandeln, Ohren	Blutkreis-lauf	Wurzel	Erde	Salz	Kältetag
Zwillinge		Schulter, Arme, Hände, Lunge	Drüsen-system	Blüte	Luft	Fett	Luft-/ Lichttag
Krebs		Brust, Lunge, Magen, Leber, Galle	Nerven-system	Blatt	Wasser	Kohlen-hydrate	Wasser-tag
Löwe		Herz, Rücken, Zwerchfell, Blutkreislauf, Schlagader	Sinnes-organe	Frucht	Feuer	Eiweiß/ Frucht	Wärme-tag
Jungfrau		Verdauungs-organe, Nerven, Milz, Bauchspeichel-drüse	Blutkreis-lauf	Wurzel	Erde	Salz	Kältetag
Waage		Hüfte, Nieren, Blase	Drüsen-system	Blüte	Luft	Fett	Luft-/ Lichttag
Skorpion		Geschlechts-organe, Harnleiter	Nerven-system	Blatt	Wasser	Kohlen-hydrate	Wasser-tag
Schütze		Oberschenkel	Sinnes-organe	Frucht	Feuer	Eiweiß/ Frucht	Wärme-tag
Steinbock		Knie, Knochen, Gelenke, Haut	Blutkreis-lauf	Wurzel	Erde	Salz	Kältetag
Wasser-mann		Unterschenkel, Venen	Drüsen-system	Blüte	Luft	Fett	Luft-/ Lichttag
Fische		Füße, Zehen	Nerven-system	Blatt	Wasser	Kohlen-hydrate	Wasser-tag

hier, dass immer der Mondstand im Tierkreis gemeint ist und nicht der astronomische Mondstand am Himmel (siehe auch Seite 43).

Die zwölf unterschiedlichen Kräfte, die mit dem Mondstand im Tierkreis assoziiert sind, lassen sich nur selten so unmittelbar spüren wie beispielsweise der Vollmond. Der Einfluss auf Pflanze, Tier und Mensch ist jedoch deutlich erkennbar, besonders die Wirkungen auf Körper und Gesundheit und in Garten und Landwirtschaft (Ernteerträge, Beikrautregulierung, Zaunsetzen usw.). Der Mond in Jungfrau (Element Erde) beispielsweise gilt im Pflanzenreich als »Wurzeltag«, alle Maßnahmen zur Förderung des Wurzelwachstums in diesen zwei oder drei Tagen sind wirksamer und erfolgreicher als an anderen Tagen wie auch eine Vielzahl weiterer Arbeiten im Garten. Die Grundregeln hierzu lernen Sie Schritt für Schritt in den folgenden Kapiteln kennen.

Der jeweilige Mondstand im Tierkreis übt auch spezifische Einflüsse auf Körper- und Organbereiche aus. Üblicherweise spricht man davon, dass jede Körperzone von einem bestimmten Tierkreiszeichen »regiert« wird. Unsere heilkundigen Vorfahren entdeckten in diesem Zusammenhang viele Prinzipien, beispielsweise dass alles, was man für das Wohlergehen jener Körperregion tut, die von dem Zeichen regiert wird, das der Mond gerade durchschreitet, wirksamer ist als an anderen Tagen (mit Ausnahme von chirurgischen Eingriffen). Beispiel: Eine Massage der Schulterregion, wenn der Mond im Zeichen Zwillinge steht.

Chirurgische Eingriffe sind nur scheinbar eine Ausnahme von dieser Regel. Sie dienen zwar letztlich dem Wohlergehen des jeweiligen Organs oder des ganzen Körpers, wirken sich aber im *Augenblick* der Operation und in der ersten Zeit danach belastend für das Organ aus. Eine der wichtigsten Regeln ist, chirurgische Eingriffe, wenn möglich, bei abnehmendem Mond vorzunehmen.

Bis vor kurzem noch fand dieses Wissen kaum Anwendung, obwohl die Chirurgie tagtäglich die Erfahrung seiner Gültigkeit machte. Kurz vor Vollmond wurden einfach mehr Blutkonserven bereitgestellt, auch wenn

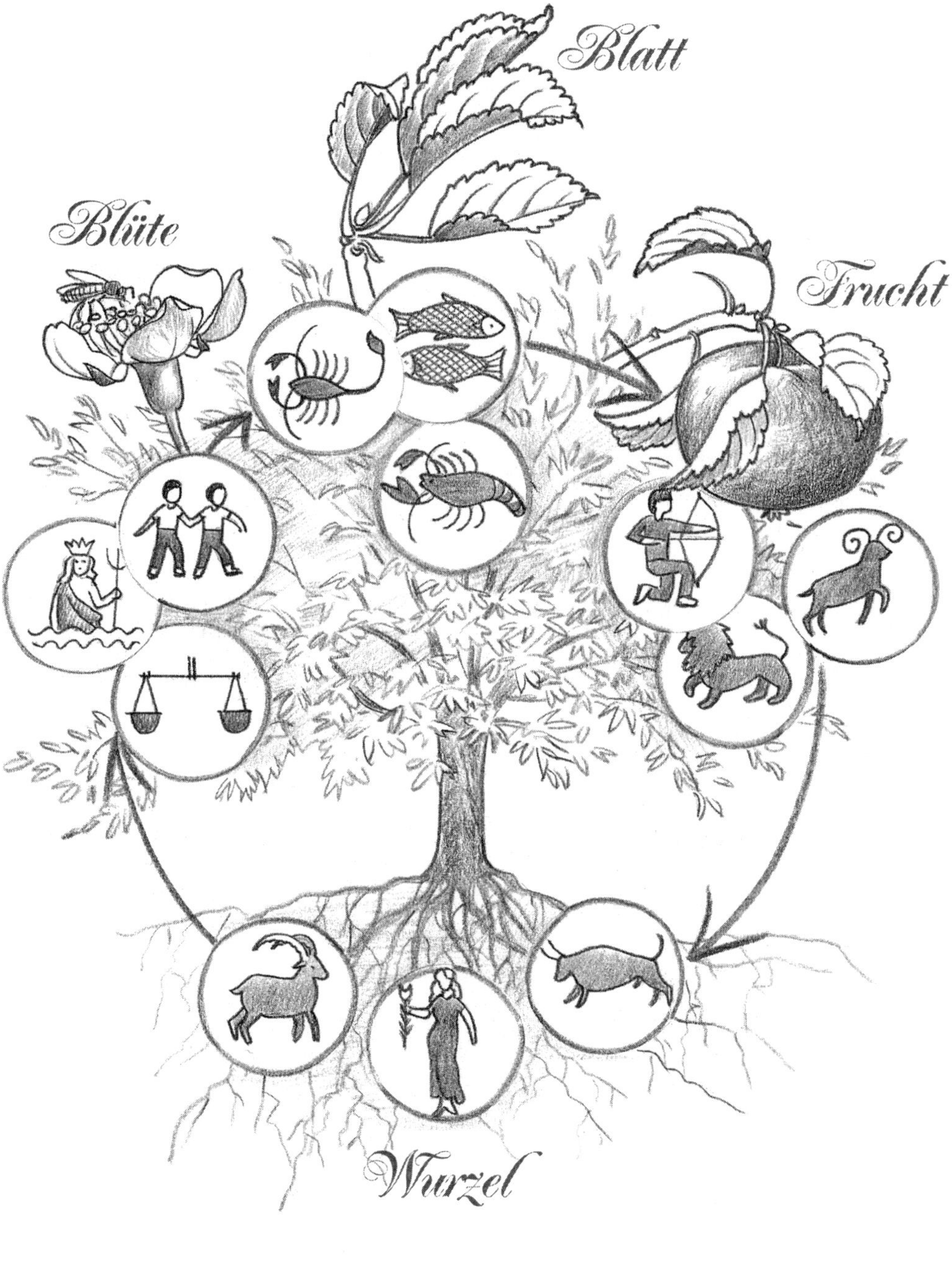
Blatt
Blüte
Frucht
Wurzel

man mit der Operation mühelos noch einige Tage hätte warten können. Seit Erscheinen unserer Bücher hat sich jedoch viel zum Guten gewandelt und heute gibt es viele Ärzte und sogar ganze Krankenhäuser, die ihren Betrieb an die Mondphasen angepasst haben. (Bitte fragen Sie uns jedoch nicht nach deren Adressen, sie sind allesamt hoffnungslos überlastet.)

Auf- und absteigender Mond: Manchmal kommen im Buch auch die aufsteigenden und absteigenden Kräfte des Mondes zur Sprache (in manchen Regionen auch »übergehender und untergehender Mond« genannt, beziehungsweise in der Schweiz »obsigender und nidsigender Mond«). Wie Sie später sehen werden, bieten sie günstige Alternativtermine, wenn bestimmte Tätigkeiten im Garten aufgrund von Terminschwierigkeiten oder Witterungsbedingungen zum günstigsten Zeitpunkt nicht möglich sind.

Der aufsteigende und absteigende Mond hat nichts mit den Mondphasen zu tun, also damit, ob der Mond gerade ab- oder zunimmt. Auf- und absteigender Mond sind Begriffe, die mit dem Stand des Mondes im Tierkreis zusammenhängen. Und so sieht der Zusammenhang aus:

Die Wanderung des Mondes durch die Tierkreiszeichen Schütze, Steinbock, Wassermann, Fische, Widder, Stier und Zwillinge, nennt man »aufsteigender Mond«.

Die Wanderung des Mondes durch die Tierkreiszeichen Zwillinge, Krebs, Löwe, Jungfrau, Waage, Skorpion und Schütze nennt man »absteigender Mond«.

Die Zeichen Zwillinge und Schütze werden im Sprachgebrauch üblicherweise nicht so genau als »auf- oder absteigend« festgelegt, weil sie Wendepunkte zwischen den auf- und absteigenden Kräften darstellen, und deshalb nicht eindeutig einer der beiden Kräfte zugerechnet werden können. Die genaue Unterscheidung wird erst wichtig bei der jeweiligen Tätigkeit, die man ins Auge gefasst hat.

Welche besondere Qualität wohnt nun diesen beiden unterschiedlichen Kräften inne? Werfen wir einen Blick auf den Lauf der Sonne:

Allen Tierkreiszeichen, die die Sonne in ihrem Jahreslauf von der Wintersonnenwende (21. Dezember) bis zur Sommersonnenwende (21. Juni) durchwandert (Schütze bis Zwillinge), wohnt eine »aufsteigende« Kraft inne – die Kraft des Winters und des Frühlings, die allmähliche Zunahme, Expansion, Wachstum und Blüte signalisiert. Es ist nicht falsch zu sagen, dass die Natur am 21. Dezember erwacht.

Eine »absteigende« Kraft dagegen ist den Zeichen der zweiten Jahreshälfte (Zwillinge bis Schütze) zu eigen – die Kräfte von Sommer und Herbst, die Reife, Ernte, Niedergang und Ausruhen bedeuten.

Gleichsam im Miniaturformat kennt auch jeder Monat einen eigenen Frühling, Sommer, Herbst und Winter, denn die beiden Eigenschaften »aufsteigend« und »absteigend« machen sich auch allmonatlich bei der achtundzwanzigtägigen Reise des Mondes durch den Tierkreis bemerkbar. Diese Kräfte tragen zur individuellen »Farbe« des jeweiligen Zeichens bei und wirken sich – je nachdem, ob der Mond gerade ab- oder zunimmt – besonders in Garten und Natur aus.

Deutlich wird der Unterschied, wenn Sie eine weitere gebräuchliche Bezeichnung der beiden Mondrhythmen erfahren: In manchen Gegenden wurde die Zeit

des aufsteigenden Mondes als »Erntezeit«,
des absteigenden Mondes als »Pflanzzeit«

bezeichnet, weil gerade in Landwirtschaft und Gartenbau neben den anderen Rhythmen auch das Beachten dieser beiden unterschiedlichen Impulse von großem Nutzen ist. Die grundlegenden Impulse sind hier:

Bei aufsteigendem Mond (Schütze bis Zwillinge) steigen die Säfte auf, Obst und Gemüse sind besonders saftig, die oberirdische Entwicklung der Pflanzen wird besonders begünstigt.

Bei absteigendem Mond (Zwillinge bis Schütze) ziehen die Säfte mehr nach unten und fördern die Wurzelbildung.

Früher baute man sich Eselsbrücken, um zu lernen, die beiden Impulse zu unterscheiden, ohne gleich in den Mondkalender schauen zu müssen: Wenn man den Lauf der Sonne verfolgt, erkennt man, dass die Sonne im Sommer in den nördlichen Breiten mittags höher steigt als im Winter. Die gleiche, zuerst hohe und dann flache Bogenbewegung beschreibt der Mond, allerdings nicht innerhalb eines Jahres, sondern innerhalb eines Monats.

Bei aufsteigendem Mond steigt der Mond vom Südwendepunkt zum Nordwendepunkt auf und hat dabei die Form einer Schüssel. Eine Schüssel wird gefüllt – also Erntezeit (Schütze bis Zwillinge).

Bei absteigendem Mond sinkt der Mond vom Nordwendepunkt zum Südwendepunkt und sieht wie eine umgedrehte Schüssel aus. Die Schüssel wird geleert – also Pflanzzeit (Zwillinge bis Schütze).

Eine weitere einfache Methode, um sich zu merken, welches Zeichen aufsteigende und welches absteigende Kraft hat, verlangt die Kenntnis der von den Tierkreiszeichen regierten Körperzonen. Anhand der Tabelle von Seite 43 dürfte das nicht schwer fallen und viele Leser sind ja damit schon längst vertraut.

Der *Widder*- und *Stier*-Einfluss ist aufsteigend. Diese ersten beiden Zeichen im Tierkreis regieren die oberen Extremitäten von Kopf bis zu Nacken und Schultergürtel. Die letzten vier Zeichen, *Schütze* (Knotenpunkt), *Steinbock, Wassermann* und *Fische* sind ebenfalls vorwiegend aufsteigend und regieren die unteren Extremitäten – Oberschenkel, Knie, Unterschenkel und Füße. Diese Zeichen im Tierkreis weisen also nach außen: Schulterauf- und seitwärts und knieabwärts = aufsteigende Kraft.

Die »mittleren« sechs Tierkreiszeichen (*Zwillinge* bis *Schütze*) weisen »einwärts« in den Körper und regieren hauptsächlich seine inneren Organe: Brust, Lungen, Leber, Nieren bis hinab zur Hüfte = absteigende Kraft. Mit anderen Worten: Aus dem Rumpf heraus = aufsteigende Kraft, in den Rumpf hinein = absteigende Kraft.

Möglich, dass Ihnen gerade die Beschreibung des auf- und absteigenden Mondes etwas »spanisch« vorkommt, aber hier – wie auch bei allen anderen Mondeinflüssen – macht Ausprobieren klug. Und überzeugt schließlich schon nach kürzester Zeit, dass es sich lohnt, in die bunte Welt dieses alten Wissens einzutauchen.

Wechselwirkungen

Die Tabelle auf Seite 43 zeigt Ihnen noch viele weitere Bereiche der Mondeinflüsse, in diesem Buch aber befassen wir uns besonders mit der Wechselwirkung zwischen Mondstand im Tierkreis und dem *beeinflussten Pflanzenteil.* Alle anderen Lebensbereiche, in denen das Wissen um die Mond- und andere Naturrhythmen von Wert ist – von der Heilkunde über gesunde Ernährung und Bewegung bis zum Führen eines »mondgerechten« Haushalts –, finden Sie ausführlich in unseren bisherigen Büchern behandelt.

Der Zeitpunkt der Information

Eine Frage bleibt noch, die unsere Leser besonders interessiert hat: Wie kann es nun sein, dass ein bestimmter richtiger Zeitpunkt für ein Tun – etwa für das Versetzen eines älteren Baumes oder für das Pikieren – oftmals durchschlagend positive Wirkung erzielt, wenn schon einen Tag später ein negativer Einfluss herrscht, der dieselbe Handlung langfristig zum Misserfolg verurteilt? Kann denn diese negative Energie nicht die positive aufheben? Wenn man beispielsweise bei Jungfrau umtopft, ist der Erfolg viel größer als nur einen Tag später bei Mond in Waage.

In der Antwort auf diese Frage verbirgt sich ein Grundprinzip der »Kunst des richtigen Zeitpunkts«: *Der Augenblick der Information ist der entscheidende Faktor.**

Informieren ist gleichbedeutend mit »in Kontakt treten, anfassen, konzentrieren, nachdenken, zugreifen.« Informiere ich einen Gegenstand oder ein Lebewesen zu einem bestimmten Zeitpunkt, sei es mit Händen, Werkzeugen oder gedanklich, durch meinen inneren und äußeren Willen, dann übertrage ich in diesem Augenblick Kraft und feine Energien. In jeder Sekunde meines Lebens. Die Richtung meines Handelns, das Ziel, das ich mit Händen oder Gedanken verfolge – ob positiv oder negativ –, wird immer in irgendeiner Weise für jedermann sichtbar werden, heute, morgen oder in zehn Jahren. Die Kräfte, die durch den Zeitpunkt – die Mondphasen und den Mondstand im Tierkreis – gekennzeichnet sind, werden durch die menschliche Absicht wie in einem Brennglas gebündelt und verstärkt.

»Informiert« beispielsweise ein Arzt bei einem Gespräch mit dem Patienten oder sogar bei einer Operation mit dem Skalpell, fließen in Wirkung und Erfolg des Handelns immer zusätzliche, feine Energien mit ein – neben seinen Gedanken, seiner geistigen Einstellung, dem Grad seiner Liebe oder Abneigung gegenüber der Arbeit und dem Patienten und neben vielen anderen Kräften auch die Energien, die der augenblickliche Mondstand anzeigt.

»Informieren« geschieht, wenn ein guter Masseur seine Kunden durchknetet, wenn eine Katze schnurrend um Ihr Bein streicht und dabei negative Strahlungen aufnimmt, wenn Sie beim Kochen liebevoll an diejenigen

* An anderer Stelle in unseren Büchern sprachen wir nicht vom »Zeitpunkt der Information«, sondern vom »Zeitpunkt der Berührung«. Wir können es unseren Lesern jetzt zumuten, den Begriff genauer zu fassen. Siehe auch unser Buch *Alles erlaubt!*

denken, die später das Essen verzehren, wenn eine Sternschnuppe Sie an Ihren Herzenswunsch erinnert...

Entscheidend ist, dass bei jeder Information früher oder später ausnahmslos Ihre *innere* Absicht zutage tritt – niemals nur das äußere, angebliche oder vorgetäuschte Ziel! Wenn ich äußerlich jemandem ein Geschenk mache, innerlich aber dabei einen Tauschhandel vorhabe, mit der Dankbarkeit des Empfängers als Handelsware, dann wird sich später der Keil manifestieren, den ich mit meiner Berechnung in die Beziehung zum Gegenüber getrieben habe. Wenn man aus Liebe berührt, erzeugt man immer Liebe. Wenn man aus Berechnung berührt, kommt ein Tauschhandel zustande (oder auch nicht).

Zahllose unerklärliche und widersprüchliche Erfahrungen im Alltag, in der Heilkunde, in Garten und Natur und sogar im Haushalt finden in dieser Tatsache und mit ihr auch in den vom Mondstand angezeigten, rhythmischen Einflüssen eine einleuchtende Erklärung – etwa die Tatsache, dass sich das gleiche Saatgut zu verschiedenen Zeiten ausgebracht dennoch unterschiedlich entwickelt, selbst wenn nur ein Tag zwischen den beiden Saaten liegt.

Denken Sie nur beispielsweise an die unerklärliche Faszination, die von Handgearbeitetem ausgeht im Vergleich zu industrieller Fließbandproduktion. Oder an die Anziehungskraft von heiligen Kultstätten, von Geburtshäusern berühmter Persönlichkeiten usw. Solche Dinge und Orte sind gesättigt mit Information, die wir alle fühlen, bewusst oder unbewusst, im Guten wie im Schlechten.

Lassen Sie sich von diesem Buch helfen, Ihrem Garten in Harmonie mit Naturgesetzen zu informieren – Sie erhalten zurück, was Sie geben und noch viel mehr.

Der Mondkalender – das wichtigste Gartenwerkzeug

So viel wissen Sie jetzt: Das Wissen um die Natur- und Mondrhythmen erfordert zu seiner Anwendung als einziges »technisches« Hilfsmittel einen *Mondkalender* – einen Kalender, der die Mondphasen und den Stand des Mondes im Tierkreis angibt. Unsere Mondkalender sind nach dem Mondstand im Tierkreis berechnet. Alle guten Erfahrungen, die wir in unseren Büchern vermitteln – von der gesunden Ernährung und der weisen Körperpflege über Heil- und Kräuterkunde und biologisches Bauen, Gartenbau, Land- und Forstwirtschaft –, beruhen auf diesem Mondkalender. Er wird seit Jahrtausenden ohne jede Veränderung verwendet. Wie wir heute wissen, ist er überall auf der Welt gültig und anwendbar, was den *Stand des Mondes im Tierkreis* betrifft. Wenn der Mondkalender das Tierkreiszeichen Fische angibt, dann ist die »Fische«-Energie fühlbar – in Alaska und Australien, in Zaire und Zypern.

Gemeinsam mit den *Mondphasen* (Voll- und Neumond, zu- und abnehmender Mond) unterliegen sie nur der Zeitverschiebung, wobei die Zeitangaben in unseren Kalendern an den mitteleuropäischen Raum angepasst sind. Wir geben allerdings ganzjährig die Normalzeit an, ohne Rücksicht auf die Sommerzeit. Wir machen die Torheit der Einführung der Sommerzeit nicht mit, in erster Linie, weil viele Körperrhythmen sich nicht danach richten.

»Warum gibt es heutzutage zwischen den vielen Mondkalendern kleinere Unterschiede?« – diese Frage hat so manchen unserer Leser beschäftigt und sie soll hier beantwortet werden. Im Wesentlichen gibt es dafür drei Gründe:

Alle früheren Mondkalender wurden fast ausnahmslos nach der gleichen Methode berechnet, nämlich nach dem Stand des Mondes im Tierkreis, nach dem Frühlingspunkt. Zu allen Zeiten nun war es den Kalendermachern möglich, den Übergang zwischen einem Tierkreiszeichen zum nächsten auf die Minute genau zu berechnen. Nachdem der Mondstand seit Menschengedenken immer nur für ganze Tage angegeben wird, muss man sich also entscheiden, welchen »Stich-Augenblick« man wählt. Und hier gibt es zwei Möglichkeiten: Wähle ich jenes Tierkreiszeichen, in dem der Mond um 12 Uhr Mitternacht oder um 12 Uhr Mittag steht? Der Kalender, der unseren Büchern beiliegt, gibt für den ganzen nächsten Tag das Tierkreiszeichen an, in dem der Mond um Mitternacht steht. Das ist die Methode, nach der alle Mondkalender im Laufe der Jahrhunderte erstellt worden sind, wie wir feststellen konnten. 12 Uhr Mittag scheint nur auf den ersten Blick die bessere Wahl, sie bringt aber die schlechteren Ergebnisse, wie alle Praktiker des Mondwissens feststellen konnten und können. Festhalten an Traditionen um jeden Preis ist kein gutes Prinzip, aber wenn etwas jahrtausendelang besser funktioniert als jede Alternative, dann wäre es töricht, darauf zu verzichten.

Manche Kalender geben die genaue Minute des Übergangs an. Wir tun das nicht, denn nicht ohne Grund haben die Kalendermacher früher diese Angabe ausnahmslos weggelassen. Sicherlich auch deshalb, weil das Wissen viel zu wertvoll ist, um es komplizierter zu machen als es ist. Zum einen erfolgt der Übergang der Wirkkräfte allmählich, niemals von einer Minute auf die andere! Die Einflüsse, die der Mondstand im Tierkreis anzeigt, überlappen und vermischen sich, besonders, wenn im Kalender ein Zeichen drei Tage hintereinander angegeben ist. Dann ist meist am dritten Tag die Kraft des nächsten Zeichens schon stark zu spüren.

Es wäre doch absurd, wenn Gott uns wie eine Krämerseele zwänge, Tomaten erfolgreich nur bis 10.47 Uhr vormittags zu pflanzen, während Er um 10.49 gesetzte Tomaten benachteiligt. So engherzig funktioniert Seine wunderbare Natur nicht. Übergenauigkeit verdirbt einem ja den Spaß. Wenn das Handeln zum richtigen Zeitpunkt keine Freude macht und echten Gewinn bringt, dann schadet es mehr als es nützt.

Der zweite Grund für die Kalenderunterschiede ist gleichzeitig einer der Hauptgründe dafür, warum das Mondwissen im Laufe der Geschichte immer wieder einmal in Vergessenheit geriet: Zwischen einem *Tierkreiszeichen* und dem gleichnamigen *Sternbild* droben am Nachthimmel besteht nämlich ein wesentlicher Unterschied. Der gedachte Tierkreis ist in zwölf genau gleich große 30°-»Kuchenstücke« eingeteilt, die mit den astronomischen Sternbildern am Himmel nur die Namen gemeinsam haben. Die Sternbilder selbst dagegen sind unterschiedlich groß. So besitzt beispielsweise das Sternbild Waage nur eine halb so große Ausdehnung wie das Sternbild Jungfrau.

Unsere Vorfahren waren ja große Meister in der Berechnung von Gestirnsständen und Umlaufbahnen. Aus gutem Grund jedoch hatten sie keine Veranlassung, die Berechnungsgrundlagen am Sternbild zu orientieren. Denn nicht der tatsächliche Stand des Mondes am Himmel zählte für sie, sondern die Antwort auf die Frage: Wann herrscht auf der Erde die Löwe-Energie, um Getreide in feuchte Böden zu säen? Wann kommt mir die Steinbock-Energie zu Hilfe, um Zaunpfosten zu setzen? Und *diese* Fragen beantwortet der Mondkalender, wenn er nach dem Frühlingspunkt, nach dem astrologischen Tierkreis berechnet wird, so wie unsere Mondkalender auch. Die Praktiker des Mondwissens haben zu allen Zeiten diesen Kalender verwendet. Warum heute Mondkalender auftauchen, die den Stand des Mondes im astronomischen Sternbild wiedergeben, müssen Sie deren Verfasser fragen.

Hinzu kommt, dass die gültige Berechnung der Tierkreiszeichen, also der tatsächlich herrschenden Mond-Energien, immer gleich ist, während der Mond aufgrund der so genannten Präzession wie eine fehlerhafte Uhr etwas »vorgeht«. Das sorgt dafür, dass er im Laufe von 28 000 Jahren einmal durch alle Sternbilder vorgegangen ist und erst in etwa 25 500 Jahren wieder ziemlich genau die gleiche Position einnimmt wie der Mond im Tierkreis.

Deshalb besteht für das geübte Auge ein heute schon merklicher Unterschied zwischen dem astronomischen Stand des Mondes am Himmel und dem Stand des Mondes im Tierkreis, wie ihn die Mondkalender angeben. Aber das war zu allen Zeiten bekannt: Seit Jahrtausenden hatten die Kalendermacher das Wissen und die Chance, auch diese Abweichung in die Mondkalender mit einzubeziehen. Sie haben es aus gutem Grund nicht getan.

Ja, und der dritte Grund für Kalenderunterschiede ist schlicht darin zu suchen, dass es nichts Gutes gibt, das nicht vielfach kopiert wird. Fast jeder Verlag muss heute »seinen« Mondkalender herausgeben. Dabei wird natürlich viel voneinander abgeschrieben und viel Überflüssiges, »Mondmagie«, »Kochen nach dem Mond«, »Bauernregeln« usw. hinzugefügt und eben auch der Kalender willkürlich verändert. Traurig ist, dass die enthaltenen Fehler das Mondwissen in Verruf bringen können – und das ist ein viel größerer Schaden als die Verleger und Autoren ahnen. Es existiert sogar ein Abreißkalender *Der richtige Zeitpunkt*, der zwar das Titelbild unseres gleichnamigen Buches trägt, aber sonst keine Autoren angibt und tatsächlich nicht von uns stammt – ein reiner Etikettenschwindel. Jeder Tag, der die Wiederbelebung des Mondwissens hinauszögert, ist ein verlorener Tag auf dem Weg zu einem harmonischen Miteinander von Mensch und Natur.

Zum Schluss die Worte einer Leserin, die die Frage nach den Kalenderunterschieden in ihrem Leserbrief so formuliert hat:

Durch Zufall erfuhr ich, dass manche der vielen Mondkalender anders berechnet sind als Ihr Mondkalender und dass manche deshalb etwas verwirrt sind. Das verstehe ich natürlich, aber ich wende Ihren Kalender nun schon acht Jahre lang an, mit überraschend großem Erfolg und auch bei schweren Operationen im Verwandtenkreis. Ich würde es so sagen: Wenn mir jemand mein Traumhaus mit schöner, großer Werkstatt baut, in dem es sich wunderbar leben und arbeiten lässt, dann würde ich doch niemals auf die Idee kommen, die Qualität des Werkzeugs, mit dem Haus und Werkstatt errichtet worden sind, in Zweifel zu ziehen. Das wäre ja, wie wenn man zu Boris Becker nach seinem ersten Wimbledon-Sieg geht und sagt: »Du spielst super Tennis, aber mit deinem Schläger stimmt was nicht.«

Finden Sie es selbst heraus!

Letztlich kommt es auf Ihren gesunden Menschenverstand an: Nehmen Sie die Informationen in unseren Büchern in erster Linie als Anregung für die Reise ins Reich der Natur- und Mondrhythmen. Machen Sie dort Ihre eigenen Erfahrungen, experimentieren Sie, probieren Sie. Die Kräfte der Mondrhythmen sind seit Jahrtausenden ein bewährtes Mittel, das heute wieder all denen zur Verfügung steht, die es annehmen wollen. Heute erinnern sich viele Menschen wieder dieses unschätzbar wertvollen Erbes unserer Vorfahren – auch wenn mancher Wissenschaftler noch Probleme hat, zu akzeptieren, dass auch ohne seinen Segen etwas so schlicht, einfach und erfolgreich funktioniert.

Das Mikroskop ist kein Instrument, um Schönheit und Wert von Blumen und Kräutern zu erfassen. Das kann nur Erfahrung, Herz und Gespür leisten. Damit Sie in diesen drei Dingen wachsen, dafür arbeiten wir.

Es ist gut, wenn uns die verrinnende Zeit
nicht als etwas erscheint,
das uns verbraucht,
sondern als etwas, das uns vollendet.
Antoine de Saint-Exupéry

3. Schlüssel
Das Werkzeug für den lebendigen Garten

In welchem die Rede ist von den Werkzeugen, die den Garten erblühen lassen, vom Material, aus dem sie bestehen sollten, von der Einfachheit in der Vielfalt und von der Handhabung, die das Führen der Werkzeuge zur Freude macht.

Der dritte Schlüssel zum Erblühen Ihres persönlichen Paradiesgartens besteht in der Wahl der Werkzeuge, dem Material, aus dem sie bestehen sollten, und in der Art und Weise, wie man sie führt. All das entscheidet darüber, ob Sie Besitz und Pflege eines Gartens nach und nach als wahres Gottesgeschenk erfahren oder ob Sie schon nach wenigen Wochen, ja, manchmal schon nach wenigen Stunden nur noch mit Widerwillen der »Arbeit« im Garten entgegensehen und auf einen großen Teil der Freude und Schönheit verzichten, die für Sie bereitliegen.

Aus einem Land mit großer Gartentradition, aus England, kommt der Spruch: »Good garden tools are like best friends – not easy to find, but if you have them they will last a lifetime.« – »Gute Gartengeräte sind wie beste Freunde – schwer zu finden, aber wenn, dann fürs ganze Leben.«

Holz – der Stoff mit der besten Sendeleistung

Kleine Ursache, große Wirkung: Die meisten Tipps, die wir auf den Seiten dieses Buches zu einem großen Strauß binden, sind unscheinbar auf den ersten Blick, einfach in der Anwendung, kosten nichts oder nur wenig, Sie haben die Geräte ein Leben lang. Sinn und Unsinn der Ratschläge erschließt sich oftmals erst in der Anwendung über längere Zeit. Kaum einer der Fingerzeige ist jedoch gleichzeitig so geringfügig wie von solch großer Tragweite und Wirkung zum Guten wie zum Schlechten wie dieser:

Verwenden Sie bei allen Werkzeugen im Garten unbehandeltes Holz als Material für den Griff. Ist das Holz der Werkzeuge, die Sie schon besitzen, farbig oder transparent lackiert, dann schmirgeln Sie den Lack ab. Esche, Linde und Buche eignen sich als Griffholz am besten.

Was hat es mit diesem Rat auf sich? Nun, selbst der grüne Daumen arbeitet nicht nur an bloßer Hand.

Wie begrüßen Sie Ihren besten Freund, Ihre beste Freundin nach langer Abwesenheit? Mit herzlichem Händedruck, mit freudiger Umarmung? Oder mit Plastikhandschuhen und misstrauischer Reserve? Aus unpersönlicher Ferne? Ihr Zugehen auf die Freundin, den Freund verrät viel über die Tiefe der Freundschaft. Und über den Gewinn, den das Miteinander euch beiden bringt.

Wie so oft könnten wir uns die Begründung für diesen Rat ersparen, wenn Sie sich Zeit und Muße für Ihre eigene Erfahrung lassen – wenn Sie beispielsweise einmal eine Stunde lang mit einer Gartenhacke arbeiten, die einen Kunststoffgriff besitzt, und dann, vielleicht ein paar Tage später, mit einer Hacke mit Holzgriff.

Sie haben es sicher schon selbst erlebt: Man beginnt den lang erwarteten Arbeits- und Entspannungstag im Garten mit Schwung und Begeisterung, und schon nach einer Stunde oder noch früher ist die Energie verpufft, man fühlt sich wie ausgebrannt und kann sich kaum erklären, woher der plötzliche Energieverlust und die Blasen an den Händen kommen. Dafür kann es natürlich eine Unzahl von Gründen geben – von einer überlasteten Leber, die noch die vorige Nacht verarbeiten muss, bis zum ungünstigen Biorhythmus, aber ein häufiger Grund ist tatsächlich das falsche Griffmaterial am Werkzeug.

Es klingt vielleicht etwas seltsam, aber es ist Tatsache: Die Erde, das Leben in ihr, die Tiere und Pflanzen – sie alle müssen ungefiltert und direkt von Ihren Absichten Kenntnis bekommen, um für Sie tätig werden zu können. Kunststoff wirkt da wie eine unsichtbare Blockade, ein Bremser, der nur verzerrt weitergibt, was Sie mitteilen möchten. Als ob Sie Ihrem

Partner eine liebevolle Massage geben – mit Plastikhandschuhen ausgerüstet.

Holz ist ein lebendiger Stoff, der sich wunderbar anfühlt, und mit Ihnen lebt. Nur selten werden Sie bei der Arbeit mit ihm Blasen an den Händen bekommen, bei Kunststoff dagegen viel häufiger. Sie werden kaum einmal schweißnasse Hände bekommen, bei Kunststoff ist das die Regel.

Jeder Mensch, der im wahrsten Sinne des Wortes viel mit Kunststoff in Berührung kommt, sollte sich oft die Hände waschen, weil sich Kunststoff obendrein noch auflädt – nicht nur mit elektrischen Ladungen.

Natürlich sollen Sie jetzt nicht alle Werkzeuge mit Kunststoffgriffen gleich Ihrem besten Feind schenken und viel Geld für neues Gerät ausgeben. Wir möchten Sie nur anregen, zu beobachten und Erfahrungen zu sammeln. Vielleicht tut's auch eine geliehene Schaufel mit Holzgriff, um die Sinne dem Natürlichen zu öffnen und die richtigen Schlüsse zu ziehen. In manchen Weltregionen werden heute noch Pflüge aus Holz verwendet, verarbeitet ohne ein Gramm Metall. Der Grund ist nur zum kleinen Teil die Armut in diesen Regionen: Die Bauern dort wissen genau, warum.

Das Problem mit all dem Kunststoff würde sich uns gar nicht stellen, wenn *Kostenwahrheit* herrschen würde, mit anderen Worten: wenn Kunststoffprodukte ohne Ausbeutung von Mensch und Natur produziert werden würden. Wir könnten uns dann Plastikgriffe gar nicht mehr leisten, so teuer wären sie. Das gilt auch für kunststoffbeschichtetes Metall als Griffmaterial. Denken Sie nur an die Entsorgungskosten, wenn Sie Kunststoffe wieder in den Naturkreislauf zurückführen. Aus einem Holzgriff lässt sich an seinem Lebensende noch ein schönes Feuer machen, ohne die Umwelt zu belasten. Steigen Sie auch deshalb um auf Holz. Die Natur wird es Ihnen danken und Sie sich selbst auch.

Eine kleine Metallkunde

Dass die industrielle Landwirtschaft und die industrielle Weiterverarbeitung ihrer Produkte zu Fertiggerichten und leblosen Nahrungsmitteln für zahllose Umwelt- und Gesundheitsprobleme verantwortlich ist – diese Information macht ganz allmählich die Runde und bewirkt einen Wandel zum Besseren. Dass in der Kette der Fehler der Vergangenheit aber eine Entscheidung zu finden ist, die auf den ersten Blick nichts mit unserer Gesundheit zu tun hat, wissen nur wenige – die Entscheidung nämlich, aus welchem Material jene Teile von Gartenwerkzeugen und landwirtschaftlichen Geräten gefertigt werden, die direkt mit der Erde in Berührung kommen: Schaufelblätter, Schneiden, Hackenspitzen, Pflugscharen, Vertikutiermesser usw.

Vielleicht haben Sie in wissenschaftlichen Fernsehsendungen schon einmal Bilder wie diese gesehen: Auf der einen Seite ein indischer Bauer, der mühsam unter sengender Sonne hinter seinem Zugtier und einem Holzpflug herstapft und die Erde im »Schweiße seines Angesichts« bearbeitet. Dazu die Stimme des Sprechers, der solche Szenen mit fast mitleidiger Stimme kommentiert, wie »rückständig« manche Regionen der Erde sind und wie lange es wohl dauern wird, bis auch hier der »Segen der Neuzeit« zu spüren sein wird.

Auf der anderen Seite ein abgeerntetes Weizenfeld so weit das Auge reicht, riesige Traktoren quetschen zu mehreren Reihen die Erde mit dem Gewicht gigantischer Reifen, um sie gleich wieder aufzuschlitzen wie das Messer des Fischers einen Wal öffnet. Dazu eine Stimme, die uns den Anblick als Fortschritt und Garantie für die Beseitigung des Hungers in der Welt anpreist.

Gehirnwäsche solcher Art hat dafür gesorgt, dass es für Sie heute nicht mehr viel Auswahl gibt auf dem heutigen Markt. Entweder bestehen Gartenwerkzeuge aus rostfreiem Edelstahl (etwas teurer) oder aus gehärtetem Kohlenstoffstahl (etwas günstiger, aber auch etwas aufwändiger zu pflegen). Das ist in Ordnung bei jenen Werkzeugen, die nur mit Pflanzen in

Berührung kommen (Gartenscheren, Messer usw.), beziehungsweise auch bei Geräten, die härteste Arbeit leisten müssen (Pickel usw.).

Beide Materialien haben aber einen gravierenden Nachteil, den man in früherer Zeit kannte: Ihre Anwendung wirkt auf die lebendige Erde wie ein kleiner Schock. Die Wirkung ist vergleichbar etwa mit einer ersten Volksschulklasse, die von ihrem Lehrer in unregelmäßigen Abständen willkürlich und nach Lust und Laune aus vollem Hals angeschrien wird. Die Klasse erstarrt augenblicklich. Geschieht das zu oft, macht sich Furcht breit, die kindliche Lebendigkeit wird gedämpft. Das Gegenteil von echtem Lernen beginnt. Die »Fruchtbarkeit«, die Leistungsfähigkeit dieser Kinder, lässt nach.

Eisen lässt den Boden ebenfalls langsam »erstarren«. Der feine Eisenabrieb der Werkzeuge wirkt im Boden wie ein Schleier, der sich erstickend auf die Erde legt. Wie ein Spurenelement, das sich durch den Luftsauerstoff in Rost verwandelt, der wiederum die Austrocknung der Erde beschleunigt – also ihre Erstarrung. Zudem sorgt der Rost für eine Abnahme der elektrischen Spannung in der Erde wie Spülmittel die Oberflächenspannung von Wasser zerstört. Eisengeräte entziehen dem Boden die für gutes Wachstum nötige Magnetkraft, sie entladen den Boden und das darin befindliche Wasser. Der Informationsfluss wird unterbrochen. Befindet sich also im Boden Rost, der durch den Eisenabrieb des Gerätes entsteht, so verliert der Boden und das darin befindliche Wasser augenblicklich seine Spannkraft. Im Laufe der Zeit sinkt das Wasser ab und der Boden trocknet aus.

Wie sieht also die gesunde Alternative aus? Viktor Schauberger, der österreichische Naturforscher, erkannte, dass Gebiete mit viel Eisenerz-Lagerstätten eher karge Gegenden sind mit unfruchtbaren Böden. Und dann entdeckte er das Entscheidende: *Kupferreiche* Landschaften andererseits zeichnen sich durch üppiges Wachstum aus.

Als kurz nach dem Zweiten Weltkrieg Bulgarien von Kupfer- auf Eisenpflüge umstieg, kam es zu starken Ertragseinbußen, deren Ursache lange nicht gefunden wurde. In den dort verstreut liegenden türkischen Siedlungen, wo es immer noch die alten Holzpflüge gab, die zumeist von Menschen gezogen wurden, verzeichnete Schauberger dagegen keine Ertragsrückgänge. Diese Erkenntnisse fanden bei der damaligen Regierung wenig Anklang, da Geschäftsinteressen und falscher Stolz im Vordergrund standen. Es wurden keine Konsequenzen gezogen.

Auch die fruchtbaren rumänischen Böden, die nach traditioneller, also biologisch einwandfreier Bewirtschaftung mit Holzwerkzeugen immer gute Ernten brachten, litten nach der Verwendung von Eisengeräten stark. Auch hier: Statt die Zusammenhänge zu erkennen, hatten Stahlindustrie und Chemie ein weiteres Mal leichtes Spiel und konnten den Teufelskreis Kunstdünger-Pestizide-Bodenverarmung-Qualitätsverlust-noch-mehr-Kunstdünger in Gang setzen.

Archäologen können uns berichten, dass Eisen früher eher selten verwendet wurde, um den Boden zu bearbeiten – Kupfer und Bronze dagegen bei vielen Hochkulturen und auch bei den Indianern Nordamerikas.

Diese Erfahrungen und Erkenntnisse brachten Schauberger dazu, Feldbearbeitungsgeräte aus Kupfer bzw. Kupferlegierungen zu entwickeln und zu erproben. Ertragssteigerungen um bis zu 50 Prozent bei besserer Qualität (auch bei Backversuchen) waren das Ergebnis. Die Pflanzen zeigten ein tieferes Grün und verbessertes Wachstum. Von den Bauern in Österreich wurde Schaubergers Pflug wegen der höheren Erträge bald mit dem Namen »Goldener Pflug« bedacht. Leider zwang man den damaligen Hersteller zur Einstellung der Produktion, weil Schauberger keine Bestechungsgelder an gewisse Behörden bezahlen wollte. Die offizielle Begründung lautete: »Der ›goldene Pflug‹ führt zu einer unerwünschten Überproduktion.« Das müssen Sie sich auf der Zunge zergehen lassen. Heute wären Kupfergeräte in der industriellen Landwirtschaft natürlich unbezahlbar, beziehungsweise nur in Eigeninitiative zu fertigen.

Das ideale Werkzeugmetall also, das auch heute noch von noblen Gartengeräte-Manufakturen und manch weisem Schmied für Gartengeräte verwendet wird, ist *Kupfer* (mit einer geringen Beimischung von Zinn, um die nötige Härte zu erzielen). Wer mit Kupfergeräten (Pflüge, Hauen) arbeitet, macht nicht nur die Erfahrung, dass der Boden ihnen viel weniger Widerstand entgegensetzt als Eisengeräten, und sie deshalb leichter gleiten. Wichtiger noch ist das Folgende:

Unsere Ackerböden und Gärten sind heute in der Regel unterversorgt mit Kupfer, weil zu viel Stickstoff zugeführt wird. Das wiederum hat Kupfermangel zur Folge – im Boden wie später in unserem Körper. Nicht selten führt Kupfermangel zu Knochenabbau, von Ärzten fälschlich »Verschleiß« genannt, begleitet von ständiger Müdigkeit und großer Lustlosigkeit. Einer »Blutarmut« wegen Eisenmangel geht immer ein Kupfermangel voraus, denn wenn Kupfer fehlt, kann der Körper kein Eisen aufnehmen. Zivilisationskrankheiten wie Veränderungen der Haarstruktur oder Abnahme des Geschmackssinns, die heute schon beinahe als »normal« gelten, könnten Abhilfe finden durch Zufuhr von Kupfer.

Wie nehmen Sie Kupfer am besten auf? Das geht mit Hilfe eines Kupferarmbandes (beispielsweise bei Rheuma), in erster Linie über Hülsenfrüchte und Rote Bete, aber auch durch grünes Blattgemüse, Brombeeren, Zitronen, Birnen, Aprikosen und Johannisbeeren. Und über die Produkte aus Ihrer Gartenerde, wenn Sie das richtige Werkzeug haben.

Die Erklärung für die besondere Wirkung von Kupfer im Boden ist eigentlich relativ einfach: Wir Menschen brauchen eine Vielfalt von Vitaminen und Spurenelemente (Mineralien, Metalle usw.), um gesund zu bleiben, gesund zu werden. Kupfer gehört dazu! Die Erde kann uns aber diese Elemente nur dann zur Verfügung stellen und für den Menschen rundum gesunde Erntefrüchte schenken, wenn ihr *diese Spurenelemente zur Verfügung stehen, um das eigene vielfältige Bodenleben zu sichern!* Mit anderen Worten: Die Fruchtbarkeit der Erde und die Qualität und Verwertbarkeit ihrer Geschenke ist abhängig vom vollständigen Vorhandensein aller Mineralien und Spurenelemente.

Bodenfreundliche Kupferwerkzeuge, legiert oder verlötet mit Aluminium, Chrom, Gold, Mangan, Magnesium, Nickel, Silber, Zink und (bei Mangel) auch Eisen, sind ein Teil der Vitaminspritze, die dem Boden einen Teil dieser Elemente zurückgeben – neben verrottendem Laub, Unkräutern usw.

Der »goldene Pflug«

Im Vorwort haben wir schon an diese Information von entscheidender Bedeutung erinnert: Unser Körper braucht lebendige, kraftvolle, biologisch gezogene Pflanzen, um deren Schatz an Mineralien, Vitaminen und Spurenelementen aufnehmen zu können. Sie sollten also keine Löffel aus Kupfer lutschen, wenn Sie unter Kupfermangel leiden, denn Kupfer in Reinform wirkt vergiftend. Auch Kupferpräparate aus der Apotheke können den Mangel nicht beseitigen. Aber Hülsenfrüchte und Rote Bete, die klassischen Kupferlieferanten, geben es dem Körper in einer Form, die er erkennt und verwerten kann.

Kunstdünger und Pestizide zerstören den Boden, seine Produkte sind leer. Ernähren wir uns davon, leiden wir Mangel. Wenn wir nun den Mangel durch »Nahrungsergänzungsmittel« beheben wollen, dann ist das so als ob wir die Zündkerzen unseres Autos herausschrauben, in den Müll werfen, und dann neue kaufen und die neuen auf den Beifahrersitz legen. Wenn Sie jetzt den Zündschlüssel drehen, passiert nichts, oder? Die kleine Entscheidung zum Guten, nämlich auf Kupferwerkzeuge umzusteigen, könnte hier ein erster Schritt sein, um langfristig wieder gesunde Feldfrüchte im Supermarkt zu bekommen.

Natürlich sollen Sie jetzt nicht verzweifeln und sämtliche Gartengeräte zum Sperrmüll geben. Dennoch wollten wir Ihnen diese Information nicht vorenthalten. Auch wir haben Eisen- und Stahlgeräte im Garten verwendet, sie aber nach und nach gegen Kupfergeräte ausgetauscht.

Zuletzt möchten wir Ihnen noch versprechen, dass das Arbeiten mit Kupferwerkzeugen ein ganz besonderes Gefühl ist – als ob die Erde lieber »mit sich machen« lässt, was Sie vorhaben. Schauberger hat es so ausgedrückt, dass die Erde um eine Schwingungsoktave höher gebracht wird. Kupfer lässt die Erde singen! Vielleicht können Sie sich für dieses Lied erwärmen.*

Ein komplettes Team

Stellen Sie sich vor, Sie verbinden in sich Neigung, Liebe und Talent zum Beruf des Uhrmachers. Mit viel Vorfreude sehen Sie dem ersten Tag der Lehre in diesem schönen Beruf entgegen. Glauben Sie, dass Sie eine Zukunft in diesem Handwerk haben, wenn das Werkzeug, das Ihnen zur Verfügung steht, aus einem schweren Vorschlaghammer und zwei Meißeln besteht? Sie mögen das Zeug zum Lehrmeister aller Schweizer Uhrmacher haben – wenn Sie mit dem untauglichen Werkzeug arbeiten, ist Frust Ihr Lohn, von Anfang bis Ende.

Sie mögen das Zeug zum Gartenzauberer haben, Sie mögen wahre Paradiese unter Ihren Händen entstehen lassen – ohne das richtige Werkzeug wird Ihnen diese Arbeit und vielleicht sogar der Anblick Ihres Gartens ganz langsam zur Last. Dabei sind es nur drei einfache Bedingungen: Das richtige Material, nämlich Holz und Kupfer, wie Sie jetzt wissen, die richtige Zusammenstellung und der richtige Gebrauch, der »Angriff«. Welches Team steht Ihnen am besten zur Seite? Es folgt die Liste der dienstbaren Geister, ohne die nichts geht.

* Es gibt sie wieder, die Geräte aus Kupfer; die traditionelle Feldhaue, Sauzahn, Rechen, Spaten, Dreizack und Kleinhaue! Bei Erscheinen dieses Buchs sollte es uns gelungen sein, Ihnen eine Quelle nennen zu können. Fragen Sie uns: Johanna Paungger & Thomas Poppe, Postfach 107, A–3400 Klosterneuburg, oder schauen Sie gleich in unserem Shop nach: www.paungger-poppe.com.

Schaufel und Spaten

In manchen Regionen der Welt gehört die Schaufel zum ehrfürchtig und sorgfältig behandelten Werkzeug, das von Generation zu Generation weitergegeben wird. Sie ist das Universalwerkzeug und seit Jahrhunderten mehr oder weniger unverändert in Verwendung. Zum Umschichten von Erde und Kompost, zum Pflanzen und Graben ist sie ideal geeignet. Zum Schotter und Sand bewegen, zum Brunnen bauen, Mauern ziehen, Kies transportieren. Das zugespitzte Blatt ermöglicht ein leichtes Arbeiten. Der Stiel sollte aus Eschenholz sein; Fiberglas ist zwar härter, dämpft aber Schläge weniger gut ab und belastet damit die Gelenke.

Mit dem Spaten und seiner geraden Kante lässt sich präzise arbeiten, sein »Fassungsvermögen« ist aber geringer. Zum Löcher graben, Erde abstechen, Beete neu anlegen, Ausheben von Pflanzlöchern, Umgraben, Umsetzen und Pflanzen ist der Spaten das ideale Werkzeug. Beim Spaten sollten Sie die Hebelkraft nicht überstrapazieren, wenn der Widerstand groß ist, sondern das Erdreich lieber vorher mit Spitzhacke (Pickel) auflockern.

Der Spaten hat einen Griff, der im rechten Winkel am Stielende angebracht ist. Teurere Ausführungen sind aus Edelstahl, weil ein rostiger Spaten schlecht in die Erde eindringt, aber das beste Material ist auch hier Kupfer, es *gleitet* in die Erde wie eine Hand in den Lieblingshandschuh.

Gehen Sie vorsichtig mit Schaufel und Spaten um, wenn Sie in Pflanzerde arbeiten. Die Erde wüsste sehr gerne genau, welche Absichten Sie verfolgen, denn diese Arbeiten bringen das Bodenleben etwas durcheinander.

Hacken – Hauen – Feldhauen

Oftmals keimt auf Beeten zuerst das, was Sie nicht gesät haben. Unerwünschte Beikräuter werden in der Regel mit Hauen oder Unkrauthacken entfernt. Diese Methode lüftet zugleich den Boden und beschleunigt den Abbau organischen Materials.

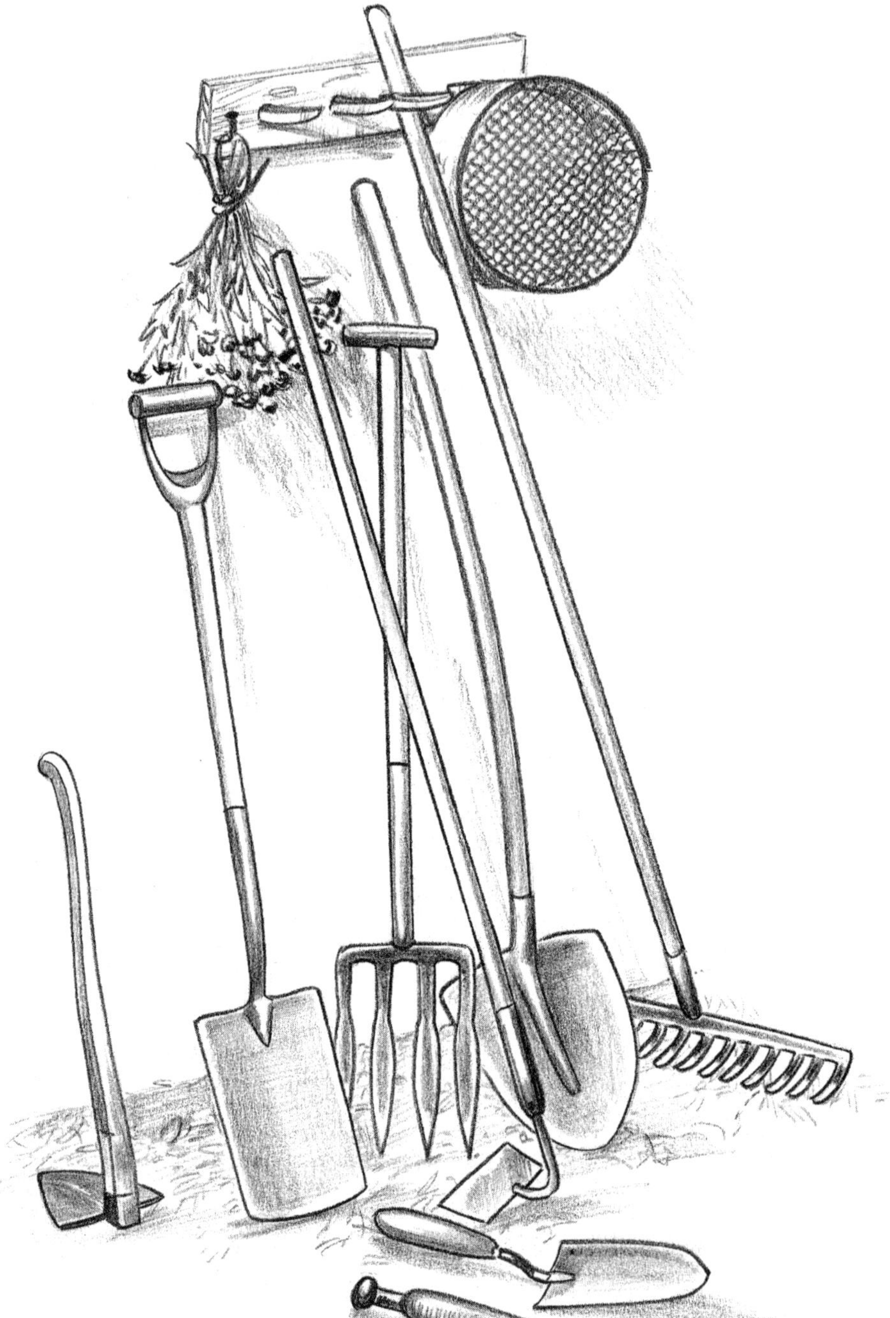

Hacken sind ideale Instrumente zum Auflockern von Beeten, zum Häufeln, beispielsweise von Kartoffeln, zum Aufhacken von Beeten samt Unkraut, das Sie dann liegen lassen oder hinterher einsammeln. In schon gelockerten Beeten eignen sie sich zum Rillen ziehen, auch für tiefe Pflanzrillen. Hacken oder Hauen werden auch zur Pflege von Wegen und zur Lockerung von harter oder verkrusteter Erde verwendet.

Im Handel gibt es im Wesentlichen zwei verschiedene Typen: Dreieckig dringen sie tiefer in den Boden ein und entfernen unerwünschte Kräuter mitsamt den Wurzeln. Viereckig eignen sie sich gut zum Bereinigen von Wegen oder Zwischenräumen zwischen Pflanzreihen, sie arbeiten aber flacher und die Unkrautwurzeln bleiben oft in der Erde. Mit viereckigen Hauen zu arbeiten ist wohl eher eine Frage der Gewohnheit.

Rechen

Nichts eignet sich besser für die Vorbereitung eines feinen Saatbeetes als der Rechen. Mit dem Rechen verwandelt sich ein unebenes, steiniges Beet in ein feines, glattes Saatbeet, Pflanzrillen für Erbsen oder Bohnen werden gezogen, die Saat wird mit Erde oder Kompost zugedeckt, kleine Wälle für die Ansaat werden gebildet oder grobe Erdstücke zerklopft und in feine Krümel verwandelt.

Die Zahl der Aufgaben für einen Rechen ist jedoch noch weitaus größer: Heu- und Grasschnitt sammeln, Steine entfernen und im Herbst Laub rechen, Entmoosen von Rasen. Für spezielle Aufgaben gibt es besondere Rechenformen, mit langen Zinken aus Metall oder Holz für den Heurechen, wenn sich Ihr Rasen allmählich in eine Wiese verwandelt, mit geraden und kurzen Zinken aus Metall für grobe Arbeiten. Rechen in Fächerform eignen sich besonders zum Laubrechen.

Im lebendigen Garten wird Laub nur auf wenigen Stellen gerecht, etwa auf Wegen. Wiesen, Säume und die Bereiche unter Obstbäumen können ruhig mit einer Laubschicht in den Winter gehen. Die modernen Laubsauger sind eine überflüssige Erfindung, sie sind laut, nicht gerade umweltfreundlich und töten unzählige Insekten und Kleintiere. Laubsauger sind ein perfektes Beispiel dafür, wie mancher »Fortschritt« Mensch und Umwelt langfristig schädigt.

Beim Kauf eines Rechens ist zu bedenken, für welche Arbeiten der Rechen vorrangig eingesetzt werden soll. Für den Gemüsegarten reicht ein Metallrechen, für die Wiesenpflege ein Heurechen und für den Laubfall ein Laubrechen. Auf einen langen Holzstiel und stabile Zinken sollten Sie nicht verzichten.

Handschaufel

Hand- beziehungsweise Pflanzschaufeln gehören zu den meistgebrauchten Werkzeugen. Hier wie bei den drei vorhergehenden Werkzeugen sollten Sie nicht sparen. Billige Schaufeln brechen oder verbiegen sich leicht, rosten oder liegen schlecht in der Hand. Wer viel pflanzt, sollte daher unbedingt auf einen angenehmen Holzgriff und ein belastbares Schaufelblatt achten. Auch hier wäre Kupfer das beste Material, es gleitet nur so durch den Boden und das gute Gefühl, den Boden mit wertvollen Spurenelementen zu impfen, bestätigt sich, wenn Sie später das Ergebnis bewundern können.

Spaten, Hacken, Rechen, Handschaufel und ein Mondkalender – das ist Ihr Startteam! Natürlich wächst mit der Freude am lebendigen Garten auch die Palette der Werkzeuge, die Ihnen die Arbeit erleichtern können. Es ist wie beispielsweise beim Kochen: Wer gerne kocht, wird mit der Zeit ganz von selbst von Edelstahl auf Emaillegeschirr und Holzlöffel umsteigen.

Grabegabel

Die Grabegabel hat meist vier Zinken, die ohne Mühe tief in den Boden gleiten. Das Gerät ist bestens geeignet zum Ernten von Wurzelgemüse (Rote Bete, Kartoffeln, Karotten, Schwarzwurzeln usw.). Wenn im Herbst der fruchtbare Gartenboden im lebendigen Garten nicht umgegraben wird, ist die Grabegabel gut zum Lockern geeignet.

Hilfreich ist sie auch beim Umsetzen von größeren Pflanzen, da man mit ihrer Hilfe den Pflanzenballen gut ausheben kann, ohne die Wurzeln zu verletzen. Arbeitet man beim Umsetzen nur mit einem Spaten, so ist die Gefahr groß, dass man mit dem scharfen Blatt Wurzeln abtrennt.

Bodenlockerer – Sauzahn

Für eine Bodenlüftung und -lockerung zwischen den Pflanzungen eignet sich der Bodenlockerer, auch Sauzahn genannt, weil er in seiner Form wirklich an den Hauer eines Ebers erinnert. Er kann ideal zwischen den Reihen eingesetzt werden. Vor allem verdichtete und schwere Böden lassen sich mit ihm während der Zeit des Pflanzenwachstums lockern und lüften. Das erfordert nur wenig Kraftaufwand bis auf 20 cm Tiefe, ohne die natürliche Bodenschichtung durcheinander zu werfen. Der Stiel sollte leicht gebogen sein, mit der Krümmung nach unten.

Sense

In den folgenden Kapiteln werden wir Ihnen ans Herz legen, Rasenflächen zu reduzieren oder ganz darauf zu verzichten, und die Flächen in Wiesen zu verwandeln. Die Vielfalt an Blumen und Heilkräutern, den Lebensraum für die Tierwelt werden Sie später nicht mehr missen wollen. Für den Schnitt der Wiese sind allerdings nur sehr kräftige Motorrasenmäher geeignet. Statt dieser teuren Ausgabe sollten Sie bedenken, dass kleine Wiesenflächen ohne Probleme mit der Sense zu mähen sind. Eine scharfblättrige Sense, deren Stiellänge und Griffabstand zur Körpergröße der damit arbeitenden Person passen sowie ein Wetzstein reichen als Ausrüstung.

Es ist ein ganz besonderes Gefühl, der Umgang mit einer Sense. Wir können Ihnen nur empfehlen, sich Umgang, Pflege und Körperhaltung von einem Profi zeigen zu lassen. Das fachgerechte Dengeln einmal jährlich sollten Sie einem Bauern oder Schmied überlassen. Ganz entscheidend dabei beim Umgang mit der Sense:

- Gehen Sie niemals zum Mähen, wenn Kinder in der Nähe sind! Ihr Arbeitsradius ist immer größer als man denkt.
- Lassen Sie die Sense niemals am Boden liegen!
- Wenn Sie fertig sind, gehört die Sense sicher an eine Aufhängevorrichtung an der Wand! Lassen Sie die Sense niemals bei Vollmond draußen stehen. Sie verliert ihre Schärfe so stark, dass sie gedengelt werden muss.

Morgens bei Taunässe lässt sich der Schnitt leichter durchführen. Der erste Schnitt der Wiese sollte möglichst spät erfolgen, damit alle Blumen und Kräuter aussamen können.

Garten- und Astscheren

Die Werkzeuge für den Baum- und Heckenschnitt sind vielfältig. Von der Axt, die übrigens seit der Steinzeit ihre Form kaum verändert hat, bis zu Sägen und Scheren reicht die Palette der Schnittgeräte. Für Sie genügt eine Grundausstattung bestehend aus Gartenschere und kleiner Säge. Die Gartenschere kann man bei jedem Gang durch den Garten brauchen. Einmal ist ein abgebrochener Zweig nachzuschneiden, dann wieder eine Samenkapsel zum Aufheben.

Bei der Anschaffung sollten Sie auf Qualität achten: Billige Scheren quetschen statt zu schneiden – das verletzt die Pflanzen, und das Schneiden wird unerfreulich. Der Griff muss angenehm in der Hand liegen und eine einfach zu bedienende Verriegelung der Schneideflächen vorhanden sein. Die Schere soll gut gefedert und mit geringem Kraftaufwand zu bedienen sein.

Gute Scheren kosten zwar ein Vielfaches von Billigprodukten, sie halten aber meistens ein Leben lang. So bekommt man bei Benutzung einer Gartenschere mit Holzrollgriff auch nach stundenlangem Schneiden keine Schwielen an den Händen. Ambossscheren – hier arbeitet die Klinge gegen den feststehenden Amboss – sind Kraft sparend und zugleich Gelenk schonend. Allerdings verschleißt der Amboss mit der Zeit und muss dann gewechselt werden. Bessere Anbieter haben Amboss und Messer als Ersatzteile auf Lager. Nachschleifen oder das Austauschen des Messers sowie das regelmäßige Ölen der Gelenke hält die Gartenschere lange Zeit fit.

Für Äste mit mehr als 2 cm Durchmessern sind die normalen Gartenscheren nicht stark genug. Hier sind Astscheren mit einem verlängerten Griff und einer Hebelübersetzung die bessere Wahl. Mit etwas Kraftaufwand können Sie damit Äste mit einem Durchmesser bis zu 4,5 cm schneiden. Die Anschaffung zahlt sich jedoch nur aus, wenn Sie viele Obstbäume und Sträucher zu schneiden haben.

Handsäge

Beim Astschnitt können Sie genauso gut mit einer Handsäge arbeiten, die optimal bei 2 bis 5 cm dicken Ästen einsetzbar ist. Während es bei Astscheren, die nach dem Ambossprinzip arbeiten, manchmal zu Quetschungen der geschnittenen Äste kommt, machen die Sägen eine saubere Schnittwunde. Besonders praktisch sind Handsägen mit verstellbarem Sägeblatt, mit denen auch schwer zugängliche Stellen bearbeitet werden können. Schneiden und sägen Sie immer so, dass Regen gut von der Schnittfläche abfließen kann, und schneiden Sie immer bei abnehmendem Mond.

Heckenschere

Wer im oder um den Garten grüne Wände angelegt hat, benötigt meist auch eine Heckenschere, um einen regelmäßigen Schnitt durchführen zu können. Kleine Buchs- oder Lavendelhecken kann man leicht mit der Hand schneiden. Handheckenscheren haben lange Schneideflächen und sollten mit wenig Kraftaufwand zu bedienen sein. Für größere Formschnitthecken aus Liguster oder Hainbuchen benötigt man eine strom- oder benzinbetriebene Heckenschere.

Auch hier sind beim Einkauf einige Details zu überlegen: Befindet sich ein Stromanschluss in der Nähe? Sind elektrische Scheren vorzuziehen? (Diese arbeiten wesentlich leiser und zugleich umweltfreundlicher.) Kleinere Scheren sind leichter zu bedienen, und man kann mit ihnen besser Rundungen formen. Achten Sie auf Sicherheitsschalter, Schutzschild für die Hände, Anstoßschutz und Schnellstopp.

Schubkarre

Für viele Arbeiten im Garten – von der Ernte bis zur Bodenverbesserung, vom Kompostieren oder Laubsammeln bis zum Transport von Töpfen und Pflanzen – ist die Schubkarre unentbehrlich. Beim Einkauf sollte man auf einen breiten Reifen (ca. 10 cm) und ein den Ansprüchen entsprechendes Fassungsvermögen achten. Es gibt Ausführungen aus Metall (müssen regelmäßig gesäubert werden, damit sich kein Rost ansetzen kann) oder Kunststoff (für schwere Lasten nicht geeignet).

Kleinwerkzeug und Zubehör

Neben den schweren Arbeiten wird der Garten sehr oft durch eine Vielzahl an kleinen Eingriffen bearbeitet. Handliche Schaufeln, kleine Gabeln, Unkrautstecher oder Zwiebelpflanzer eignen sich für die Feinarbeiten.

Gerade bei diesen Werkzeugen, die scheinbar kaum Belastungen aushalten müssen, ist dennoch die Qualität entscheidend.

Die **Garten- und Beetkralle** lockert den Boden mit ihren Zähnen, die bis zu 10 cm tief in den Boden eindringen können. Auch zum Ausziehen von Unkräutern kann man sie gut einsetzen. Für verdichtete, verfestigte Böden ist sie nicht geeignet. Arbeitet man mit der Doppelzackseite, lässt sich tief wurzelndes Unkraut gut lockern, und dann mühelos mit der Hand ausreißen. Die kurzstielige Beetkralle eignet sich zur Bodenlockerung im Staudenbeet oder zwischen dichten Pflanzungen oder an Hanglagen, wo man sich gut bücken kann.

Blumengabeln sind hilfreich beim Jäten und Lockern im Staudenbeet. Zum Entfernen hartnäckiger Wurzelunkräuter eignet sich der **Wurzelstecher**, der tief im Boden an der Pfahlwurzel angesetzt werden kann. Im Herbst ist der **Zwiebelpflanzer** hilfreich, wenn man immer wieder Narzissen oder Tulpen in größeren Mengen pflanzt. Dieses Werkzeug besteht aus einem Zylinder mit scharfer Kante, der unten offen ist und oben einen Griff hat. Damit kann man einen konischen Erdziegel ausstechen, die Zwiebel einlegen und den Erdziegel wieder darauf setzen.

Ein großer Nachteil der kleinen Geräte ist, dass man sie häufig irgendwo im Garten liegen lässt und dann inmitten der dichten Pflanzungen kaum noch findet. Ein grellfarbiges Band um den Griff und ein Kübel, in den das Werkzeug sofort nach Gebrauch kommt, helfen den Verlusten vorzubeugen.

Das **Aufbinden und Stützen der Stauden** gehört nur dann zu den Gartenarbeiten, die lästig werden können, wenn Sie nicht zum richtigen Zeitpunkt arbeiten. Einmal umgefallene Stauden so aufzubinden, dass sie weiterhin natürlich und locker dastehen, ist nämlich fast unmöglich.

Arbeiten Sie immer bei abnehmendem Mond, ideal an Wurzeltagen, (Stier, Jungfrau und Steinbock). Und am besten mit natürlichen Materialien, beispielsweise mit Gestellen aus Haselruten oder Bambusstäben – sehen schön aus und kosten wenig. Die Haselruten sollten allerdings bei zunehmendem Mond geschnitten werden, weil sie sonst leicht brechen. Natürlich sollten Sie nur Ruten von eigenen Haselsträuchern verwenden.

Wenn Sie keinen Zugang dazu haben, genügen auch Bambusstöcke vom Gärtner. Beim Zusammenbinden den Faden immer über Kreuz binden.

Unentbehrliches Gartengerät ist natürlich die **Gießkanne**, die einen langen Schnabel aufweisen sollte, um direkt zu den kleinen Pflänzchen zu gelangen, wenn sie gerade gesetzt worden sind. Später ist das Gießen überflüssig. Niemals direkt auf die Pflänzchen gießen, sondern in die Mulde außen herum.

Niemals Pflanzen direkt auf Blätter oder Stamm gießen, sondern immer daneben in die Erde!

Zum Schluss noch ein Tipp zur Aufbewahrung der Werkzeuge und Geräte. Da gibt es gleichsam ein Grundgesetz: Wenn gerade nicht damit gearbeitet wird, niemals flach auf dem Boden liegen lassen, sondern immer aufstellen oder auf einer Tisch- oder Regalfläche ablegen. Alle scharfen Instrumente niemals bei Vollmond draußen stehen lassen, da sie sonst ihre Schärfe verlieren.

Harmonie in der Bewegung – Arbeit ohne Kraftaufwand

Sie wissen jetzt Bescheid über die Bedeutung guter Werkzeuge im Garten und aus welchen Werkzeugen Ihr Starter-Set bestehen sollte. Zum Schluss dieses Kapitels wollen wir noch kurz über die Handhabung der Geräte sprechen – über die innere Einstellung zur Arbeit und die konkrete Hantierung mit ihnen.

Wir alle erinnern uns an Situationen, in denen wir eine schwere körperliche Arbeit über Stunden hinweg mit Leichtigkeit schafften, ein Lied pfiffen oder sangen oder summten, und dabei sogar kaum in Schweiß gerieten. Waren Sie danach müde?

Ebenso erinnern wir uns, wie schon ein paar Minuten Schneeschaufeln oder Wäschekörbe tragen uns den Atem raubte und die Kleidung am Körper kleben ließ. Für den Unterschied gibt es natürlich mehrere mögliche Gründe, beispielsweise das Griffmaterial, wie Sie jetzt wissen, aber die Nummer eins war, ist und wird sein: unsere innere Einstellung zur jeweiligen Tätigkeit.

Schon der Gedanke »Muss das jetzt sein?« ist der halbe Weg zur großen Anstrengung, die selbst nach getaner Arbeit ein Gefühl der Müdigkeit und Unzufriedenheit zurücklässt. Der Gedanke dagegen »Ich tue das jetzt, gleichgültig wie lange es dauert« verbunden mit dem klaren Bild vor Augen, wie es aussieht, wenn Sie fertig sind mit der Arbeit, das ist fast schon die Garantie, dass alles glatt und rund läuft und Ihr Selbstvertrauen wachsen lässt.

Die innere Einstellung

»Stress bedeutet: ›Ja‹ handeln und ›Nein‹ denken oder ›Nein‹ handeln und ›Ja‹ denken« – ein wahres Wort. Sie sollten sich immer die Frage stellen, bevor Sie loslegen mit welchem Tun auch immer: »Ist das meine Entscheidung, jetzt zu handeln?«, »Will ich auch, was ich tue?« Sie selbst und Ihr Garten werden es nämlich zu spüren bekommen, wenn Sie »Ja« handeln und »Nein« fühlen. Ob Sie ausschließlich mit Kraftanstrengung oder mit innerer Harmonie und Leichtigkeit an eine Arbeit herangehen, ist entscheidend für das Gelingen, besonders wenn Sie es mit lebendigen Wesen zu tun haben. Die natürliche Harmonie in Ihren Bewegungen erreichen Sie durch die richtige Entscheidung und das richtige Werkzeug.

Wenn zwei Menschen das Gleiche tun, ist es noch lange nicht dasselbe. Nehmen wir als Beispiel das Wiesenmähen. Für den einen ist das Glas halb voll: Er stellt sich vor, wie die Wiese danach aussieht, wie das Heu schön versorgt ist, er sieht sich hinterher kurz bei einem Glas Tee entspannen und das Ergebnis der Arbeit genießen. Dann verbindet dieser Mensch das Bild mit dem bewussten Entschluss, diese Vorstellung Wirklichkeit werden zu lassen. Wer so handelt, für den gibt es kaum Hindernisse im Leben.

Für den anderen ist das Glas halb leer: Er stellt sich vage und nebelig vor, was alles dazugehört, um jetzt die Wiese zu mähen: Sense holen, alle paar Meter nachschleifen, das Knie tut ein bisschen weh, ich muss noch so viele andere Sachen tun, was ist, wenn ich mich schneide, was denkt wohl der Nachbar, wenn ich erst jetzt mähe, und so weiter und so fort. Das ist wahre Mühsal! Aber sie ist selbst auferlegt, und das ist ein großer Trost: *Denn das lässt sich ändern!*

Nicht immer kann jede Arbeit auch Spaß machen, entscheidend aber ist der klare Entschluss, sie zu machen, wenn es sein muss. Denken Sie nicht immer an eine unliebsame Arbeit, die vor Ihnen liegt, sondern an das erfreuliche Ergebnis, wenn sie hinter Ihnen liegt. So verwandeln Sie traurige halb leere in erfreuliche halb volle Gläser.

Die richtige Haltung

Die richtige Körperhaltung kommt nach der richtigen geistigen Haltung. Stimmen Einstellung und Entschluss nicht, fühlt das der Körper und verbiegt sich entsprechend. Sie werden sofort Ihr Tun als anstrengend erleben. Ist Ihr Entschluss jedoch fest, folgt der Körper.

Wenn Sie noch nicht viel Erfahrung mit Gartenarbeit haben, dann sorgt die richtige Einstellung dafür, dass Sie wach und sensibel bleiben. Sie werden Haltungsfehler schnell erkennen und austarieren. Arbeiten Sie immer mit Hebelwirkung und Logik, niemals mit Gewalt. Wenn Sie sehr müde werden, prüfen Sie Ihre Körperhaltung und den Abstand zur Arbeit.

Manchmal werden Körperteile einseitig beansprucht, weil es in der Natur der Arbeit liegt, beispielsweise das Mähen am Hang. Legen Sie dann Pausen ein, oder wechseln Sie mit anderen Arbeiten ab. Kennen Sie schon

So ermüden Sie nicht.

In dieser Haltung macht Gartenarbeit keine Freude.

unser Buch *Die Mondgymnastik*? Es gibt Ihnen alle Informationen in die Hand, um für jegliche Gartenarbeit gut gerüstet zu sein, beziehungsweise sich hinterher in Minutenschnelle zu entspannen. Überlasten Sie vor allem nicht jene Körperregion, die vom Mondstand gerade regiert wird, also beispielsweise die Arme an Zwillinge mit Grabarbeiten oder die Oberschenkel an Schütze mit Spatenarbeiten. Die drei »Geheimnisse« mühelosen Arbeitens im Garten lauten: Den Rücken gerade halten, aus den Knien heraus arbeiten und hinterher oder abends eine kurze Entspannungsgymnastik machen.

Entspannungsübung

Die beste Entspannungsübung nach der Gartenarbeit dauert 2 Minuten und geht so:

Legen Sie sich auf den Rücken. Nicht in Ihr Bett, sondern auf den Teppich oder aufs Parkett mit einem dicken Badetuch als Unterlage – was immer Ihnen angenehm ist, wenn Sie die Übung schon ausprobiert und besser kennen gelernt haben. Nicht gut wäre ein zu kühler Untergrund und eine zu harte Fläche.

Sie liegen auf dem Rücken, die Arme und Hände seitlich ausgebreitet, die Handrücken am Boden. Ziehen Sie nun die Beine mit angewinkelten Knien zu sich herauf, Oberschenkel senkrecht zum Boden, Unterschenkel waagrecht, parallel zum Boden, die Füße in der Luft. Stellen Sie sich vor, Sie würden im Liegen »sitzen« – dann haben Sie die richtige Haltung für ein Pendeln Ihrer Hüften nach rechts und links (Abb. 1).

Legen Sie beide Beine jetzt langsam zuerst auf die rechte Seite, bis die Außenseite des rechten Knies den Boden berührt. Stellen Sie sich einfach vor, wie Sie die linke Hüftkugel in Richtung Oberschenkel verlängern. Atmen Sie dabei aus (Abb. 2).

Abb. 1

Abb. 2

Atmen Sie ein, während Sie die Beine wieder in die Senkrechte heben, atmen Sie aus, wenn Sie sie jetzt auf die linke Seite sinken lassen.

Dabei liegen die Handrücken weiterhin flach auf dem Boden und die Schultern sollten ebenfalls möglichst nahe am Boden bleiben. Anfangs ist Letzteres etwas schwierig und auch nicht unbedingt nötig, aber im Laufe der Zeit fällt es leichter. Wenn Sie ein starkes Hohlkreuz haben, hilft ein kleines Kissen im Kreuz, um diese Übung optimal durchzuführen.

Wie oft? Diese Übung sollten Sie ganz nach Gefühl machen. Manchmal genügt drei- bis viermal hin- und herpendeln, manchmal stellt sich das befreiende Gefühl des Loslassens und des Kraftstroms erst nach acht- bis zehnmal Schwingen ein. Auch das Tempo verändert sich im Lauf der Zeit. Manchmal liebt man es schwungvoller, manchmal sanfter.

Welche Fehler können Sie machen? Nachwippen mit der Hüfte, um möglichst weit hinüber zu kommen, ist schädlich; es bewirkt den gegenteiligen Effekt eines guten Energieflusses durch die Wirbelsäule. Zu viele Muskeln beteiligen sich dann an einem gegenseitigen Blockierspielchen, wie auch immer bei allen anderen gymnastischen Übungen, bei denen Sie nachwippen.

Auch der Einsatz von zu viel Kraft ist nicht gut, beispielsweise wenn Sie versuchen, das obere Bein und die Hüfte möglichst weit über die Senkrechte hinauszuschieben.

Und worauf sollten Sie sonst noch achten? Die Drehung der Hüften übertreiben oder an Schmerzgrenzen gehen – Sie wissen nun, dass das auch nicht angebracht ist. Unbedingt erlaubt ist aber, die Hüften so weit nachzuschieben, bis sie fast senkrecht zum Boden stehen, wenn das zu Anfang nicht gelingt. Lassen Sie sich dafür aber so viel Zeit wie Sie brauchen – und wenn es Jahre sind!

Wenn es im Bereich der Lenden- oder Brustwirbelsäule bei dieser Übung ein wenig knackst – keine Sorge! Sie haben nur an sich selbst getan, was auch ein geübter Chiropraktiker tun würde. Wirbel befreit und die Energiebahnen durchgepustet.

Die Natur ist absolut harmonisch aufgebaut, wir müssen nur ihr »guter Hirte und Gärtner« sein, wie schon die Bibel uns empfiehlt. Mit Liebe und Sachverstand kommen Sie am weitesten. Gehen Sie deshalb immer mit Würde über Garten, Wiese und Feld. Der nötige Respekt vor der Natur wird Ihnen alles beibringen. Die Natur ist vollkommen. Wir müssen nur lernen, ihr Achtung entgegenzubringen, dann lernen wir von ihr alles.

4. Schlüssel

Die Gartenanlage – von der freundlichen Aufnahme in Ihr Haus

In welchem Sie Anregung und die eine oder andere Grundregel erfahren, wie Haus und Garten, Menschen und Pflanzen, wie alle Lebewesen ein harmonisches Miteinander pflegen und gerne miteinander »wachsen« können. Es sind nicht viele, aber sie entscheiden darüber, ob Ihr Garten der erhoffte Kraftquell wird.

Wenn Sie ein sehr geselliger Mensch sind, der gerne Freunde zu sich einlädt, dann spiegelt sich das in Ihrer Einrichtung wider. Einfach zum Wohlfühlen, sich bewegen, miteinander sprechen, gerne zusammen sein.

Ebenso offenbart sich in Außenanlage und Begrünung eines Hauses viel vom Geist seiner Bewohner. Erkennt man im Haus die Drehscheibe für viele Einflüsse, ein lebendiges, gastfreundliches Haus, oder ist es eine feste Burg zum Schutz vor allem scheinbar Fremden? Atmet das Haus und seine Umgebung den Geist des Miteinanders, der guten Nachbarschaft oder des Gegeneinanders, des egoistischen Besitzdenkens?

Unser Ziel mit diesem Buch ist das Erlernen eines freundlichen Miteinanders im Garten, wie bei einer Großfamilie. wo jeder seinen Platz hat beziehungsweise in ihn hineinwächst oder herauswächst. Glauben Sie uns, es ist leicht, es geht wie von selbst. Voraussetzung aber ist gegenseitige Achtung und Anerkennung, nicht die Frage: »Was springt dabei für mich heraus?«

Dass manchmal ein Familienmitglied das Gefühl hat, es komme zu kurz, oder dass es manchmal *tatsächlich* zu kurz kommt, das lässt sich niemals ausschließen. Andererseits bekommt es dadurch die Chance, sein

Durchsetzungsvermögen zu entwickeln, und die anderen haben eine von zahllosen Gelegenheiten, Großzügigkeit zu üben. Auch das Durchsetzungsvermögen kann ins Extrem gehen. Aber das muss sich ja niemand gefallen lassen. So auch im lebendigen Garten. Das ständige vielfältige Miteinander und naturgemäße Nacheinander erfreut die Pflanzen und wenn ein »Unkraut« sich zu sehr in den Vordergrund drängt und zu viel Aufmerksamkeit verlangt, kommt es auf den Komposthaufen. Auch dort dient es allen, aber eben nicht auf Kosten anderer Pflanzen.

Schritt für Schritt

Wie sieht also Ihr erster Schritt aus? Zuerst müssen Sie einen Überblick über die räumlichen Verhältnisse gewinnen. Wie viel Platz nimmt was in Anspruch? Was liebe ich am meisten an meinem Garten? Wo brauche ich Sitzgelegenheiten? Blumen? Gemüsegarten oder Obstgarten? Steingarten, Wiese oder Hügelbeet? Vielleicht ein kleiner Teich? Rasen oder gemischte Blumenwiese? Vielleicht ein reiner Rosengarten? Oder von allem etwas? Das wäre sicherlich wunderbar, der Wunsch würde aber nur in Erfüllung gehen, wenn Sie einen Schlosspark Ihr Eigen nennen und einen dicken Geldbeutel, aus dem die Heerschar der Gärtner bezahlt wird. Also bleibt der Ausgleich zwischen Wunsch und Wirklichkeit.

Das brauchen Sie

Ideal wäre ein kleines Gartenhäuschen oder ein Anbau, der ausschließlich für Gartendinge gedacht ist. Sie brauchen, je nach Gartengröße, Platz für Bretter, Steine, Erde, Werkzeug, Komposthaufen, Geräte, Blumentöpfe, Vogelfutter, Futterhäuschen, Wegplatten. Eine Wand rüsten Sie mit Regalen aus und eine andere mit den Aufhängevorrichtungen für die verschiedensten Geräte und Werkzeuge. Zwei Wände lassen Sie frei, um sich bewegen zu können und damit eventuell ein kleiner Tisch noch Platz hat. Er ist sehr praktisch zum Umtopfen und um Gestecke selber zu machen. Bei schönem Wetter holen Sie den Tisch einfach ins Freie.

Wenn Sie diese Voraussetzung geschaffen haben, können Sie den Rest des Gartens nach Ihren eigenen Vorstellungen verplanen. Vergessen Sie nicht, dass der Garten etwas Lebendiges ist und eine Umgestaltung jederzeit möglich ist. Geschmack und Bedürfnisse ändern sich. »Feng Shui« ist heute als Begriff in aller Munde. Wohnungen und Gärten nach den zeitlosen Regeln des Feng Shui zu gestalten bedeutet nichts anderes, als Ihre Umgebung in eine menschengerechte und natürliche Harmonie zu bringen. Es sollte Ihnen gefallen, ganz persönlich, und Ihnen Kraft geben. Viele Tipps, wie das am besten zu verwirklichen ist, finden Sie in diesem Buch.

Geduld und Zeit

Nun zu den ersten Schritten: Haben Sie Ihren Garten völlig neu erworben, dann sollten Sie ihn ein bisschen wie ein Neugeborenes behandeln. Ein Baby verlangt viel von Ihrer Aufmerksamkeit und Ihrer Zeit. Zwar lernt es später gehen und laufen und lesen und schreiben, aber das alles zu *seiner* Zeit. Das Baby wird nicht in gewünschter Weise reagieren, wenn Sie im zarten Alter von einem Jahr mit den ersten Rechenstunden beginnen. Das Geheimnis beim »Großziehen« eines Gartens ist Geduld, Liebe und Zuversicht. Nicht Bodenanalyse, düngen, gießen, spritzen, pausenlos zurückschneiden, Kampf gegen Ungeziefer und Unkraut. Gehen Sie zum richtigen Zeitpunkt vor, langsam, Schritt für Schritt, auch wenn es bedeutet, dass Ihr Garten länger braucht, um »vorzeigbar« zu werden.

Etwas schwieriger wird es, wenn Sie einen Garten »fertig« übernehmen, besonders wenn Sie schon ein klares Gefühl dafür gewonnen haben, wie ein lebendiger Garten entstehen kann. Manchmal gerät man sogar in die unglückliche Lage, einen Garten nach Anweisung »von oben« (Eltern, Schwiegermutter, Vermieter usw.) pflegen zu müssen. Werden Ihnen dann die »althergebrachten« Vorschriften gemacht, wie gießen, düngen, spritzen und Pflege eines »englischen Rasens«, dann lautet unser Rat ganz klar: »Hände weg!« Lassen Sie sich nicht dazu verführen, Sie leiden nur darunter. Kaufen Sie ab sofort im Bio-Laden Ihr Obst und Gemüse, und widerstehen Sie der Versuchung, einen solchen Garten in die Hand zu nehmen. Irgendwann kommt schon noch Ihre Zeit, und der Garten wird dann Ihre Handschrift erkennen lassen.

Natürlich entscheiden auch finanzielle Möglichkeiten über die Gestaltung des Gartens. Aber selbst wenn Sie nicht gut betucht sind: Ein lebendiger Garten wächst dann harmonisch, wenn jedes Jahr ein wenig hinzukommt und ein wenig weggelassen wird. Dieser langsame Prozess, der stete Wandel zum Guten ist es, der uns persönlich am meisten Freude macht.

Plätze an der Sonne – Plätze im Schatten

Neben den Naturalien-Geschenken eines lebendigen Garten – Bio-Gemüse, Heilkräuter, Früchte, Blumen – ist eines seiner wichtigsten sicherlich die Möglichkeit, sich in ihm niederzulassen, zu sitzen oder zu liegen – und sich so an der frischen Luft, an der schönen Aussicht oder am heilenden Grün zu erfreuen.

Merkwürdige Dinge geschehen in manchen Gärten. Da entdeckt ein Planer oder Gartenarchitekt den »idealen« Platz für die eine oder andere Sitzgelegenheit, den Pavillon, die Teakholzbank – und dann bleibt der Platz verwaist. Er wird nicht angenommen, fast als ob man unbewusst einen Bogen um ihn schlägt. Wenn Sie unser Buch *Aus eigener Kraft* kennen, dann ahnen Sie vielleicht des Rätsels Lösung:

> *In freier Natur, in unseren Städten und Dörfern, in jedem Haus, in jeder Wohnung – überall gibt es für den Menschen gute und schlechte Plätze, unabhängig davon, was sich auf diesem Platz befindet – sei es Feld, Baum, Gartenbank, Pavillon, Mauer, Tisch, Bürostuhl, Bett, Toilette, Küchenzeile oder Teppich. Längere Aufenthalte auf schlechten Plätzen haben fast immer eine negative Wirkung, bis hin zur Ge-*

sundheitsschädlichkeit. Sie schwächen unseren Körper, unsere Selbstheilungs- und Immunkräfte. Es gibt die Möglichkeit, solche Plätze zu erkennen und ihnen aus dem Weg zu gehen.

Unser Kurzzeitgedächtnis hat uns vergessen lassen, dass bei uns jahrhundertelang Rutengeher und Pendler Wasser suchten und gute und schlechte Plätze ausforschten, dass es noch bis zum Zweiten Weltkrieg, zumindest auf dem Land, vielfach üblich war, vor einem Hausbau einen Rutengeher zu Rate zu ziehen, der den günstigsten Platz ermitteln sollte – sowohl für den Bauplatz als auch später für Schlafstellen, Arbeitsplätze und Stallungen.

Manche Menschen wachsen mit der Fähigkeit auf, schlechte und gute Plätze *unmittelbar* zu fühlen, manche Rutengeher entdecken sie bei sich erst im fortgeschrittenen Alter. Tatsache ist, dass nicht jeder Mensch mit dieser Fähigkeit geboren wird, so wie nicht jeder Mensch das Zeug zu einem guten Klavierspieler hat. Sie entwickelt sich auf dem Wege der Berufung.

Wie bei allen Künsten gibt es auch hier Anfänger, Fortgeschrittene und Meister. Ihre Kunst ist unter anderem die sichtbare Folge der Fähigkeit, Eigeninteresse, Wünsche, Erwartungen und Gedanken vorübergehend stillzulegen, sich in ein inneres Gleichgewicht zu bringen und dann die Entscheidung dem Gespür, den inneren Antennen zu überlassen. Dass sich ein solches Können in der Regel langsam entwickelt, versteht sich von selbst. Genaueres zu diesem Thema siehe unser Buch *Aus eigener Kraft.*

Was können *Sie* tun, um gute und schlechte Plätze voneinander zu unterscheiden? Schon unsere Vorfahren bedienten sich der Methode, mit Hilfe von Tieren und Pflanzen die Qualität eines Platzes auszuforschen. In Flora und Fauna gibt es nämlich »Strahlensucher« – Tiere oder Pflanzen, die auf für Menschen schlechten Plätzen gedeihen – und »Strahlenflüchter«, Lebewesen, die sich wie der Mensch auch an negativ bestrahlten Plätzen nicht wohl fühlen.

In freier Natur wurzeln Pflanzen ohnehin nur auf für sie günstigen Plätzen. *Strahlenflüchter* im Garten sind Kernobstbäume (Apfel, Birne etc.), Johannisbeerstrauch und Flieder, im Wald Linden und Buchen (Blitze schlagen nur an Strahlenkreuzungen und Störzonen ein, diese Bäume sind daher im Sprichwort als gute Unterstände bei Gewittern verewigt). In der Wohnung sind Begonien, Azaleen und Zimmerlinden Strahlenflüchter.

Strahlensucher in der Pflanzenwelt dagegen gedeihen auf für uns Menschen schlechten Plätzen. Dazu gehören unter anderem Steinobstbäume (Kirsche, Pflaume, Pfirsich etc.), Efeu und Misteln (daher wohl auch der Erfolg von Mistelpräparaten bei Krebskrankheiten). Die Mistel bindet Strahlen in ähnlicher Weise wie ein Katzenfell – Katzen sind ausgesprochene Strahlensucher. Im Wald gehören Eichen, Fichten, Tannen und Lärchen zu den Strahlensuchern. Diese Bäume wachsen über Wasseradern und ziehen deshalb auch gerne Blitzschläge auf sich (»Eichen sollst du weichen!«). Von Menschenhand auf einem für sie schlechten Platz gesetzte Pflanzen wachsen entweder schief, vom Pflanzort weg oder sie kümmern, werden krank (krebsige Wucherungen) oder gehen ein.

Viele Tiere sind ausgesprochene Signalgeber für die Qualität eines Platzes. Störche und Schwalben gelten verbreitet als Glücksbringer, vielleicht, weil sie nur dort nisten, wo die Umgebung positiv strahlt. Nicht überzüchtete Hunde (wie auch Vögel, Pferde, Kühe, Schweine, Schafe und Hühner) gehören zu den Strahlenflüchtern – wo sie sich niederlassen, ist auch für uns Menschen ein guter Platz.

Früher trieb man Schafe auf einen Baugrund und beobachtete ihr Verhalten: Wo sich die Herde zum Schlafen niederlegte, war der gute Platz für das Haus. Im Freien suchen sich Tiere immer den für sie besten Platz, in Ställen jedoch sind sie benachteiligt. Die Strahlenflüchter unter ihnen können unfruchtbar und krank werden, wenn man sie auf negativ bestrahlte Plätze zwingt – eine Tatsache, von der viele Landwirte wissen. Eine Hundehütte am falschen Platz wird vom Hund gemieden.

Katzen, Insekten, Bakterien und Eingeweidewürmer dagegen sind Strahlensucher – sie bevorzugen für den Menschen ungünstige Plätze und gedeihen dort. Ameisen und Bienen errichten ihre Behausungen stets über der Kreuzung von zwei Kraftlinien, also auf sehr schlechten Plätzen. Katzen legen sich oft auf eine Kreuzung, zumindest aber auf einen stark negativ bestrahlten Platz. Wenn Sie jetzt Verdacht geschöpft und Grund zu der Vermutung haben, dass Sie eventuell im Garten einen schlechten Platz für eine Bank oder einen Pavillon auswählten, probieren Sie es zuallererst mit einer Umstellung: Meist genügen schon ein bis zwei Meter Abstand zum alten Platz, um ein klares Gefühl zu gewinnen, ob sich der neue Platz besser anfühlt.

Diese Methode beruht natürlich auf dem Prinzip von Versuch und Irrtum und kann etwas langwierig sein. Sie ist jedoch die *bestmögliche*, wenn kein guter Rutengeher die Plätze erkunden kann. Hunde- und Katzenbesitzer könnten durch die Beobachtung ihrer Hausgenossen wertvolle Erkenntnisse gewinnen.

Zum Schluss ist noch besonders wichtig zu wissen, dass bauliche Veränderungen in der unmittelbaren Umgebung, Baustellen, Erdbewegungen usw. die Qualität eines Platzes verändern können, gute Plätze in schlechte verwandeln und umgekehrt. Abschirmungen werden zwar immer wieder angeboten, aber aus vollem Herzen empfehlen können wir keine einzige. Nur weil eine Abschirmmatte fast unerschwinglich teuer ist, bedeutet das nicht, dass sie auch funktioniert. Fast immer wird bei solchen Produkten verschwiegen, dass sie nicht auf Dauer helfen, sondern sich nach kürzerer oder längerer Zeit selbst stark aufladen und dann schädlicher strahlen, als der schlechte Platz ohne Abschirmung.

Persönlich haben wir die besten Erfahrungen mit Halbedelsteinen gemacht, speziell mit Rosenquarzen. Kiesel- bis faustgroß tun sie gute Dienste an Arbeitsplätzen, neben Computerbildschirmen, neben Strahlungsquellen, wie Radioweckern usw. Sie lassen sich obendrein gut auf Reisen mitnehmen und helfen beispielsweise, einen schlechten Schlafplatz im Hotel zu neutralisieren. Besonders wichtig ist allerdings die richtige »Pflege« eines solchen Steins. Rosenquarz sollte unbedingt einmal wöchentlich unter fließendem Wasser gewaschen werden und hin und wieder einmal ein paar Stunden in der Sonne stehen, um seine volle »Entladungsfähigkeit« wiederzuerlangen.

Nicht vergessen: Die beste »Abschirmung« gegen schlechte Plätze ist der gute Platz – und der ist oft nur wenige Zentimeter entfernt!

Oftmals ist der intuitiv gefundene Platz, der Ihnen sofort zusagt, auch der beste. Andernfalls probieren Sie mit einem leichten Stuhl bewehrt verschiedene Möglichkeiten aus. Bleiben Sie einfach fünf Minuten lang an ausgewählten Plätzen sitzen. Entweder Sie fühlen sich wohl und erfrischt, oder Sie werden nervös und kribbelig, oder sehr müde und fühlen sich erschöpft.

Bei der Wahl der Plätze sollten Sie berücksichtigen, ob Sie die Aussicht lieben, wenn Sie eine schöne haben, oder ob Sie sich lieber irgendwo versteckt zurückziehen unter den Schutz Ihres Grüns.

Manche schreiben gerne im Garten, Kinder machen Hausaufgaben, oder vielleicht ist eine Hängematte für Sie das Zentrum des Gartens. Natürlich ist es von Vorteil, wenn Sie mehrere Plätze zur Verfügung haben, aber Sie sollten sich Ihrem wichtigsten Anliegen zuerst zuwenden. Manchmal sind schon Bäume vorhanden und die Bank darunter »vorprogrammiert«. Wie auch immer, auch hier lässt sich alljährlich etwas verändern. Vielleicht einfach einmal alles in Abständen auspendeln oder einfach den Platz verändern.

Noch ein besonderer Tipp: Suchen Sie neue Plätze nicht an Dienstagen und Donnerstagen. Sie würden dort sonst nie richtig heimisch werden. Diese Regel gilt übrigens auch für Umzüge aller Art und für Tiertransporte. Auch Sonntage sind nicht besonders geeignet. Besonders Kinder und Tiere sind sehr sensibel, leiden unter den besonderen Energien dieser Tage und dann weiß man nicht, woran es liegt. Probieren Sie es einfach aus. Diese Dinge sind – wie so oft – viel leichter fühlbar als erklärbar.

Woher kommt Ihr Wasser?

Zwar werden wir Ihnen später nahe legen, so wenig wie möglich zu gießen, dennoch ist ein Wasserzapfstelle an einer oder mehreren Orten im Garten unumgänglich. Zudem ist es eine feine Sache, sich draußen duschen zu können. Vor allem die Kinder wissen zu schätzen, was man mit Wasser alles anstellen kann.

Die Wasserhähne sollten im Garten so positioniert sein, dass es weder im Haus noch im Garten zu Überschwemmungen kommen kann, beispielsweise wenn einmal das Wasser zu lange läuft, ein Kind den Hahn aufdreht oder ein Schlauch sich versehentlich löst. Also sollten Sie auf gute Drainagen achten, beziehungsweise einen Abfluss direkt unterhalb des Wasserhahns vorsehen. Ein Absperrhahn für die Außenzapfstellen sollte innerhalb des Hauses vorhanden und leicht zugänglich sein, um im Winter Frostschäden zu vermeiden. Also abdrehen und das restliche Wasser ablassen.

Bei Ihrer eigenen Quelle oder Brunnen sollten Sie nicht versäumen, regelmäßig die Wasserqualität prüfen zu lassen, oder Sie verwenden das Wasser generell nicht als Trinkwasser. Zur Erinnerung: Gießen nur an den Wassertagen Krebs, Skorpion oder Fische oder beim Angießen junger Fruchtpflanzen.

Sie wollen eine Quelle fassen oder einen Brunnen bohren? Der richtige Zeitpunkt und die Mondrhythmen können Ihnen in besonderem Maße helfen, diese Arbeit erfolgreich auszuführen. Hier zuerst die Grundregeln:

Sehr gut:	Bei zunehmendem Mond im Tierkreiszeichen Fische
Gut:	Bei zunehmendem Mond in den Tierkreiszeichen Krebs und Skorpion
Schlecht:	Bei zunehmendem Mond, wenn der Mond gerade nicht in einem Wasserzeichen (Krebs, Skorpion und Fische) steht
Sehr schlecht:	Generell bei abnehmendem Mond

Zum falschen Zeitpunkt ausgeführt ist das Wasser, obwohl womöglich vorhanden, schwer zu finden. Vielleicht muss man sehr viel tiefer als eigentlich nötig bohren und selbst wenn man Wasser findet, besteht die Gefahr, dass das Wasser unregelmäßig fließt oder der Brunnen versandet. Gefasste Quellen unterliegen dann starken Schwankungen, das Wasser fließt nicht verlässlich, oder es versiegt ganz.

Bevor Sie bei der Wassersuche eine Bohrung vornehmen lassen, sollten Sie den guten Platz dafür unbedingt von einem *Rutengeher* ausforschen lassen (siehe auch *Aus eigener Kraft*, Seite 281). Viele Brunnenbaufirmen arbeiten inzwischen mit ihnen zusammen, einfach weil sie die Erfahrung gemacht haben, dass sich dann der Erfolg viel schneller einstellt.

Gesegnet ist derjenige, der seinen Bedarf nach sauberem Trinkwasser aus einem hauseigenen Brunnen oder besser noch aus einer hauseigenen Quelle decken kann. Unser Wunsch ist, dass Sie sich bewusst machen, was es bedeutet, von der Natur sauberes Wasser geschenkt zu bekommen:

Brunnenwasser sollten Sie in erster Linie als *Brauchwasser* betrachten, zum Waschen, Baden, Zimmerpflanzen gießen etc., in sinnvollem Maße und sparsam. Es besitzt in den meisten Fällen noch nicht die Lebendigkeit und Energie, die wir Menschen im Trinkwasser brauchen. Wenn Sie hauseigenes Brunnenwasser als Trinkwasser verwenden, sollten Sie es zumindest einmal jährlich auf Belastungen durch Schadstoffe untersuchen lassen. Wenn in der Nähe gebaut wird, sollten Sie nach Baufertigstellung ebenfalls eine Untersuchung machen lassen, weil Neubauten die unterirdischen Wasserläufe stark verändern können. Auch Quellwasser sollte geprüft werden, weil eine intensive Landwirtschaft in der Nähe und andere Faktoren die Selbstreinigungskraft sogar von Quellwasser beeinträchtigen können.

Wir brauchen sauberes und lebendiges Wasser. Woher kommt das Wasser, das aus meinem Wasserhahn fließt? Ist es sauber oder »sauber gemacht«? Wohin fließt Wasser, wenn es in meinem Ausguss abwärts gurgelt, und womit habe ich es gemischt? Wohin fließt das Wasser, das in meinen Regenfallrohren in die Tiefe rauscht? Was bedeutet der Aufdruck auf meinem Waschmittel »Zu 99 % biologisch abbaubar«? Was geschieht mit dem *restlichen Prozent*? Verwandelt es sich in Vitamine?

Denken Sie ein wenig über diese Fragen nach, behalten Sie sie im Auge. Wasser ist Leben. Jeder einzelne Tropfen. Nicht ein einziger ist entbehrlich und kann gefahrlos vergiftet werden. Alle gehören zu allen. Wasser ist Leben.

Bleiben Sie in Ihren Gedanken am Ball, übernehmen Sie Verantwortung für das Wasser in *Ihrem* Leben, und gehen Sie sparsam und verantwortlich damit um. Wenn nur wenige auf unser Wasser achten, lastet eine übermenschliche Verantwortung auf ihnen. Jeder Einzelne von uns muss eine gesunde Einstellung zum Wasser entwickeln, damit sich die Verhältnisse umdrehen und wir einen guten Weg in die Zukunft einschlagen können.

Mondkalender sagen Ihnen, wann Sie sich am besten auf die Suche nach dem Lebenselixier machen. Wenn Sie sorglos und verschwenderisch damit umgehen, dann ist das schlimmer als gar kein Wasser zu finden. Schätzen Sie sich doppelt glücklich, wenn genügend Wasser fließt und die Wasserqualität den Genuss zulässt. Sie haben unser aller Lebenselixier Nummer zwei angezapft.

Wohin mit Topf und Gerät, Erde und Holz?

Ein kleines Gartenhäuschen – und die Antwort auf die Frage nach dem Wohin ist gelöst. Wenn dafür kein Raum ist, aus welchen Gründen auch immer, dann müssen Sie erfinderisch sein, damit all das notwendige Zubehör zu einem lebendigen Garten seinen Platz findet. Vielleicht hat die Garage noch Platz für ein Regal und ein paar Haken? Vielleicht gibt es hinter dem Haus ein Vordach?

Im Grunde brauchen Sie nur wenig Platz, wenn Sie Ordnung halten und wenig, aber dafür gutes Werkzeug haben. Fast alles Notwendige darf auch im Freien aufbewahrt werden, eine kleine Überdachung wäre jedoch vorteilhaft.

Wir haben es schon erwähnt: Die Ausnahme bilden alle Sensen, Scheren und Messer. Zumindest an Vollmond gehören alle Geräte mit geschärften Klingen ins Haus. Vielleicht ist Ihnen das neu, aber wenn Sensen, Messer usw. über Vollmond im Freien bleiben, dann werden diese Werkzeuge stumpf! Probieren geht über studieren: Legen Sie über Nacht an Vollmond eine neue Rasierklinge ins Freie, und vergleichen Sie.

Töpfe und Gefäße aller Art sollten bei abnehmendem Mond gereinigt und erst dann verstaut werden. Erde lassen Sie auf alle Fälle im Freien. Am besten Sie reservieren neben dem Kompost Platz für die »Reserveerde«.

Lebendige Steine im lebendigen Garten

Als Vorrat für verschiedenste Aufgaben sollte jeder Gartenbesitzer einen *Steinhaufen* »pflegen«, vielleicht sogar zwei oder drei, mit Steinen in verschiedenen Größen – von Kieseln bis zu ansehnlichen Brocken. Im Laufe der Zeit bekommt man einen Blick dafür, was zu Ihnen passt und was nicht.

Steine brauchen Sie für die verschiedensten nützlichen und dekorativen Aufgaben – vom Unterlegen von Kieseln beim Umtopfen, um Staunässe zu vermeiden, bis hin zum Vorrat für den nützlichen Brauch des Begrüßungssteins für Ihre neu gepflanzten Bäume (siehe S. 162). Auch Eidechsen, Blindschleichen usw. lieben Steinhaufen. Sie sind für einen lebendigen Garten unverzichtbar, beispielsweise als Schädlings- und Schneckenjäger. Mit der Zeit besiedeln die unterschiedlichsten Tiere Ihren Garten und der biologische Kreislauf beginnt. Auch für Ihre unentbehrlichen Gäste, die Regenwürmer, sind Steine notwendig. Und schließlich: Steine sind ein idealer Wärmespeicher. Wenn Sie mal zu Bauern kommen, die in »unmöglicher Lage« erfolgreich Zitrusfrüchte anbauen, dann auch deshalb, weil sie so weise sind, sich der Wärmespeicherfähigkeit von Steinen zu bedienen. In früheren Zeiten wusste man das und erst mit Ankunft der Maschinen wurden Steine als »Hindernisse« angesehen.

Möchten Sie irgendwo einen schönen Brocken platzieren, dann wählen Sie den abnehmenden Mond für das Versetzen. Der Stein wird an dieser Stelle fest und wackelt nicht. Auch sämtliche Steinmauern sollten bei abnehmendem Mond errichtet werden, damit sie lebenslang halten. Eine Steinspirale, die Sie mit Blumen oder Kräutern bepflanzen, ist wunderschön. Würden Sie diese Spirale bei zunehmendem Mond bauen, lockern sich die Steine bei jedem Unkraut jäten oder jeder Neupflanzung.

Wenn Sie einen *Naturweg mit Steinplatten* anlegen wollen, ist die Kenntnis und Anwendung der Mondrhythmen unerlässlich. Viele Architekten, Bauherren und Heimwerker mussten schon erleben, dass im Außenbereich verlegte Bodenplatten manchmal nach kurzer Zeit wackelig werden (besonders, wenn sie direkt auf die Erde verlegt sind), dass mit Natursteinen verlegte Pfade oder Veranden »Wellen schlagen«, dass schon nach kurzer Zeit neu angelegte Feldwege auswaschen oder Schlaglöcher bekommen – trotz aller Sorgfalt und Sachkenntnis. Das ist ja auch der Grund, warum so viel betoniert wird, was sehr traurig ist, weil Beton im Garten mit seiner isolierenden, erstarrenden Wirkung nichts zu suchen hat.

Ein anderes Mal hält alles wie fest betoniert, auch auf Naturboden; die Anlage und Ausbesserung von Feldwegen hat langfristigen Erfolg, so dass kein Mensch auf die traurige Idee kommt, den Weg zu teeren oder zu betonieren. Und Steinmauern, die früher zur Felderbegrenzung dienten wie etwa in Südtirol: Aus *lose* aufgerichteten Brocken überdauern sie teilweise schon Jahrhunderte. Und bei so mancher erst in jüngster Zeit ausgebesserten Stelle liegen die Steine verrutscht und über den Weg verstreut.

Warum? Was erklärt alle diese Unterschiede? Machen Sie Ihre Erfahrungen mit den Grundregeln fürs Mauernerrichten und den Wegebau und Sie werden die Antwort selbst herausfinden.

Sehr gut:	Bei abnehmendem Mond im Tierkreiszeichen Steinbock, ideal bei Neumond Steinbock
Gut:	Bei abnehmendem Mond, mit Ausnahme der Krebs- und Schützetage, je näher an Neumond desto besser
Schlecht:	Generell bei zunehmendem Mond, aber auch bei abnehmendem Mond in Krebs und Schütze
Sehr schlecht:	Generell bei zunehmendem Mond in Krebs und Schütze und bei Vollmond

An den guten Zeitpunkten werden eingeschlagene Pfosten von selbst immer fester, Nägel bleiben im Holz. Platten wachsen selbst auf Naturboden fest ein. Wege werden nicht ausgespült, der Boden wird immer härter und belastbarer, Ausbesserungen halten viel länger. Sie werden sich wundern, wie schön auch noch nach langer Zeit Ihr Naturweg ist.

Zum falschen Zeitpunkt gearbeitet lockern sich Pfosten von selbst oder verfaulen schneller, besonders wenn sie an Krebstagen eingeschlagen werden. Platten und Fliesen lockern sich, werden uneben, brechen leichter. Wege und Feldstraßen waschen leichter aus, besonders bei Krebs angelegt.

Wollen Sie nur einen Fußweg in einem größeren Garten anlegen, sollten Sie auch dann auf den richtigen Zeitpunkt achten: abnehmender Mond und Steinbock.

Bei Beetwegen ist eine Anlage und Reparatur jederzeit möglich, abnehmender Mond wäre auch hier sinnvoll. Sollte beim Naturwegebau der richtige Zeitpunkt nicht eingehalten werden können, lässt sich durch Walzen zum richtigen Zeitpunkt wieder einiges gutmachen – bei abnehmendem Mond im Steinbock.

Treppen in den Himmel

Ob Sie sich an den Selbstbau einer Treppe im Gartenbereich wagen, hängt von Ihrem handwerklichen Geschick ab. Jedenfalls gilt es einige Regeln einzuhalten, damit alles schön hält und keine Unfallgefahr mit eingebaut wird. Wir können Sie nur ermutigen, es macht Spaß und der Anblick einer selbst gebauten Treppe ist etwas sehr Befriedigendes.

- Der Abstand zwischen den einzelnen Stufen sollte 17 bis 19 cm weder über- noch unterschreiten. Der Mensch ist ein Gewohnheitstier und alle anderen Maße laden zum Stolpern ein. Denken Sie nur an das merkwürdig unsichere Gefühl beim Betreten einer stillstehenden Rolltreppe. Ausnahmen bilden nur gut erkennbare Einzelübergänge, dann passt meist jeder gut auf.
- Die Stufen selbst sollten so tief sein, dass auch ein großer Fuß sich nicht schräg stellen muss, um gut steigen oder hinuntergehen zu können. Der Überstand der Stufen sollte etwa 2 cm betragen.

Das alles bedacht – und Sie können sich an das Aussuchen des Materials wagen. Holz, Stein, fertige Wegplatten, die Auswahl ist groß. Wir haben schon die schönsten Treppen aus zurechtgesägten, unbehandelten Zaunpfosten gemacht, die einfach in die Erde gedrückt sind.

Holzstufen sind sicher besonders schön, aber dieses Material sollten Sie nur wählen, wenn die Holzqualität gesichert ist. Es muss besonders fest sein – also vielleicht ein Hartholz wie Buche oder gar Eiche – und zum richtigen Zeitpunkt geschlagen sein. Nur dann können Sie auf jede Imprägnierung verzichten, weil die Lebensdauer viel größer ist. Heutzutage bekommt man fast ausschließlich imprägniertes Holz, trotzdem verfault das Holz viel schneller als wintergeschlagenes und natürlich abgelagertes Holz.

Überall sind die Beweise zu sehen, beispielsweise in den Bergen bei den allgegenwärtigen Holzstegen. Uralte Stege sind rutschfest und stehen immer noch, während der neu errichtete Steg fault und obendrein die Umwelt vergiftet – und damit uns alle.

Seit vielen Jahren bemühen wir uns, unseren Lesern eine Bezugsquelle für solches Holz zu bieten. Leider gab es immer wieder Probleme mit Holzhändlern und Sägewerksbesitzern, die nur unseren Namen nutzen und sich dann nicht nach dem richtigen Zeitpunkt richten. Das richtet großen Schaden an und lässt das Vertrauen schwinden. Trotzdem haben wir immer wieder Glück und finden das richtige Holz. Schauen Sie sich in Ihrer Nähe um, bestimmt werden Sie fündig. Es gibt heute im ganzen deutschsprachigen Raum keinen Holzhändler oder Sägewerksbesitzer mehr, der nicht genau weiß, was Ihr Anliegen ist.

Der Zeitpunkt zum Errichten der Treppe sollte unbedingt auf den abnehmenden Mond fallen. Dauert die Bauzeit länger als diese zwei Wochen, dann legen Sie das Werkzeug aus der Hand, und warten Sie einfach bis zum nächsten abnehmenden Mond.

Ist die Treppe in ein oder zwei Tagen zu schaffen, dann wählen Sie dafür den abnehmenden Mond und das Tierkreiszeichen Steinbock. Solche Treppen überleben nicht nur Ihre Enkel, sondern auch Ihre Urenkel. Zur

Erinnerung: Steinbock taucht von Dezember bis Juni im abnehmenden Mond auf.

Wenn Sie eine Treppe in einen Abhang einbauen, durch Abgraben der Stufenpodeste, dann ist auch hier der Zeitpunkt sehr wichtig, damit nichts abrutscht. Wenn Sie eine Treppe betonieren (was wir nicht hoffen), dann ist der Zeitpunkt nicht so wichtig, dennoch kann auch hier der falsche Zeitpunkt zu Rissen und Rutschungen führen, etwa nach außergewöhnlich starken Regenfällen.

Treppen können auch entstehen, indem Sie einzelne Steine verlegen. Direkt ins Erdreich eingegraben, halten sie ein Leben lang. Bei zunehmendem Mond würde alles wieder locker.

Alles in allem: Eine Treppe von eigener Hand ist eine äußerst schöne und befriedigende Arbeit, die wir nur empfehlen können.

Zäune zum richtigen Zeitpunkt

Wir haben zwar gar keinen Zaun um unser Grundstück herum, beziehungsweise nur »grüne Zäune«, aber dennoch gibt es viele gute Gründe oder bei Ihnen vielleicht sogar die gesetzliche Verpflichtung, Zäune zu bauen. Sollten Sie mit dem Gedanken spielen, einen Holzzaun zu errichten, dann achten Sie in erster Linie auf biologisches Material. Die Pfosten und Bretter müssen nicht imprägniert sein. Die Pfosten sollten nicht allzu viele Äste enthalten und keine Risse aufweisen. Glatt geschliffene Äste machen nichts aus, nur sehr aufgeraute Flächen oder gar kleine ausgefranste Löcher verkürzen die Lebensdauer.

Wintergeschlagene Holzpfosten machen keine Probleme, erst eine »neue Generation« muss sich um die Wartung kümmern. Als Material für Pfosten und Bretter dient meist Fichte. Wenn es sehr langlebig sein soll, dann verwenden Sie am besten Lärche.

Ohne jede Imprägnierung hält ein Lärchenzaun mehrere Generationen und wird wunderschön silbergrau. Alle Almhütten, die Jahrhunderte überdauert haben, wurden aus Lärchenholz gebaut, selbstverständlich nach den Mondphasen geschlagen. Nur Splitter sollten Sie sich nicht einziehen an einem solchen Zaun, denn er schmerzt wegen des hohen Harzgehaltes sehr und manchmal droht sogar eine Blutvergiftung. Ein Zaun, den mit hoher Wahrscheinlichkeit Kinder überklettern, sollte deshalb nicht aus Lärche sein.

Wenn Sie alles Material beisammen haben – Nägel, Schrauben, Hammer, Vorschlagestange (eine Eisenstange mit Verdickung unten), Eisenschlägel, lange Wasserwaage, Beißzange, Schnur, Messlatte usw. –, müssen nur noch Mondstand und Wetter stimmen. Damit der Zaun dann auch nicht gleich umfällt und verfault, nur weil er ein paar Monate unter zwei Meter Schnee begraben liegt, muss er bei abnehmendem Mond im Tierkreiszeichen Steinbock errichtet werden.

Lebendige Hausmauern

In unseren Städten sind heute mehr als zwei Drittel der Fläche versiegelt, kein Tropfen Wasser, kein Lichtstrahl dringt unter die Flächen. Großstadtklima bedeutet fast überall ein Mix aus Abgasen und aufgewirbeltem Schmutz, der nicht mit dem Regenwasser ins Erdreich absickern kann. Da ist vielleicht für Sie die Information wertvoll, dass es genügen würde, nur fünf Prozent aller Gebäudeoberflächen zu begrünen, um das Stadtklima entscheidend zu verbessern. Grüne Dächer und Fassaden sind also nicht nur eine Augenweide, sondern auch ein Dienst an der Umwelt.

Im Hochsommer ist die Stadt viel wärmer als das Umland, sogar kleinräumige Gewitter entstehen durch diese mikroklimatischen Unterschiede. Bei ungünstiger Witterung entsteht oftmals eine Abgasglocke über der Stadt, die den Luftaustausch verhindert. Nur Pflanzen können in solcher Situation die Luft reinigen und mit Sauerstoff versorgen. Verdunstung befeuchtet trockene Luft, umgekehrt wird überschüssige Nässe in den Wurzeln gespeichert. Extreme Temperatur- und Feuchtigkeitsschwankungen lassen sich so ausgleichen. Dichte Blätter und Zweige fangen als natürliche Staubfilter Schadstoffe aus Abgasen auf und wirken bremsend auf die Windgeschwindigkeit, so werden auch größere Staubpartikel aufgehalten.

Fassaden- und Dachbegrünungen haben eine vergleichbare Wirkung wie eine baumgesäumte Straße und sind also ein echter Beitrag zum ökologischen Bauen. Natürlich müssen Mieter sich vorher beim Hausbesitzer eine möglichst schriftliche Erlaubnis einholen und vor dem Ausheben von Pflanzgruben auf »öffentlichem Boden« bei der Stadt oder Gemeinde anfragen. Solche Begrünung wird allerdings vielerorts sogar finanziell gefördert, hier sollten Sie sich genau erkundigen.

Betrachten Sie doch einmal antike Wandgemälde und Bilder aus alten Zeiten. Weinlaubgeschmückte Tempel, efeubedeckte Klostermauern, kräuterüberwucherte Bauernhäuser: Schon immer schmücken Menschen ihre Behausungen gern mit üppigem Grün und nutzen Kräuterpflanzen als Nahrungsmittel und Medizin. Eine efeubedeckte Stadtvilla des 19. Jahrhunderts gilt heute noch als luxuriös, ein schöner Anblick. Leider kann sich manch moderner Architekt damit nicht anfreunden, weil man dann nicht mehr sieht, worin sein Beitrag bestand. Nun ja, manchmal kann der grüne Mantel gar nicht dick genug sein, um zu verstecken, was heute zuweilen als »modern« durchgeht.

Neben ihrer Umweltfreundlichkeit und Schönheit entlasten grüne Dächer und Fassaden langfristig auch Ihren Geldbeutel durch ihre Eigenschaft der Wärmedämmung und -speicherung. Von Pflanzen geschützte Hauswände erwärmen sich im Sommer höchstens bis auf 30 Grad Celsius. Ungeschützte Wände erreichen oft bis zu 60 Grad. Im Winter können kahle

Außenwände bis auf minus 10 Grad abkühlen, laubgeschützte bleiben 5 Grad wärmer.

Im Hochsommer ist es sehr angenehm, auf einem efeu- oder weinumrankten Balkon zu sitzen. Zwischen der kühleren Hauswand und der überhitzten Straße entsteht ein Temperaturgefälle, das Luftzirkulationen erzeugt, ein laues Lüftchen, das wie ein Fächer wirkt. Dichtes Laub wirkt auch lärmdämpfend und bringt zudem eine natürliche und entspannende Geräuschkulisse durch sanftes Blätterrascheln und singende Vögel im Geäst. Die Blätter bilden ein wärmedämmendes Luftpolster und verringern den Wärmeverlust von innen nach außen, indem sie Wind abhalten und die Windenergie in Wärme umwandeln. Durch nächtliche Taubildung wird ebenfalls Wärme zurückgewonnen.

Die Fassadenbegrünung trägt zudem zur Erhöhung der Artenvielfalt bei. Vögel kehren in die Städte zurück, weil sie an den grünen Fassaden Nistplätze und zahlreiche Insekten als Nahrung finden.

Gängige Einwände gegen eine Fassadenbegrünung haben keine Grundlage, beispielsweise eine mögliche Schädigung durch »einwurzelnde« Kletterpflanzen. Putz und Mauerwerk werden von keiner der üblichen Kletterpflanzenarten geschädigt. Selbstkletterer wachsen nicht in Mauern ein, sondern halten sich mit Saugnäpfen, Haftscheiben, Klimmhaaren oder Haftwurzeln an winzigsten Unebenheiten der Fassade fest. Efeubewuchs hinterlässt Spuren an der Wandfarbe, nicht aber an der Wand selbst. Nur wenn das Mauerwerk brüchig und verwittert ist oder der Putz bröckelt, ist Vorsicht angebracht. In größere Fugen kann sich nämlich Erde einlagern, in die verholzende Triebe geraten können. Durch die Ausdehnung der Triebe können sich die Fugen vergrößern oder vorgeschädigtes Mauerwerk abplatzen. Neuere Kalkzementputze halten jedoch jedem Bewuchs stand. Auch Dachschindeln kann Efeu nur dann anheben, wenn hinter der Öffnung Licht lockt. Sonst gibt es auch hier keine Bohreffekte.

Efeu ist tatsächlich ein guter Wettermantel, der die Fassade vor Feuchtigkeit, Wind, Hitze und Kälte schützt und das Haus so regelrecht »konserviert«.

Eine verstärkte Schimmelgefahr besteht ebenfalls nicht. Im Gegenteil, der Mauersockel wird durch den Wasserentzug durch die Kletterpflanzenwurzeln trocken gehalten. Auch bei neuen, noch nicht ausgetrockneten Gebäuden kann man ruhig mit dem Begrünen anfangen, denn bei dem langsamen Wachstum zeigen sich ohnehin erst nach drei oder vier Jahren die Pflanzerfolge.

Ungeziefergeschwader in der Wohnung sind ebenfalls nicht zu befürchten, zumindest nicht in höherem Maße, als sich ohnehin das eine oder andere Tierchen verirrt. Spinnen leben von Mücken und Fliegen, Vögel wiederum von Spinnen und Insekten, die sie zur Fütterung ihrer Jungen verwenden. Mäuse und Ratten mögen keine Grünpflanzen. Sie werden durch herumliegenden Müll und ungeschützte Nahrungsmittel angelockt. Und dass die Begrünung den Fenstern die Sonne nimmt, das lässt sich mit einer Gartenschere beheben.

Wem ein Haus mit grünem Pelz nicht so gut gefällt: Spalierobst ist eine gute Alternative, falls das Klima entsprechend günstig ist und eine Südwand zur Verfügung steht. Äpfel und Birnen gedeihen fast überall. Wer üppige Blütenpracht liebt, wird sich für sommergrüne Kletterpflanzen entscheiden, wie Pfeifenwinde, Hortensie oder Kletterrose. Schlingpflanzen wie Wicken, Knöterich oder Feuerbohnen winden sich um Drähte, Stäbe oder Zäune. Winden bilden dichte Polster und eignen sich hervorragend für halbschattige bis sonnige Lagen. Schön für frei stehende Mauern ist auch eine Begrünung, die »von oben herabfällt«, etwa bei Garageneinfahrten mit Gefälle oder an Kellertreppen. Hier macht sich die rot blühende Kapuzinerkresse sehr gut. Ihre Farbenpracht versetzt jeden in fröhliche Sommerstimmung.

Grüne Wälle

Glaubt man den Archäologen, dann haben die Römer die Fertigkeit des Trockenmauerbaus zu uns nach Mitteleuropa gebracht. Im Laufe der Jahrhunderte haben sich Mauern dann zu vielfältigen Lebensräumen aus Menschenhand entwickelt. In naturnahen Gärten, in Weinbergen, als Hangstützen auf Ackertrassen, als Feldbegrenzungen, als Windschutz – immer noch leisten ungefugte Mauern aus Natursteinen aufgeschichtet Mensch und Tierwelt wichtige Dienste.

Solche Mauern sind ein faszinierender Lebensraum für eine große Vielfalt von Pflanzen und Tieren. Aus den Ritzen zwischen den Steinen lugen im Sommer die leuchtenden Blüten des Weißen Mauerpfeffers heraus, auf der Mauerkrone prangen die dichten Polster des gelben Scharfen Mauerpfeffers. Im Schatten sorgen Zimbelkraut und Steinbrech für Farbtupfer und gelegentlich lassen sich auch echte Raritäten entdecken, wie Streifenfarn oder Hauswurz.

Wo Wind und Wetter größere Lücken geschaffen haben, können Vögel nisten, Mäuse und andere Kleinsäugetiere besiedeln geschützte, trockene Innenräume, wo ihnen das Mauswiesel gerne nachstellt. In den schmalen Ritzen und Fugen warten Spinnen darauf, dass es dunkel wird und sie auf die Jagd nach nachtaktiven Insekten gehen können. Ebenso leben dort Erd- und Wechselkröten, die besonders gerne die Schnecken in der Nachbarschaft verspeisen. Für die seltenen Zauneidechsen sind Trockenmauern letzte Überlebensräume.

Bei ungestörter Entwicklung kann sich innerhalb von wenigen Jahren ein üppiger teppichartiger Mauerbewuchs einstellen, der den an natürlichen Felsstandorten gefundenen Verhältnissen durchaus nahe kommt.

Die Mehrzahl der an Mauern vorkommenden Pflanzen sind allgemein verbreitete und häufige Arten wie die Weiße Taubnessel und die Große Brennnessel. Dies gilt vor allem für leicht geneigte und unverputzte Schwerlastmauern aus großen Brocken, die aufgrund der engen Verbindung zur Erde eine gute Nährstoff- und Wasserversorgung aufweisen.

Kein Wunder, dass die Mehrzahl der Mauerpflanzen ausdauernde Kräuter und Stauden sind. Für eine Pflanze ist es ja von Vorteil, einen einmal eroberten Lebensraum langfristig zu sichern.

Es gibt noch eine Vielzahl weiterer Aspekte, die für den Erhalt von Mauern und deren Vegetation sprechen: So hatten (oder haben noch) Mauerpflanzen auch eine lange Nutzungsgeschichte, zum Beispiel dient die Hauswurz zur Behandlung von Hautwunden, Stichen oder Sonnenbrand. Verzichten sollten Sie auf jeden Fall auf undurchdachte Säuberungsaktionen, auf die Verwendung von Betonmörtel sowie natürlich den Einsatz von Unkrautvernichtungsmittel und Sandstrahlgeräte.

Gute Gärtnereien haben heute nicht nur eine fast unüberschaubare Vielfalt an Mauer- und Steingartenpflanzen im Angebot – es gibt obendrein auch noch zahlreiche Bücher zum Spezialthema Mauer- und Steingartenbepflanzung, die wir hier nicht ersetzen wollen. Unser Anliegen ist, Sie dazu zu inspirieren, selbst wenn der Raum für eine Steinmauer oder einen kleinen Steingarten begrenzt ist. Die Mühe lohnt sich.

Der Gartenteich

Wasser fasziniert alle Kinder und auch Erwachsenen bietet es Rast und Muße für Augen und Ohren. Millionen von Gartenteichen sind in den letzten Jahren entstanden und ein Ende des Booms ist nicht abzusehen.

Am Anfang steht die Entscheidung, welche grobe Richtung Sie mit dem Teich einschlagen wollen: Üppig bewachsen in der Sonne oder »Waldtümpel« im Schatten, Libellen-, Frosch- und Wasserinsekten- oder Fischteich?

Ist die Entscheidung gefallen, ist der Aushub in der Regel unproblematisch. Soll aber noch Ufergelände modelliert werden, dann am besten im Herbst, damit der Boden sich setzen kann und im Frühjahr Abdichtung und Bepflanzung erfolgen können. Das beste Abdichtungsmaterial ist immer noch Lehm, der am sinnvollsten bei abnehmendem Mond eingebracht wird. Die Bewässerung sollte immer mit Regenwasser erfolgen, Trinkwasser ist hierfür zu kostbar – außerdem schwankt ja auch bei natürlichen Teichen der Wasserstand, also im Sommer nicht gleich in Panik verfallen.

Der Teich sollte möglichst intensiv bepflanzt werden, das ist gut für die frühzeitige Wasserreinigung. Die heimische Pflanzenwelt bietet in allen Farben und Größen reichliche Auswahl, gute Gärtnereien sind auf Teichpflanzenkäufer inzwischen gut vorbereitet. Mit dem Einzug von Tieren ist es noch einfacher wie mit den Pflanzen: Nichts tun, einfach abwarten und zuschauen, wer da kommt.

Wer für einen Teich keinen Platz im Garten hat, kann alternativ auch einen schmalen Sumpfgraben anlegen. Ein künstlicher Bach hat den Nachteil, dass sich wegen der ständigen Umwälzung des gleichen Wassers keine Wassertierwelt ansiedelt.

Der sorgfältigsten Planung bedarf die Pflanzung mehrjähriger Stauden. Hier kommt es vor, dass sich verschiedene Arten gegenseitig überwuchern. Die meisten Stauden sollten deshalb alle drei bis fünf Jahre geteilt und verkleinert werden. Zu den Dauerbrennern gehören hier Glockenblumen, Lupinen, Rittersporn und Salbei.

Vielleicht könnten wir Ihnen noch viel mehr Ratschläge geben, aber unsere persönliche Erfahrung ist begrenzt. Wegen unserer Kleinkinder haben wir bisher noch keinen Teich angelegt, es war uns zu gefährlich. Wenn Sie einen Teich anlegen wollen und selbst kleine Kinder haben, die noch nicht schwimmen können, oder mit deren Besuch rechnen müssen, dann sollte der Teich keine schräg ins Wasser abfallende Folie besitzen. Solche Teiche wirken trügerisch flach und sind nicht zu erklettern, kleine Kinder ertrinken manchmal schon in wenige Zentimeter tiefen Gewässern. Abhilfe können große Steine schaffen, an denen sich dic Kinder abstützen und festhalten können.

Der Garten für Kinder

Gärten bieten ein unerschöpfliches Kinderprogramm und das Spielen in ihnen schafft glückliche Erfahrungen, die man niemals mehr vergisst. Wenn Sie einen lebendigen Garten erschaffen wollen, dann haben Sie obendrein den Vorteil, dass sich Kinder und ihr Tatendrang darin kaum zerstörerisch auswirken kann. Ein lebendiger Garten arbeitet mit Kindern zusammen, nicht gegen sie. Nur wenige Orte bieten Kindern so viele Möglichkeiten, sich zu bewegen und Tiere und Pflanzen hautnah kennen zu lernen. Gestaltungsräume in der Natur sind wichtig für die körperliche und geistige Entwicklung von Kindern.

Kinder begegnen Pflanzen und Tieren und allen möglichen Erscheinungen der belebten und unbelebten Natur noch spontan und sehr neugierig. Für sie sind die Veränderungen in einem Garten – seien sie Folge des eigenen Tuns oder jahreszeitlicher Entwicklungen – mindestens ebenso wichtig wie die Konzentration auf das anscheinend Beständige. Was Kinder deshalb brauchen, sind Räume, die sie selbst gestalten und verändern können, Räume, deren Funktion noch nicht festgelegt ist, und Räume, die auch Intimität und Ruhe vermitteln, beispielsweise eine »Höhle« unter einer Trauerweide oder einem großen Holunder.

Auch bei kleinen Gärten kann und sollte man bestimmte Regeln beachten. Kinder suchen Rückzugsmöglichkeiten, Verstecke in unübersichtliche Ecken, die entdeckt werden wollen. Durch kleine Hecken, einzelne Büsche oder auch Spaliergitter mit rankenden Pflanzen können Nischen geschaffen werden. An einzeln gesetzten Holzpfosten können im Sommer Hängematten befestigt werden, damit es im Versteck auch richtig gemütlich wird. Wenn die Kinder älter sind, ist so ein Holzpfosten vielleicht mal der Anfang einer Bretterbude.

Generell ist Lärchenholz im Garten ideal, aber Kinder sollten mit dem Barfußlaufen auf Lärchenterrassen oder -fliesen eher vorsichtig sein. Das Holz muss zweimal geschliffen sein, damit man sich keine Splitter einzieht. Niemals mit Hochdruckreiniger säubern, weil sich sonst immer Splitter aufrichten. Die beste Pflege bildet die Verwendung von Aschenlauge und Schrubber, außen und auch bei biologisch behandelten Holzböden im Innenbereich.

Diese Methode funktioniert so wunderbar, dass wir hier kurz das Rezept für die Aschenlauge vorstellen: Geben Sie etwa 2 Fingerbreit Holzasche aus Buchenholz in einen großen Topf oder Eimer (Mengenverhältnis Wasser zu Asche etwa wie Teewasser zu Teeblättern), füllen Sie den Eimer mit kochendem Wasser, und halten Sie ihn zugedeckt. Anfangs ein- bis zweimal umrühren und nach längerem Stehen (ca. 15 Minuten, aber länger schadet auch nicht) die Lauge vorsichtig in einen Putzeimer umschütten. Der Aschensatz sollte dabei im ersten Gefäß zurückbleiben und kann auf den Kompost geschüttet werden.

Zum Thema »barfuß im Garten« noch ein Tipp: Disteln im Garten haben durchaus ihren Sinn, beispielsweise als Futter für verschiedenste Tierarten, aber in den Bereichen, in denen Sie gerne mal barfuß laufen möchten (vielleicht frühmorgens im Tau, was sehr gesund wäre), möchten Sie Disteln nur ungern begegnen. Wenn Sie sie bei abnehmendem Mond, ideal im Tierkreiszeichen Steinbock, mit der Wurzel ausreißen, kommen sie nicht so schnell wieder.

Ein Garten für Kinder ist nie fertig, er entsteht ständig neu. Auch bei der Planung der Sandkiste sollte man beachten, dass Kinder größer werden: Eine großzügig geplante Sandkuhle mit einem Baumstamm und Steinen zum Sitzen, viel Sand zum Graben und Springen bietet Kindern über lange Zeit schöpferische Bewegungsfreiheit.

Damit Kinder im Garten Schmetterlinge, Hummeln und Vögel beobachten können, sollten Sie heimische Gehölze wählen. An Holunder und Haselnuss tummeln sich die Insekten, Forsythien dagegen lassen die heimische Tierwelt eher kalt. Heimische Sträucher sind zudem robuster und erholen sich schnell, wenn sich mal ein Ball verirrt. Wer mit seinen Kindern zusammen Früchte ernten möchte, sollte natürlich auch Beerensträucher wie Erdbeeren, Himbeeren, Johannisbeeren oder stachellose Brombeeren setzen oder Kürbisse pflanzen.

Auch mit den Gefahren der Natur kann man Kinder im Garten bekannt machen. Es wäre unsinnig, alle potenziell giftigen Pflanzen aus dem Erfahrungsbereich von Kindern zu verbannen. Viel besser ist es, ihnen schon im Kindergartenalter beizubringen, dass sie nur das in den Mund stecken oder gar essen dürfen, was sie kennen. Der beste Umgang mit Giftpflanzen ist deshalb die altersgerechte Schulung im Umgang mit der Pflanzenwelt.

Eine Wüste kann ich nicht an einem Tag verändern,
aber anfangen kann ich mit einer kleinen Oase.
Phil Bosmans

Alpha
Omega

5. Schlüssel
Die Wahl der Gartenfamilie

In welchem wir Ihnen einige Gedanken nahe bringen wollen zur Frage: Mit welchen Pflanzen statte ich den Garten aus? Wie möchte ich die grünbunte Familie zusammensetzen, wer trägt dazu bei, dass mein Garten ein harmonisches, fröhliches, gelungenes Dauerfest wird? Der fünfte Schlüssel zum lebendigen Garten verbirgt sich in der Antwort auf diese Fragen.

Eigentlich wäre es ganz einfach: Sie lesen in Ruhe Teil II dieses Buches durch, lassen sich von den Informationen dort inspirieren, verbinden sie mit Ihren persönlichen Vorlieben und Neigungen und schon entsteht ein halbwegs klares Bild von der Landschaft Ihres persönlichen lebendigen Gartens. Schwieriger wird es, wenn Sie sich Gartenbücher oder gar Gärtnerkataloge vornehmen. Dann fällt eine Antwort umso schwerer, je länger man die schönen Bilder und die Flut von Informationen auf sich wirken lässt. Damit Sie trotz all der Vielfalt einen klaren Gedanken und klare Absichten fassen können, versuchen wir hier die Qual der Wahl etwas zu lindern. Natürlich gibt es keinen Garten in der Welt, der groß genug wäre, um alles zu pflanzen, was es gibt. Lassen Sie uns deshalb hier einige wichtige Gesichtspunkte beleuchten, die Ihre Entscheidung erleichtern können.

Meist ist dieses Thema ja nur dann aktuell, wenn Sie sich nach einem Umzug oder nach dem Hausbau damit grundlegender beschäftigen wollen. Da bleibt Ihnen wirklich nichts anderes übrig als erst einmal in Ruhe in sich zu gehen und sich gemeinsam mit der Familie die Frage zu stellen: »Was wollen wir eigentlich?« Und natürlich auch die Frage: »Was wollen wir uns leisten?« Normalerweise kostet ein Umzug, ganz zu schweigen von einem Hausbau, mehr als gedacht und erhofft und für die Gartengestaltung bleibt oft nur noch wenig übrig. Trotzdem stürzen sich viele in unnötige Schulden, um einen »vorzeigbaren« Garten anlegen zu lassen. Damit nehmen Sie sich aber die Freude, zu beobachten, was eigentlich in der Umgebung wächst, was überhaupt zu Ihnen kommen will.

Eines der schönsten Abenteuer bei unserem eigenen Hausbau vor einigen Jahren war das Miterleben und Beobachten, was mit den etwa 200 Quadratmeter Fertigrasen geschieht, den wir uns angeschafft hatten, damit die Kinder sofort eine Spielfläche zur Verfügung haben. Wir haben den Rasen weder gewässert, noch gedüngt, noch belüftet – nichts haben wir mit ihm gemacht. Nur gemäht, in Abständen nach Gefühl, schließlich immer seltener, und nur zum richtigen Zeitpunkt – bei zunehmendem Mond an einem Blatttag Krebs, Skorpion oder Fische. Wir haben zugeschaut, wie sich der Rasen langsam in eine Blumen- und Kräuterwiese verwandelte, die heute keine Wünsche mehr offen lässt. Schön für die Augen, eine Apotheke mit viel Medizin, wenn sie gebraucht wird, ein Paradies für Insekten. Allerdings etwas mühsam beim Fußballspielen.

Vielleicht wäre das auch was für Sie: Schauen Sie sich einfach um, was zu Ihnen kommen möchte, und lassen Sie es zu. Die Grundregeln für die Wahl der Pflanzenfamilie in einem lebendigen Garten sind einfach formuliert:

Bauen Sie nur an und pflanzen Sie nur, was Ihnen gefällt und was Ihnen schmeckt und gut tut. Und pflanzen und verwenden Sie so viel wie möglich heimische Pflanzenarten.

Das Gute wächst so nah

Jede heimische Nahrungspflanze birgt sämtliche schützenden und nährenden Elemente, die die Menschen in der Region brauchen – vorausgesetzt, die Pflanzen und Tiere wachsen weitgehend unbeschädigt durch chemische Düngemittel und Spritzgifte heran. Diese Eigenschaft beschränkt sich nicht nur auf die Inhaltsstoffe dieser heimischen Pflanzen:

Ihre Kraft ist auch Folge einer bestimmten Ausstrahlung, die sie besitzen, und die bei der häuslichen Verarbeitung, beim Kochen nicht zerstört werden kann. Heimische Pflanzen sind fähig, mit allen den Menschen schwächenden Einflüssen der jeweiligen Umgebung fertig zu werden – Bakterien, Strahlungen, Luftverschmutzung etc. Diese Fähigkeit überträgt sich auf denjenigen, der sie aufnimmt, und stärkt dessen Immunkräfte.

Importierte Nahrungspflanzen und Zierpflanzen haben sich in ihrer Heimat völlig anderen Gegebenheiten und Notwendigkeiten angepasst. In manchen Fällen so sehr, dass sie im Importland eine regelrecht schwächende Wirkung auf den Organismus haben. Als die Kartoffel in Europa eingeführt und zum Grundnahrungsmittel erwählt wurde, starben über Jahrzehnte hinweg viele Menschen an Immunschwächekrankheiten, ausgelöst durch die Tatsache, dass der Organismus der Europäer nicht an die Feldfrucht angepasst war. Und viele exotische Zierpflanzen beispielsweise beweisen die negative Wirkung durch die Kopfschmerzen, die man bekommt, wenn man sie in der Wohnung in eine Vase stellt.

Auch hier ist der goldene Mittelweg der Weg zum Ziel: Selbstverständlich brauchen Sie nicht völlig auf die geliebten Bananen, auf exotische Gemüse und Früchte verzichten. Doch immer in Maßen. Legen Sie das Hauptgewicht auf Einheimisches – Ihrer Gesundheit zuliebe. Auch Kräuter, diese kleinen Kraftwerke der Natur, werden Sie nicht im Stich lassen, wenn es um das Gesundbleiben aus eigener Kraft geht. Die Natur hat dafür gesorgt, dass niemand weit reisen muss, um zu bekommen, was sein Körper braucht.

Wie erkenne ich gesunde Pflanzen, gute Gärtnereien? Aus manchen Gärtnereien verhalten sich die Pflanzen oftmals wie verhätschelte Kinder, auf Show und schnelles Wachstum getrimmt. Gärtnereien, die auch Baumschulen pflegen und die somit die Kunst der Abhärtung beherrschen, sind als Quelle meist besser geeignet. Überdimensionale Üppigkeit mag zwar im Geschäft verlockend aussehen, die Pflanze ist aber sicher verzüchtet und überdüngt. Sie wird wahrscheinlich bei Ihnen eingehen. Wenn mehr als eine Pflanze aus demselben Geschäft eingeht, dann Finger weg! Wichtiges Merkmal einer guten Gärtnerei: Der Umgang mit dem Kunden. Gute Gärtner lieben die Pflanzen und würden sie nie künstlich aufblähen. Wenn beispielsweise viele Schnittstellen zu erkennen sind, weil alles »Hässliche« weggeschnitten worden ist, dann ist das kein richtiger Umgang, eine solche Pflanze gehört nicht mehr verkauft (wenn Lauch beispielsweise im Supermarkt keine Wurzeln mehr hat, liegen lassen!). Hier kann nur die persönliche Erfahrung den Weg weisen.

Die innere Kraft nutzen

Welche Pflanze ist robuster und heilkräftiger, was glauben Sie? Ein Salbeisamen sucht sich einen bestimmten Platz für das Aufgehen, Heranwachsen und Reifen aus. An einem anderen würde er gar nicht aufgehen. An seinem »richtigen« Platz sprießt er, begegnet Sonne, Wind und Wetter, kämpft, um sich zu behaupten, wurzelt tief, um an lebensnotwendige Feuchtigkeit und Mineralien zu gelangen, wächst in Nachbarschaft zu zahlreichen anderen Pflanzen, die ihn schützen und die er beschützt, passt sich dem Strahlungsklima und allen negativen Einflüssen der Umgebung an, um zu überleben. Dieser wild wachsende Salbei wird von kundigen Händen gepflückt, zum richtigen Zeitpunkt liebevoll und sorgsam getrocknet oder gelagert, zu einem Tee gegen Halsweh verarbeitet und zum richtigen Zeitpunkt von einem kranken Menschen getrunken, der in der gleichen Umgebung unter gleichen klimatischen Verhältnissen lebt wie die Pflanze selbst.

Ein anderer Salbeisamen wächst auf einer fernen Plantage heran, zu beliebigen Zeitpunkten gesät, vielleicht im Gewächshaus reifend, gehätschelt, gewässert und gepflegt, mit Pestiziden behandelt, von Unkraut befreit, schwächlich und flach wurzelnd, zu beliebigen Zeitpunkten geerntet und verkauft an eine pharmazeutische Firma. Dort wird er irgendwann weiterverarbeitet, die Wirkstoffe werden isoliert und zu einem Präparat gegen Halsweh verarbeitet, das beim Großhändler und schließlich in den

Apotheken eines anderen Landes landet und einem kranken Menschen vom Arzt verschrieben wird. Wie unterscheiden sich wohl die Kräfte der beiden Salbeiprodukte?

Wie können Sie es schaffen, Gemüse, Früchte und Blumen mit derselben inneren Kraft wie die wild wachsende Salbeipflanze in Ihrem Garten zu bekommen? Die Antwort liegt wohl jetzt auf der Hand: Sie müssen fast *nichts* tun! Lassen Sie den Dingen ihren Gang, und freuen Sie sich daran, dass Ihr Garten wahrscheinlich besser weiß, was für Sie gut ist als Sie selbst.

Über die folgenden Zeilen denken Sie einmal in Ruhe und Frieden nach, notieren Sie sich das Gesagte im Kopf, und kehren Sie in nächster Zeit immer wieder einmal zu ihnen zurück. Die Information wirkt auf den ersten Blick vielleicht unglaubwürdig, sie ist aber durch die direkte Erfahrung aller Menschengenerationen belegt.

Die Natur lässt in der Umgebung menschlicher Behausungen stets Heilkräuter in einer ganz bestimmten Vielfalt und Kombination wachsen – vorausgesetzt, der Boden ist noch naturbelassen, wird nicht künstlich gedüngt oder gespritzt. Welche Kräuter das sind, richtet sich danach, wer in diesem Haus wohnt und welche Pflanzen die Bewohner für ihr Wohlergehen, zur Vorbeugung und für die Linderung und Heilung eventuell bestehender Krankheiten brauchen. Wenn einer der Bewohner eine körperliche Schwachstelle besitzt oder eine bestimmte Krankheit bekommt, taucht gleichzeitig, manchmal auch schon einige Zeit vorher, das entsprechende Heilkraut in der Nähe auf – wie aus heiterem Himmel. Wenn die Bewohner ausziehen und eine andere Familie einzieht, ändert sich auch Art und Zusammensetzung der Kräutervielfalt in der unmittelbaren Umgebung und passt sich den gesundheitlichen Erfordernissen der neuen Bewohner an.

Lehnen Sie sich jetzt zurück, und denken Sie in Ruhe über das Gesagte nach. Denken Sie daran, was in Ihrer persönlichen Umgebung wächst. Sicherlich Löwenzahn, Gänseblümchen, Brennnesseln, vielleicht Schöllkraut, Schafgarbe, Spitzwegerich. Wussten Sie, dass alle diese »Unkräuter« große Heilkräfte bei einer Vielzahl von Gebrechen besitzen? Drei Löwenzahnhalme beispielsweise täglich gegessen (mehr wäre nicht gut), und Sie haben Leber und Galle viel Gutes getan. Warum kommen manche Menschen immer noch auf die Idee, die Natur müsse »beherrscht« werden, wenn sie so weise und großzügig mit uns umgeht? Betrachten Sie einmal die Anstrengungen der Gentechnologie in *diesem* Licht.

Die Sensibilität der Natur für Ihre Bedürfnisse geht noch weiter. Ob beispielsweise ein Apfelbaum in Ihrem Garten wachsen und reiche Frucht trägt, ist manchmal auch davon abhängig, welcher »Ernährungstyp« Sie sind.

Alpha und Omega – Ernährungstyp und Pflanzenfamilie

Ein weiteres wichtiges Entscheidungskriterium für die Wahl der Pflanzenfamilie in Ihrem persönlichen lebendigen Garten sollte die Kenntnis Ihres Ernährungstyps sein. Es mag ganz neu für Sie sein, aber es ist nicht schwer, ihn herauszufinden. Das Wissen um den Ernährungstyp und die Konsequenzen, die sich nicht für Ihren Garten, sondern ganz tief greifend für Ihren Alltag, für Gesundheit und Wohlbefinden ergeben, können Ihr Leben entscheidend beeinflussen – zum Guten.

Wir haben uns die Begriffe Alpha-Typ und Omega-Typ selbst ausgedacht, weil es nach unserem Kenntnisstand keine populären und eingeführten Bezeichnungen gibt. In anderen Kulturen begegnet man manchmal bestimmten Typ-Unterscheidungen (etwa zwischen Yin- und Yang-Typ), aber bisher fehlt jede Übertragung der Erkenntnisse anderer Völker in eine für uns brauchbare und einleuchtende Form. Das ist aber auch gar nicht

	Vertragen	*Werden geschädigt durch*
Alpha-Typen	Tierische Fette, Butter, Bio-Milch, Sahne, Speck usw.; Roggenbrot, Roggenmehl, Dinkelnudeln; gebratenes Fleisch, gebratener Fisch; Tee (besonders biologischer Grüntee, weniger Schwarztee); Kernobst, Zitrusfrüchte; Gurken, Karotten, Zwiebeln; scharfe und intensiv schmeckende Gewürze; zwei bis drei größere Mahlzeiten täglich; nicht zu kalt trinken, dafür aber viel	Süßigkeiten, Weißmehl und Zucker **(sind die Dickmacher für den Alpha-Typ!)**; pflanzliche Fette und Öle; Weizenmehle, Weizenbrot, Kuchen; zu viel gekochtes Fleisch und gekochten Fisch; Steinobst, Bananen; Tomaten, Knoblauch; Kaffee, gezuckerte Säfte; meistens auch Honig, zu viel Reis; zu wenig trinken; zu kalt trinken; mehr als drei Mahlzeiten täglich
Omega-Typen	Pflanzliche Fette und Öle (kaltgepresste Öle aus Sonnenblumen, Distel, Oliven, Mais usw.), pflanzliche Bio-Margarine; säurearme Nahrungsmittel; Vollkorn-, Weizenmehl, Bio-Weißbrot, Kuchen, Nudeln, Reis; mageres, gekochtes Fleisch, gekochter Fisch; vollwertiges Eiweiß, Magermilch, Magerkäse; Roh-Rohrzucker, naturreiner Honig; süße Säfte, Kaffee; Steinobst, Bananen; Tomaten, Knoblauch; milde Gewürze; mehrere kleine Mahlzeiten täglich	Tierische Fette, Butter, Käse usw. **(Dickmacher für den Omega-Typ!)**; Roggenmehl; zu viel Schwarz- und Grüntee; Süßigkeiten mit künstlichen Farb- und Aromastoffen und Konservierungsmitteln; Kernobst, Zitrusfrüchte; Karotten, Zwiebeln; scharfe und starke Gewürze; zu heiße Getränke
Alle Typen	Dinkel und Dinkelprodukte, Gerste, Sesam, Feigen, grüne Salate, Feldsalat, generell Bio-Gemüse	Weißer Zucker, polierte Getreide, Weißmehl, zu viel Salz, künstliche Aromastoffe, Farbstoffe, Konservierungsmittel, bestrahlte Lebensmittel, generell gespritztes Obst und Gemüse

nötig, denn das einheimische Wissen reicht für unsere Zwecke und für Ihren Gewinn völlig aus.

Wenn Sie unser Buch *Alles erlaubt!* schon gelesen haben, dann wissen Sie sicherlich schon, welcher Ernährungstyp Sie sind und können für Ihren persönlichen lebendigen Garten und die Wahl der Gemüse und Früchte die richtigen Schlüsse ziehen. Wenn nicht, dann möchten wir Ihnen eine Tabelle vorstellen, die die Hauptunterschiede zwischen Alpha- und Omega-Typ beschreibt. Die Tabelle auf Seite 117 ist ein wichtiger Schlüssel für die gute Gesundheit bis ins hohe Alter und natürlich geradezu ein Leitfaden für die Wahl der Pflanzen in Ihrem Garten.

Haben Sie sich erkannt? Das wäre schön. Lassen Sie uns aber noch klären, was wir unter geschädigt oder nicht vertragen verstehen. Denn es besteht durchaus die Möglichkeit, dass Sie seit Jahrzehnten regelmäßig irgendein Nahrungsmittel oder Getränk zu sich nehmen, obwohl es Ihnen grundlegend schadet! Wenn das der Fall ist, dann ist die Wahrscheinlichkeit ebenso hoch, dass Sie von der Schädlichkeit dieses Nahrungsmittels nicht die geringste Ahnung haben. »Nicht vertragen« äußert sich nämlich in verschiedenen Formen, die noch an keiner Universität gelehrt werden. Hier ist die Checkliste. Sie vertragen ein bestimmtes Lebensmittel wahrscheinlich nicht,

- wenn sein Genuss Sie *regelmäßig ermüdet*. Das Gefühl, nach jedem Essen am liebsten ein Schläfchen machen zu wollen, ist ein absolut sicheres Zeichen, dass Sie etwas im Essen nicht vertragen haben und dass es Ihnen langfristig sehr schadet. So gestört sind die alltäglichen Ansichten über unser Essen und unsere Nahrungsmittel, dass sogar schon die Ärzteschaft uns weismachen will, man *müsse* sich nach dem Essen müde fühlen. Vollwertige Lebensmittel, ausgesucht nach Ihrem Typ, machen nicht müde, selbst wenn Sie ein wenig mehr davon essen als der Körper verlangt! Wenn allerdings Konservierungsmittel, Farbstoffe, Geschmacksverstärker und künstliche Aromastoffe enthalten sind, macht das Nahrungsmittel *immer* müde.

Die Ausnahme: Die leichte Mattigkeit zwischen 13 und 15 Uhr, unabhängig davon, ob man gegessen hat oder nicht, ist etwas ganz Natürliches und hängt mit dem Tagesrhythmus der Organe zusammen (Herzaktivität, siehe unser Buch *Aus eigener Kraft*, S. 231). Schade, dass die deutschsprachigen Länder hier nichts von den südlichen Ländern lernen wollen, die nicht nur wegen der höheren Temperaturen nachmittags eine Siesta einlegen.

- wenn Sie regelmäßig unter *saurem Aufstoßen, Sodbrennen, Völlegefühl, Blähungen oder Kopfschmerzen* zu leiden haben. Kopfschmerz und Migräne sind sehr häufige, allergische Reaktionen auf nicht vertragene Nahrungsmittel oder Getränke. Oftmals werden diese Reaktionen nicht in Verbindung mit untauglicher Nahrung gebracht, weil sie verzögert eintreten können, manchmal sogar erst am nächsten Tag.

- wenn sich etwa 15 bis 30 Minuten nach seiner Aufnahme Ihre *Laune stark verschlechtert.* Diese Reaktion tritt besonders bei Alpha-Kindern auf, wenn sie Süßigkeiten gegessen haben. Aber auch bei Erwachsenen, etwa nach der Aufnahme von Mehlspeisen mit poliertem Auszugsmehl.

- wenn Sie *Mund- und/oder Körpergeruch* haben oder bekommen. Mundgeruch aufgrund schlechter Zahnpflege ist hier nicht gemeint. Mundgeruch beruht in fast allen Fällen auf schlechter Verdauung und einem belasteten Magen. Körpergeruch ist so gut wie immer ein Zeichen einer Nahrungsmittelunverträglichkeit oder eines gestörten Stoffwechsels. Das gilt auch für den Genuss von Knoblauch. Die Körperausdünstung nach Knoblauchgenuss ist kaum merkbar, wenn man sich gesund ernährt und der Knoblauch aus biologischem Anbau stammt.

- wenn Sie unter unbestimmbaren *Rückenschmerzen* leiden, besonders im Kreuz. Rückenschmerzen sind eine sehr häufige allergische Reaktion auf polierten, toten Weizen (der Normalfall), weil die überlastete Niere über Nervenbahnen in die Wirbelsäule ausstrahlt. Wenn immer wieder Weizenmehl nachkommt, wird den Nieren die Arbeit schließlich zu viel und ihr Helferorgan, die Milz gerät unter Druck – mit allen negativen Folgen. Fachärzte behandeln leider meist jenes Organ, das in der Kette der Schwächung als letztes drankommt, weil es zu versagen beginnt. Kaum ein Urologe kommt beispielsweise auf die Idee, Nierenprobleme auf Weizenmehl-Unverträglichkeit zurückzuführen, obwohl das die häufigste Ursache ist.

Nach dieser Liste überdenken Sie vielleicht noch einmal Ihre Überzeugung, dem einen oder anderen Typ zuzugehören. Stellen Sie sich für den Anfang einige grundlegende Fragen, die auch für die Wahl der Pflanzenfamilie in Ihrem Garten ausschlaggebend sind: Welche *Obstsorten* vertrage ich und welche nicht? Wenn Sie Äpfel, Zitrusfrüchte, Gurken und Karotten gut vertragen, dann deutet dies auf einen Alpha-Typ hin. Allerdings sind hier ungespritzte, biologisch angebaute Früchte gemeint. Zu Gurken ist zu sagen, dass man sie – als Salat angerichtet – mit Muskatnuss und ein wenig Salz würzen, dann etwas kneten und das Wasser wegschütten sollte. Sonst gilt das alte Sprichwort, dass »Gurken auch am Abend noch Hallo sagen« – sprich: zu pausenlosem Aufstoßen führen. Omega-Typen vertragen Gurken in der Regel nicht. Wenn Sie generell Steinobst, Tomaten und Bananen gut vertragen, dafür aber Äpfel, Gurken, Karotten und Zitrusfrüchte meist nicht, dann ist das ein Hinweis auf einen Omega-Typ.

Was vertrage ich besser – *tierische* Fette wie Butter, Sahne, gebratenes Fleisch usw. oder *pflanzliche* Öle und Fette, Margarine, gekochtes Fleisch usw.? Bitte lassen Sie sich Zeit mit der Antwort, denn entscheidend ist das Wort »vertragen«, nicht das Wort »mögen«. Wenn Sie aufrichtig antworten können: »Butter«, dann sind Sie wahrscheinlich ein Alpha-Typ, wenn pflanzliche Fette, Margarine usw., dann eher ein Omega-Typ.

Bitte denken Sie zurück: Vertragen Sie wirklich, was Sie gerade angegeben haben? Ist Butter/Pflanzenfett/Milch für Sie wirklich das Lebenselixier? Oder schmeckt es einfach immer gut, aber so richtig wohl fühlen tun Sie sich nicht damit, oder Sie spüren gar, dass es Sie dick macht? Oder

Sie lieben zwar das eine oder das andere, sind aber nach dem Essen immer müde?

Achten Sie dabei darauf, dass die Öle und Fette tatsächlich rein verwendet werden – also entweder ausschließlich pflanzliche oder ausschließlich tierische Fette. Sonst bekommen Sie ein Ergebnis ohne Aussagekraft. Tierische und pflanzliche Fette *ständig* im Essen vermischt, verträgt niemand! Probieren Sie, und sammeln Sie Erfahrung so lange und mit Genuss, bis Sie ein klares Gefühl dafür erworben haben, was Sie besser vertragen. Und wenn es drei Monate dauert. Wir sind nicht gefühllos, auch wenn unser Gefühl schon sehr lange betäubt ist. Wir sind so *geworden.*

Was vertragen Sie besser: *Weizenmehl* oder *Roggenmehl*? Auch hier sollten Sie sich die Antwort genau überlegen beziehungsweise erst über längere Zeit experimentieren. Die Antwort ist sehr wichtig, denn wenn Sie sich aus Gewohnheit nicht Ihrem Typ gemäß ernähren, kann das in diesem Fall weit reichende Folgen haben.

Wenn Ihre Antwort lautet, dass Sie Weizenmehl *nicht* vertragen, sind Sie da sicher? Haben Sie schon einmal längere Zeit biologisches Vollkorn-Weizenmehl verwendet? Heutiges lebloses Industrie-Weizenmehl wird von niemandem vertragen, auch nicht vom ausgesprochenen Omega-Typ.

Wie bekommt Ihnen *Zucker*? Gleichgültig, ob Rohrzucker oder Honig – wie vertragen Sie Zucker? Diese Frage ist nicht leicht zu beantworten, denn hier spielt Gewohnheit eine sehr große Rolle. Und nachdem Süßigkeiten einen großen Anteil an der allgemeinen Sinnesbetäubung haben, kann diese Frage oftmals nicht gleich präzise beantwortet werden.

Manche Menschen schütten sich drei Löffel Zucker in den Kaffee, essen Torten wie nichts, fühlen sich einigermaßen wohl in ihrem Normal- oder Übergewicht und haben ihre Körpersprache (»Bitte keinen Zucker!«) schon vor Jahrzehnten zum Schweigen gebracht. Andere wiederum übertreiben es mit der »gesunden Ernährung« so sehr, dass sie sogar das liebevoll angerichtete Nachtisch-Eis bei Freunden ablehnen – obwohl ihr Körper *gar nichts* dagegen hätte, mit diesem Genuss überrascht zu werden.

Wenn eine solche jahrzehntelange Gewohnheit bei Ihnen die Antwort erschwert, bleibt nur das Experiment. Sie sind viel Zucker gewöhnt? Verzichten Sie eine Woche lang darauf – in jeder Form. Und beobachten Sie, was geschieht.

Beobachten Sie, experimentieren Sie. Haben Sie seit jeher tierisches Fett gut vertragen, lassen Sie es sich von niemandem ausreden, auch nicht von den Ärzten. Und gehen Sie davon aus, dass Roggenbrot »Ihr Brot« ist. Kein Mehl schadet Ihnen dann mehr als Weizenmehl. Dieser gravierende Unterschied zwischen Alpha- und Omega-Typ ist der Grund, warum heutige Brotsorten oftmals von *niemandem* gut vertragen werden – speziell die Mischbrote.

Haben Sie hingegen schon immer pflanzliche Öle gut vertragen, dann ist Weizenmehl »Ihr Mehl«. Die viel geschmähten weißen Semmeln und knusprigen Baguettes brauchen Sie ab sofort nicht mehr heimlich essen, sondern können mit Genuss essen und mit viel Marmelade oder sonst wie süß belegt. Wählen Sie aber immer Vollkorn-Weizenmehl.

Unser Rat ist: Folgen Sie diesen Erfahrungen, und stellen Sie Ihre Ernährung auf Ihren Ernährungstyp um. Beobachten Sie, was geschieht und genießen Sie die Veränderung. Die Inspiration, welche Pflanzen nach dem Erlebten in Ihrem Garten wachsen sollen, stellt sich ganz von selbst ein.

Natürlich gibt es auch neutrale Lebensmittel, die beide Grundtypen genießen können ohne Schaden. Und natürlich wollen wir nicht verschweigen, dass Gott auch hier nicht so exakt arbeitet, wie sich manche Wissenschaftler das wünschen würden. Es gibt tatsächlich Überschneidungen, wobei ein Mensch sowohl Alpha- als auch Omega-Nahrung verträgt. Es kommt jedoch eher selten vor und ob Sie dazugehören, soll Ihnen kein Kopfzerbrechen machen. Mit Freude an der Selbstbeobachtung werden Sie es in kurzer Zeit herausfinden.

Halten Sie nicht allzu fest an Ihren Gewohnheiten, so berechenbar das Leben durch sie auch scheinen mag. Wir sind nicht auf der Welt, um in Gewohnheiten zu erstarren, auch wenn sie noch so lieb geworden sind. Gewohnheiten sind wertvoll, wenn sie nützlich sind – etwa um beim Autofahren den ersten Gang zu finden ohne nachzudenken. Gewohnheiten gehören dennoch gleichzeitig zu den zerstörerischsten Kräften, die es gibt. Ja, es sind *die* zerstörenden Kräfte auf dieser Welt. Die große Leistung von gestern ist die Gewohnheit von heute – und der gravierende Fehler morgen. Gewohnheit ist das Gegenteil von fließender Kraft zur Anpassung und schöpferischer Kraft zur Erneuerung. Selbst Revolutionäre richten ihre Zerstörungen oftmals nicht an aus dem Wunsch nach Erneuerung, sondern aufgrund gewohnheitsmäßig erstarrter Denkmuster und fanatischer Dogmen. *Echte* Revolutionäre arbeiten anders und im Stillen. Gandhi ist das beste Beispiel.

Niemand auf der Welt kann besser entscheiden als Sie, was gut für Sie ist und was nicht. Haben Sie den Mut, diese Entdeckungsreise aus eigener Kraft zu machen. Ihr Körper wird Sie belohnen. Im Laufe der vielen Jahre der Vorträge und der Zusammenarbeit mit interessierten Lesern haben wir immer wieder die Erfahrung gemacht, dass es oft nur ein wenig Überwindung für den Start kostet. Eingefahrene, lieb gewordene Gewohnheiten gibt niemand gerne auf. Der Erfolg Ihres Mutes wird Ihnen aber Recht geben.* Und wenn Sie die Gewohnheit an Neumond aufgeben, kann nichts schief gehen, weil es dann viel leichter fällt.

* Zahlreiche Leser unseres Buches *Alles erlaubt!* haben uns bestätigt, wie wunderbar diese Anpassung an den eigenen Ernährungstyp wirkt und für viele zur Offenbarung geriet. Wenn Sie ihn partout nicht ermitteln können oder ganz sicher gehen wollen, möchten wir Ihnen das Angebot machen, den persönlichen Ernährungstyp für Sie herauszufinden, anhand eines von uns ausgearbeiteten Fragebogens. Siehe dazu Anhang Seite 352.

Kräuter – die Kraftwerke der Natur

Gemüse, Früchte, Zierpflanzen, Kräuter – wenn man uns vor die Wahl stellen würde, in unserem Garten nur Pflanzen aus *einer* der vier Kategorien zu pflanzen, würden wir uns für Kräuter entscheiden.

Kaum ein körperliches Gebrechen, kaum eine Krankheit, die nicht durch die Blätter, Blüten, Früchte oder Wurzeln einer in der Natur vorkommenden Pflanze gelindert oder geheilt werden kann. Der Garten, der Balkon, das Blumenfenster könnten Ihr verlässlicher Medizinschrank werden.

Und wer in seiner Küche liebevoll und weise mit Kräutern und Gewürzen arbeitet, zaubert nicht nur Wohlschmeckendes auf den Tisch, sondern Gesundheit. Sogar fast alle unserer alltäglichen Würz- und Küchenkräuter sind Pflanzen mit vorbeugender und heilender Wirkung bei vielen Krankheiten – von Petersilie und Schnittlauch über Rosmarin und Salbei bis zu Liebstöckel und Beifuß. Selbst wenn nur wenige Quadratzentimeter in einer Ein-Zimmer-Wohnung zur Verfügung stehen – neben dem einen oder anderen Blumenstock sollten Kräuter die erste Wahl bei der Bepflanzung sein.

Die verschiedensten Kräuter gehören deshalb in den lebendigen Garten wie die Zündkerzen ins Automobil. Nur durch den Anbau im eigenen Garten haben Sie die Gewähr höchster Qualität. Und Sie haben weitere große Vorteile: Kräuter gehören zu kraftvollen Schutzpflanzen für andere Garten- und Feldfrüchte. Und Sie können die Pflanzen später als *Ganzes* verwenden. Ein Geheimnis aller erfolgreichen Kräuterheilkundigen verbirgt sich in der Einsicht, dass jede Pflanze mit Heilwirkung ihre ganze Kraft als *Ganzheit* entfaltet. Die vermuteten »Wirkstoffe« in Reinform zu verwenden, ist derselbe Unsinn, wie der, den sich die Ernährungswissenschaft um die Jahrhundertwende ausgedacht hat, als sie erklärte, die Ballaststoffe in der Nahrung seien überflüssig.

Natürlich enthalten alle Pflanzen Stoffe, die nutzlos oder wirkungslos zu sein *scheinen*, wenn man sie herauslöst und mit den beschränkten Methoden der Wissenschaft an Menschen und Mäusen ausprobiert. Die Natur hat in ihrer Weisheit solche Stoffe auch deshalb in die Pflanze eingebaut, damit sie als Ausgleich bei einer Überdosierung der heilenden Wirkstoffe in der Pflanze dienen. Scheuen Sie sich also nicht, und wenden Sie immer die Ganzheit einer Heilpflanze oder eines ihrer Teile an – Frucht, Wurzel, Blatt oder Blüte oder alles gemeinsam. Welche Teile einer Pflanze die größte Wirkkraft versprechen, lesen Sie in einem guten Kräuterbuch. Hier wollen wir Ihnen nur den Umgang mit Küchenkräutern nahe bringen. Eine ausführliche Behandlung von Heilkräutern würde den Rahmen sprengen. Jetzt nur so viel: Die Grundregeln für Anbau, Pflanzen, Ernte und Lagerung sind die gleichen.

Das zweite Geheimnis aller Kräuterheilkundigen: Der richtige Zeitpunkt von Ernte, Verarbeitung und Anwendung der Pflanze entscheiden über ihre Wirkkraft. Wenn Sie auf alle drei Impulse – richtiger Zeitpunkt von Säen und Pflanzen, Ernte, Verarbeitung und Anwendung – achten, vervielfachen sich die guten Wirkungen der Pflanze und können auch langwierige, chronische Störungen und Krankheiten lindern und heilen, die sich den herkömmlichen therapeutischen Methoden entziehen. Wenn die Pflanze aus Ihrem eigenen Garten stammt, erhöht sich die Heilkraft zusätzlich, wie Sie jetzt wissen. Zwar werden wir erst im nächsten Kapitel diesen sechsten Schlüssel zum lebendigen Garten eingehender besprechen, aber er passt auch hier schon ganz gut. Die Informationen zum Thema »Kräuter im Garten« gehören einfach zusammen. Die besten Saat- und Pflegetermine sind schnell beschrieben, Sie können sie der Kräuter-Tabelle ab Seite 130 entnehmen. Die guten Ernte- und Verarbeitungszeitpunkte ebenfalls, sie verdienen jedoch eine etwas ausführlichere Beschreibung, weil diese Zeiten von besonderer Bedeutung für Wirkkraft und Lagerfähigkeit sind.

Der richtige Erntezeitpunkt

Die Kraft eines Krauts ist nicht gleichmäßig über die ganze Pflanze verteilt. Manche Sammelzeiten sind sehr ungünstig, weil sich der Wirkstoff gerade im blühenden Kraut befindet, Sie aber für die Anwendung die

Wurzel brauchen. Es kann auch passieren, dass Sie gerade Blüten oder Blätter ernten, während die Heilkraft gerade in der Wurzel konzentriert ist. Bei der Wahl des richtigen Sammelzeitpunkts sollte an erster Stelle immer Ihr persönliches Gefühl und die Beobachtung des Wetters stehen. Zum Pflücken von Blüten sind Blütentage (Zwillinge, Waage, Wassermann) zwar generell gut geeignet, wenn jedoch der Himmel bedeckt ist und kalte Witterung herrscht, dann hilft der gute Zeitpunkt auch nicht viel. Immer sollte man wach sein für das, was »heute« angebracht und machbar ist und was nicht. Die Ratschläge zum rechten Erntezeitpunkt von Kräutern sind sehr wertvoll, doch wenn keine guten, trockenen Wetterbedingungen herrschen, ist das Kräutersammeln sinnlos. Die besten Zeiten können Sie der Tabelle ab Seite 130 entnehmen.

Die beste Jahreszeit

Wenn die Pflanze noch jung ist, besitzt sie die größte Heilkraft. Die Anstrengung, die sie aufwenden musste, um zu keimen und auszutreiben, erhöht auch die Kraft, die sie an uns abgibt. Bei jungen Pflanzen lösen sich die Inhaltsstoffe leichter, bei älteren Pflanzen oft gar nicht mehr (etwa Kieselsäure). Aus diesem Grund ist der Frühling fast immer die günstigste Jahreszeit zum Kräutersammeln, doch auch zu anderen Jahreszeiten finden sich bei vielen Kräutern oftmals noch genügend junge Pflanzen (zumindest junge Blätter), um Ihren Bedarf zu decken.

Mondstand und Tierkreis

Beim Sammeln und auch bei der Anwendung von Heilkräutern spielen Mondphase und Mondstand im Tierkreis eine große Rolle. Ein Heilkraut, gesammelt zur Heilung oder Kräftigung jener Körperregion, die vom Tierkreiszeichen des Erntetags regiert wird, ist besonders wirksam. An Stiertagen gesammelte Kräuter helfen beispielsweise besonders gut bei

Halsbeschwerden. Aus an Waagetagen gesammelten weißen Taubnesseln lässt sich ein hervorragender Tee bei Blasenentzündungen herstellen. In der folgenden Tabelle sind die Impulse zusammengefasst:

Zeichen	*Kräuter sammeln bei ...*
Widder	Kopfschmerzen, Augenleiden, Sehstörungen
Stier	Halsschmerzen, Ohrenleiden, Zahnschmerzen, Kieferprobleme, Schilddrüsenstörungen
Zwillinge	Verspannungen des Schultergürtels, zur Inhalation bei Lungenleiden, bei Arm- und Handproblemen
Krebs	Bronchitis, Magen-, Leber- und Gallebeschwerden, Lungenleiden, Husten
Löwe	Herz- und Kreislaufbeschwerden, Durchblutungsstörungen
Jungfrau	Störungen der Verdauungsorgane und der Bauchspeicheldrüse, Nervenleiden, Magenschmerzen
Waage	Hüftbeschwerden, Nieren- und Blasenkrankheiten
Skorpion	Krankheiten der Geschlechts- und ableitenden Organe, für Sitzbäder (guter Sammeltag für alle Kräuter!)
Schütze	Venenleiden, Orangenhaut
Steinbock	Knochen- und Gelenkbeschwerden, Hautkrankheiten, Knieprobleme
Wassermann	Venenleiden, Unterschenkelgeschwüre, offene Beine
Fische	Fußbeschwerden, kalte Füße, Fußpilz

Die Ernte der einzelnen Pflanzenteile

Wurzeln: Der richtige Zeitpunkt zum Ausgraben von Wurzeln ist das zeitige Frühjahr, wenn sich die Pflanze noch nicht im vollen Wachstum befindet, oder der Herbst, wenn das Kraut schon wieder eingezogen hat; die heilenden Kräfte sind dann in die Wurzeln abgestiegen. Wurzeln sollten Sie immer bei Vollmond, abnehmendem Mond oder Neumond ausgraben – besonders jene, die zur Heilung ernsthafter Krankheiten dienen. Neumond ist deshalb ein guter Zeitpunkt, weil die Kräfte der Pflanze in die Wurzeln abgestiegen sind. Wurzeln dürfen keinesfalls dem Sonnenlicht ausgesetzt werden. Der früheste Morgen, vor Sonnenaufgang oder der späte Abend sind daher die besten Zeiten. Auch die Wurzeltage Stier, Steinbock, Jungfrau sind als Sammeltage, oder besser Sammelnächte, geeignet, Stier jedoch nicht ganz so gut wie die beiden anderen Zeichen.

Blätter: Fast das ganze Jahr eignet sich für das Sammeln von Blättern, vorausgesetzt, es handelt sich um junge Pflanzen. Wenn die Pflanze schon lange im Saft steht, blüht oder zwischendurch nicht abgemäht wurde, ist sie für Heilzwecke nicht mehr so gut geeignet. Es ist nicht nötig, dass beim Pflücken die Sonne scheint, doch der Morgentau sollte schon verdunstet sein, also am besten am späten Vormittag. Blätter sollten bei zunehmendem Mond, zwischen Neumond und Vollmond und an Blatttagen (Krebs, Skorpion, Fische) gesammelt werden. An Skorpion gesammelte Kräuter besitzen eine besondere Heilkraft. Sie eignen sich zudem hervorragend zum Trocknen, Haltbarmachen und Lagern. In den Krebs- und Fischetagen gesammelte Blätter sollten dagegen besser sofort verwendet werden.

Die besondere Ausnahme ist die Brennnessel. Das hervorragende Blutreinigungsmittel sollte ausschließlich bei abnehmendem Mond gesammelt, ein Brennnesseltee auch nur bei abnehmendem Mond getrunken werden. Nach 14 Tagen eine Pause einlegen und eventuell nochmals wiederholen.

Blüten: Für Blüten ist meist das Frühjahr und der Sommer der günstigste Sammelzeitpunkt, wenn die Pflanzen in voller Blüte stehen, besonders zur Mittagszeit. Es sollte sehr warm sein, die Sonne scheinen, damit die Blüte geöffnet ist und die Heilkraft in die Blüten gewandert ist; verblühte Pflanzen sind ungeeignet. Eine kleine Ausnahme bildet das Johanniskraut. Da macht es nichts aus, wenn einige schon verblühte Blüten dran sind. Sammeln Sie Blüten bei zunehmendem Mond oder Vollmond, wenn möglich an Blütentagen (Zwillinge, Waage, Wassermann) oder einfach tagsüber am Vollmondtag, unabhängig vom Tierkreiszeichen.

Früchte und Samen: Früchte und Samen sollten beim Sammeln reif sein, also weder grün noch matschig weich. Fast immer kommt dann nur der Sommer oder Herbst als Sammelzeit in Frage. Wichtiger als die Tageszeit ist trockenes Wetter, der größten Mittagshitze sollten Sie jedoch aus dem Weg gehen. Bei zunehmendem Mond geerntete Früchte und Samen sind besser zur sofortigen Anwendung geeignet, weil sie schlecht trocknen und zu viel Saft ziehen. Gute Erntetage sind die Fruchttage (Widder, Löwe, Schütze) im abnehmenden Mond, sie garantieren lange Haltbarkeit. Am ungünstigsten zum Sammeln von Früchten sind Steinbock, Fische, Krebs und Jungfrau.

Heilkräuter auf Vorrat

Kräuter, die nicht zur sofortigen Anwendung bestimmt sind, etwa für den Wintervorrat, sollten Sie nach derselben Methode sammeln wie eben beschrieben. Pflanzen besitzen aber unterschiedliche Trockenzeiten. Achten Sie deshalb unbedingt darauf, die Trocknungszeit bei zunehmendem Mond geernteter Kräuter auch in den abnehmenden Mond zu verlängern. Machen Sie vor dem Verpacken und Abfüllen den Rascheltest: Getrocknete Kräuter, die nicht rascheln oder knistern, wenn der abnehmende Mond schon vorüber ist, eignen sich nicht für längere Lagerung und sollten dann sofort verwendet werden, oder bei einem weiteren abnehmenden Mond getrocknet werden.

Beim Haltbarmachen, Trocknen, Lagern und Aufbewahren ist Sorgfalt oberstes Gebot. Wenn ein Fehler größere Mengen dieser wertvollen Geschenke der Natur zerstört, wäre das wirklich bedauerlich. Zum Trocknen bringen Sie die Pflanzen an einen luftigen und schattigen Ort, und wenden Sie sie manchmal. Luftdurchlässiges Naturmaterial, etwa ein Holzrost oder Papier, ist als Unterlage geeignet, keinesfalls jedoch irgendwelche Metall- oder Kunststofffolien!

Der richtige Zeitpunkt des Lagerns und Abfüllens in Gläser oder Kartons ist immer der abnehmende Mond, unabhängig vom Erntetermin. Nie bei zunehmendem Mond in Gefäße füllen, weil sonst die Gefahr von Fäul-

Kräuter zum richtigen Zeitpunkt	
Anbauen im Folienbeet	Bei zunehmendem Mond an Krebs oder Fische
Später ins Freiland umsetzen	An Jungfrau
Grünkräuter im Freiland säen	Ab etwa Mai bei zunehmendem Mond an Krebs oder Skorpion
Petersilie säen	Mittwoch vormittags, unabhängig von Mondstand und Tierkreiszeichen
Kräuter mit ätherischen Ölen säen	Ab etwa Mai bei zunehmendem Mond an Zwillinge oder Waage
Bis zur Keimung gießen	Unabhängig vom Mondstand. Feucht halten, aber nie nass werden lassen. Nur mit lauem Wasser gießen, zumindest nicht eiskalt
Nach der Keimung gießen	Nur noch an Blatttagen Krebs, Skorpion, Fische
Im Garten und Freiland gießen	Nur während der ersten paar Tage, danach unbedingt vollständig aufhören
Nachpflanzen	Mehrjährige Kräuter nehmen von selbst ihren festen Platz ein. Einjährige Kräuter einfach dazwischen setzen
Gießen von Kräutern in Töpfen und Kübeln	Nur an Krebs, Skorpion und Fische
Ungünstige Wochentage für die Ernte zur Aufbewahrung von Heilkräutern	Freitag und Sonntag. Diese merkwürdige Regel beweist sich durch Ihre Erfahrung
Ernten von Wurzeln	Bei abnehmendem Mond kurz vor Neumond, am besten nach Sonnenuntergang oder vor Sonnenaufgang. Tierkreiszeichen: am besten Jungfrau oder Steinbock
Ernten von Blättern	Bei zunehmendem Mond an Blatttagen Krebs, Skorpion, Fische, am besten vormittags, nach dem Trocknen des Taus. Niemals an Jungfrau ernten
Ernten von Blüten	Bei zunehmendem Mond an Blütentagen Zwillinge, Waage, Wassermann oder direkt an Vollmond, unabhängig vom Tierkreiszeichen. Beste Tageszeit: nach der vollen Entfaltung bei Sonnenschein

Ernten von Samen und Früchten	Bei abnehmendem Mond an Fruchttagen Widder, Löwe, Schütze. Bei zunehmendem Mond besser sofort verbrauchen. Ungünstig sind Steinbock, Fische, Krebs und Jungfrau
Ernten von Brennnesseln	Bei abnehmendem Mond an einem Blatttag Krebs, Skorpion, Fische
Ernten von Küchenkräutern	Täglich ohne Ausnahme
Abfüllen von Kräutern	Bei abnehmendem Mond an Widder, Löwe, Schütze oder Skorpion in Tüten oder dunkle Gläser abfüllen (wenn rascheltrocken)

nis besteht! Dunkle Gläser, Kartons und Papiertüten sind als Behältnisse am besten geeignet. Die Pflanzen bleiben trocken und lichtgeschützt, Aroma und Heilkraft bleiben erhalten.

Bei vielen Küchenkräutern (etwa Majoran, Thymian, Rosmarin) genügt es übrigens, mehrere Pflanzen wie einen Blumenstrauß gebunden kopfunter an einen luftigen Ort zu hängen, bis sie getrocknet sind. Die Methode ist Platz sparend, bietet einen schönen Anblick, das Aroma sorgt für ein angenehmes Raumklima. Schnell trocknende Kräuter sind dazu am besten geeignet, weil keine Fäulnisgefahr besteht. Ständig verwendete Küchenkräuter etwa hängen Sie einfach auf und streifen nach Bedarf ab. Küchenkräuter sollten Sie möglichst täglich verwenden und möglichst frisch. Wenn Sie Kräuter in eine Suppe geben, lassen Sie immer einige übrig zum Drüberstreuen vor dem Servieren. Die lebendige Energie sollte nicht verkocht werden.

Ein Tipp zur Anwendung von Kräutern: Eine gute Zeit zur *Salbenherstellung* ist der zunehmende Mond, eventuell ein Blütentag (Zwillinge, Waage, Wassermann) und der Vollmond. Die Pflanzen besitzen bei Vollmond hohe Heilkraft, und nach dem Abkühlen über Nacht fällt das Einfüllen in Gläser in den abnehmenden Mond, was lange Haltbarkeit verspricht. Das Abfüllen sollte generell im abnehmenden Mond erfolgen, nicht jedoch an Krebs- und Jungfrautagen! Fertige erhitzte Salbentöpfe können Sie samt Blüten unbesorgt im Keller oder Kühlschrank stehen lassen, bis abnehmender Mond herrscht, und dann erst abseihen und abfüllen.

Küchenkräuter im lebendigen Garten

Wie wählen Sie nun die richtigen Kräuter für den Garten aus? Welches Kraut, welche Kräutermischung verspricht den besten Erfolg? Von welchen Kräutern möchte ich mir helfen lassen? Grundsätzlich möchten wir Ihnen raten, alle Kräuter anzubauen, die Sie lieben. Welche Pflanze gefällt mir am besten, welche duftet am angenehmsten, welcher Tee tut mir wohl, was mögen meine Liebsten daheim gerne? Finden Sie die Antwort, und dann säen und pflanzen Sie. Haben Sie Mut zu Experimenten!

Und beobachten Sie! Sie wissen jetzt, dass die Natur auf uns achtet wie nur die allerliebevollste Mutter auf ihre Kinder. Beobachten Sie, was sie gerade Ihnen und den Ihren schenken möchte. Wenn bei Ihnen viele Brennnesseln aufgehen oder Schöllkraut, Geißfuß, Löwenzahn, Spitzwegerich, Schafgarbe – dann nehmen Sie das Geschenk an, um Gottes willen!

Machen Sie sich keine Gedanken über die Bodenqualität bei Ihnen zu Hause (mit Ausnahme von künstlich gedüngter Erde natürlich). Die wertvollsten Kräuter lieben magere, ungedüngte Böden. Natürlich verlangt es viele südländische Kräuter (wie Thymian, Salbei, Weinraute, Lavendel, Basilikum, Oregano, Ysop) nach sonnigen Standorten. Pflanzen aber, die sich an rauere Klimaverhältnisse gewöhnt haben, sind auch mit Halbschatten zufrieden – also mit dem einen oder anderen Sonnenstündchen täglich.

Wenn sich ein Kraut irgendwo nicht wohl fühlt, wird es Ihnen das schon mitteilen. Wechseln Sie einfach den Platz, und machen Sie einen neuen Versuch. Gedeiht eine bestimmte Pflanze, die Sie besonders mögen, nirgends, dann kaufen Sie eben dieses Gewürz oder Kraut im Bio-Laden, oder Sie verzichten ganz darauf, weil Sie es vielleicht gar nicht brauchen.

Den Zirkus mit dem Kampf um die »optimale Bodenbeschaffenheit« sollten Sie sich jedenfalls unter keinen Umständen antun. Nur Mut!

Wenn eher wenig Raum zur Verfügung steht, dann begnügen Sie sich einfach mit ein paar Topfpflanzen am Fensterbrett. Wenn im Garten nur wenig Platz ist, dann mischen Sie einfach Kräuter unter Blumen und Gemüse. Hier einige Vorschläge, welche Gemüse und Kräuter sich besonders gut vertragen:

- Petersilie mit Tomaten
- Dill mit Gurken
- Bohnenkraut mit Buschbohnen
- Schnittlauch mit Erdbeeren
- Lavendel, Salbei und Ysop mit Rosen
- Borretsch, Ringelblumen, Kapuzinerkresse mit Sonnenblumen

Wo immer möglich, versuchen Sie es mit Mischkultur. Lassen Sie bei der Gartenarbeit, auch wenn es sich »nur« um Kräuter handelt, die kalten, nassen Monate vergehen. Es lohnt sich, auch wenn Ihre Geduld auf die Folter gespannt wird. Wir kennen diese Ungeduld nur zu gut, besonders wenn das Stückchen Garten nach Umzug oder Hausbau neu erworben ist. Der Vorgang des Keimens braucht Zeit, und wenn nach den ersten warmen Tagen noch einmal Schnee fällt oder ein kalter Regen, verfault die Keimsaat und die ganze Arbeit war umsonst.

Kresse, Borretsch, Kerbel, Dill eignen sich fürs Folienbeet, wobei Dill und Borretsch mehr Platz braucht. Aussäen am besten bei zunehmendem Mond an Krebs. Auch einjährige Kräuter wie Basilikum, Majoran, Bohnenkraut können im Folienbeet vorgezogen werden. Ebenso gut aber können Sie sie als Topfpflanze beim guten Gärtner kaufen und dann einsetzen. Zunehmender Mond und Jungfrau wäre ideal, aber bei Topfpflanzen genügt meist schon allgemein der zunehmende Mond.

Noch schnell ein Wort zur Petersilie: Dieses wertvolle Kräutlein geht nur schwer auf, wie Sie vielleicht schon selbst erlebt haben. So schwer, dass viele schon den Versuch ganz aufgegeben haben. Nur Mut! Säen Sie die Petersilie wie in der Tabelle angegeben, immer an einem Mittwochvormittag, gleichgültig welcher Mondstand und welches Tierkreiszeichen gerade herrschen. Erstens lächeln Sie über diesen Rat, und zweitens probieren Sie ihn aus. Notfalls heimlich. Und lassen Sie sich vom Ergebnis überzeugen.

Wenn Kräuterbüsche auf »Wanderschaft« gehen, dann lassen Sie diese Wanderung zu. Sie haben dann nicht die Mühe, nach Jahren einen anderen Standort finden zu müssen. Der Boden ist in diesem Fall für die Pflanze ausgelaugt und dient als idealer Platz für eine andere Bepflanzung. Oftmals gehen kleine Pflanzen daneben auf. Auch hier ist es gut, die neuen Pflänzchen aufkommen zu lassen (nicht alle!), weil die alte bald ihre Aufgabe erfüllt hat. Solange Platz ist, tut der Pflanze die zweite Generation gut. Wenn wenig Raum zur Verfügung steht, entscheiden Sie einfach, welche Pflanze bleibt.

Im Sommer oder Herbst freut sich jede Pflanze, wenn sie in Ruhe aussamen darf. Es ist eine Unsitte, alle nicht mehr ganz frischen Kräuter sofort zurückzuschneiden, damit sie wieder neu austreiben. Da beginnt meist schon die Ausbeutung, und das Miteinander wird gestört.

Die Kräuterspirale

Eine sehr schöne Methode, den Kräutergarten zu gestalten ist die Kräuterspirale. Selbst mit nur wenig handwerklichem Geschick können Sie ein tolles Ergebnis zustande bringen.

- Heben Sie mit Spaten und Pickel eine große, flache Grube aus, nicht ganz so groß im Durchmesser, wie letztlich die Spirale werden soll. Dabei nur die Grasnarbe wegschaufeln. Ist die Erde nur steinig und hart, dann pickeln Sie einfach die oberste Schicht weg. Geben Sie nun Küchenabfälle hinein und schütten die Erde wieder auf, beziehungsweise legen die Grasnarbe zurück.

- Beginnen Sie nun, Erde mit ein wenig Kompost zu mischen (wenn gerade einer vorhanden ist), und breiten Sie alles großflächig aus.

- Nun beginnen Sie vom äußeren Rand her die Steine in einen Kreis im Uhrzeigersinn zu legen und bevor sich der Kreis schließt, wandern Sie mit den Steinen nach innen und nach oben, damit die Spirale entsteht. Dabei immer Erde nachfüllen, damit die Spirale letztlich zu einem flachen Turm wird.

- Die großen Steine sollten, je weiter nach innen die Spirale wandert, immer mit kleinen Steinen als Fixierung unterlegt sein, damit die »Mauer« nicht schon beim nächsten Regen einsinkt. So verfahren Sie, bis Sie zur erhöhten Spitze kommen und sich eine kleine Hochebene bildet. Am besten setzen Sie dort einen Thymianstock, weil das nicht nur schön aussieht. Thymian kann sehr viel Sonne und Hitze vertragen.

Die Spirale bepflanzen Sie nun nach Lust und Liebe. Wir setzen zu den Kräutern noch gerne Tagetes und Ringelblumen als Wächter. Vielleicht achten Sie zusätzlich darauf, dass Oregano, Thymian, Majoran, Basilikum auf die Südseite kommen, während Petersilie, Schnittlauch, Minze usw. auf die Nordseite wandern, denn Letztere brauchen nicht so viel Sonne. Liebstöckel, Zitronenmelisse, Salbei und Winterzwiebel sollten Sie eigene Plätzchen geben, weil sie für die Kräuterspirale und fürs Kräuterbeet zu üppig wachsen. Der richtige Zeitpunkt fürs Aussäen von Samen ist im Sommer oder Herbst ein zunehmender Mond im Skorpion.

Ihrer Fantasie ist keine Grenze gesetzt und alljährlich können Sie ja ein wenig umgestalten. Probieren Sie vielleicht auch einmal eine Gemüsespirale aus. Sie werden staunen, wie wunderbar alles gedeiht. Die Spirale spart

viel Platz und ist vor allem für die Wirbelsäule keine Plage. Vielleicht sollten Sie an ein paar Trittsteine beim Aufbau denken.

Wenn Ihnen die Spirale zu kompliziert erscheint, dann bauen Sie sie einfach flach in die Landschaft. Sieht schön aus, und es wächst ebenfalls alles wunderbar.

Die Kräuterspirale zum richtigen Zeitpunkt

Grube graben	Bei abnehmendem Mond, anschließend mit Küchenabfall füllen und mit Erde bedecken
Spirale mit Steinen bauen	Bei abnehmendem Mond Steinbock (bis Juni) oder Jungfrau (bis Februar/März)
Spirale bepflanzen	Entweder gleich an Jungfrau oder bei zunehmendem Mond. Topfpflänzchen können Sie fast immer dazusetzen
Unkraut jäten	Bei abnehmendem Mond an Steinbock
Ernten	Jederzeit. Nur Schnittlauch sollte nicht zu oft an Fische geerntet werden, weil er sonst zu dünn wird

Heilkräuter im lebendigen Garten

Die folgende Tabelle soll eine kleine Hilfestellung geben, wenn es um die Wahl der Heilkräuter in Ihrem Garten geht. Dabei sind jeweils die Kräuter in der Reihenfolge der guten Wirksamkeit angegeben: Die zuerst genannten Pflanzen haben erfahrungsgemäß die beste Wirkung. Vergessen Sie dabei jedoch nicht, dass Kräuterlisten und Wirkungsangaben letztlich fast nebensächlich sind. Viel wichtiger ist Ihre Einstellung bei der Anwendung und Ihr eigenes Gespür bei der Auswahl der richtigen Pflanze. Fast jedes Kraut hilft in seinen Teilen oder als Ganzes bei zahlreichen Störungen und Krankheiten, umgekehrt gibt es bei einer bestimmten Krankheit oftmals eine Vielfalt von Kräutern, die als linderndes und heilendes Mittel in Frage kommen. Obendrein hilft nicht jede Pflanze bei jedem Menschen gleich gut. Der eine verträgt ein Heilkraut bei gleichem Beschwerdebild überhaupt nicht, dem anderen kann es auch nach langem Leiden schnelle Heilung bringen. Einmal hilft Ihnen ein bestimmtes Kraut sehr gut, ein anderes Mal nützt es Ihnen bei ein und demselben Beschwerdebild überhaupt nichts. Es gibt keine Patentrezepte und jeder Mensch empfindet anders.

Wählen Sie deshalb nach Gespür und Gefühl: Wenn Ihnen der Name eines Heilkrautes etwas »sagt«, gleichgültig, in welcher Rangfolge es in den folgenden Listen auftaucht, wenn Sie in Ihrer Umgebung ein bekanntes Kraut entdecken, das Ihnen irgendwie sympathisch ist, wenn Sie das Gefühl haben, dass es für den Augenblick »Ihre« Pflanze ist, dann versuchen Sie es vertrauensvoll damit.

Wirkungsbereich	*Pflanzen*
Abführend	Sennesblätter, Faulbaumrinde, Kreuzdorn, Erdrauch, Löwenzahnwurzel, Schafgarbe
Bindegewebsstärkend	Zinnkraut, Vogelknöterich, Spitzwegerich, Beinwell, Heidekraut, Schnittbohne, Odermennig, Brennnessel, Lungenkraut, Gurke, Spinat, Zwiebel, Isländisch Moos, Hirse, Gerste. Viele dieser Pflanzen enthalten Kieselsäure. Sie wirkt enzündungshemmend, sowohl äußerlich wie innerlich, und heilt Stoffwechselstörungen in den Bindegeweben. Nur junge Pflanzen verwenden, aus den älteren löst sich die Kieselsäure kaum noch. Weil die Kieselsäure ja vom Körper aufgenommen werden soll, wirken aus diesen Kräutern bereitete Tees, Umschläge und Auflagen bei zunehmendem Mond besser
Blutbild verbessernd	Brennnessel, Schafgarbe, Salbei, Ringelblume, Rhabarber, Sellerie, Liebstöckel, Petersilie, Zinnkraut, Schwarze Johannisbeere, Holunder, Karotten, Labkraut, Johanniskraut, Rettich, Thymian, Zwiebel, Storchenschnabel, Kresse, Knoblauch
Blutdruck senkend	Mistel, Knoblauch, Bärlauch, Zwiebel, Zinnkraut
Blut reinigend	Brennnessel, Löwenzahn, Stiefmütterchen, Fenchel, Schafgarbe
Blut stillend	Hirtentäschel, Schafgarbe, Mistel, Löwenzahn
Blutzucker senkend	Baldrian, Brennnessel, Holunderblätter, Löwenzahn, Heidelbeerblätter, Zwiebel, Brunnenkresse

Wirkungsbereich	*Pflanzen*
Entzündungshemmend	Beinwell, Spitzwegerich, Huflattich, Odermennig, Vogelknöterich, Breitwegerich, Kamille
Galle treibend	Löwenzahn, Kamille, Enzian, Ackerwinde, Bitterklee, Rettich, Johanniskraut, Schöllkraut, Pfefferminze, Knoblauch, Odermennig
Kropfhemmend	Salat, Hafer, Karotten, Spinat, Apfel, Brunnenkresse, Knoblauch
Schmerz- und krampflindernd	Baldrian, Pfefferminze, Kamille, Schafgarbe, Johanniskraut, Heidekraut, Bohnenkraut, Birkenblätter, Zinnkraut, Vogelknöterich, Gänsefingerkraut, Melisse, Rosmarin, Salbei, Apfelschalen (Tees möglichst heiß trinken)
Zusammenziehend (für Hautpflege)	Dost, Spitzwegerich, Tausendgüldenkraut, Löwenzahn, Rose, Ehrenpreis, Frauenmantel, Huflattich, Odermennig, Walnuss, Johanniskraut
Bei Blähungen	Kümmel, Anis, Fenchel, Salbei, Pfefferminze, Melisse, Schafgarbe, Kamille
Bei Blasenleiden	Weiße Taubnessel, Schafgarbe, Kamille, Löwenzahn, Brennnessel, Zinnkraut, Rhabarber, Storchenschnabel
Bei Frauenleiden	Frauenmantel, Schafgarbe, Brennnessel, Storchenschnabel, Salbei, Hirtentäschel
Schmerzhafte Menstruation	Schafgarbe, Johanniskraut, Kamille, Baldrian, Beifuß, Melisse, Pfefferminze
Zu starke Menstruation	Hirtentäschel, Frauenmantel, Zinnkraut, Brennnessel, Weiße Taubnessel, Schafgarbe, Blutwurz, Wiesenknöterich, Wasserpfeffer
Ausbleibende Menstruation	Johanniskraut, Ringelblume, Wermut, Petersilie, Fenchel, Melisse, Angelikawurzel
Zur Milchbildung	Kümmel, Engelsüßwurzel, Borretsch, Majoran, Bockshornklee, Kunigundenkraut (Wasserdost), Bibernell, Koriander, Anis, Fenchel
Milchrückbildung	Walnussblätter, Hopfenfrüchte, Salbei
Bei Hautproblemen	Wegerich, Schafgarbe, Zwiebel, Salbei, Zinnkraut, Frauenmantel, Huflattich, Johanniskraut, Holunderblüten, Lindenblüten, Ringelblume, Petersilie, Rhabarber, Walnussblätter, Stiefmütterchen, Klettenwurzel

Wirkungsbereich	*Pflanzen*
Bei Rheuma und Gicht	Zinnkraut, Brennnessel, Holunderblüten, Birkenblätter, Heidekraut, Arnika, Hagebutte, Petersilienwurzel, Schlüsselblumenwurzel, Hirtentäschel, Wacholderbeeren, Huflattich, Schafgarbe, Rosskastanienrinde, Hopfen
Bei Unterleibsbeschwerden	Frauenmantel, Schafgarbe, Rote Bete, Ringelblume, Storchenschnabel, Weiße Taubnessel, Rhabarber, Mistel, Zinnkraut, Brennnessel, Hirtentäschel, Engelwurz, Salbei, Baldrian
Darm/Dickdarm	Rote Bete, Löwenzahn, Schafgarbe, Frauenmantel, Brennnessel, Beinwell, Kamille, Knoblauch, Ringelblume, Zwiebel, Hirtentäschel, Rhabarber, Zinnkraut, Fenchel
Knochen/Gelenke	Beinwell, Ringelblume, Salbei, Schafgarbe, Sesam, Sonnenblumen, Zwiebeln, Linsen, Rhabarber, Brennnessel, Kohl, Wegerich, Rettich
Leber/Galle	Löwenzahn, Salbei, Schafgarbe, Schöllkraut, Bärlapp, Zinnkraut, Kamille, Kümmel, Johanniskraut, Brennnessel, Rote Bete
Lunge	Wegerich, Salbei, Gundelrebe, Brunnenkresse, Zinnkraut, Zwiebel, Lungenkraut, Königskerze, Rote Bete, Schafgarbe
Lymphdrüsen	Storchenschnabel, Rote Bete, Rettich, Labkraut, Knoblauch/Bärlauch, Bibernell, Zinnkraut, Zwiebel, Wegerich
Magen	Tausendgüldenkraut, Schafgarbe, Weiße Taubnessel, Ringelblume, Johanniskraut, Zinnkraut, Mistel, Rote Bete, Salbei, Karotten, Schnittlauch, Rettich
Milz/Bauchspeicheldrüse	Löwenzahn, Rhabarber, Salbei, Schafgarbe, Rote Bete, Zwiebel, Linsen, Mistel, Waldmeister, Zinnkraut
Nieren	Kamille, Johanniskraut, Ringelblume, Rote Bete, Salbei, Weiße Taubnessel, Rhabarber, Labkraut, Goldrute, Frauenmantel, Wegerich, Storchenschnabel, Brennnessel
Prostata und Hoden	Kürbiskerne, Zinnkraut, Knoblauch, Weidenröschen, Storchenschnabel, Salbei, Birke, Schafgarbe, Wegerich, Ringelblume, Kamille
Schilddrüse	Labkraut, Ringelblume, Rote Bete, Schafgarbe, Storchenschnabel, Brennnessel, Zinnkraut, Baldrian, Rhabarber, Brunnenkresse

Von Blumen und Hecken

Buchstäblich Tausende von Büchern befassen sich mit den Zierpflanzen im Garten. Wir wollen und können sie nicht ersetzen, und außerdem sind wir sicher, dass Sie Ihren eigenen Geschmack so gut kennen, eine Auswahl Ihrer Lieblinge dürfte Ihnen sicher nicht schwer fallen. Konzentrieren wir uns deshalb hier auf einige wenige Tipps, die wiederum die Qual der Wahl lindern können.

- Wenn Sie Blumen lieben, verwenden Sie möglichst viele ungefüllte Blumen, damit auch Bienen etwas davon haben.

- Wählen Sie widerstandsfähige Pflanzen, umso leichter fällt der Verzicht auf Chemie im Garten. Besonders interessant und belebend fürs Auge sind Wildblumen und Bauerngartenblumen, die inzwischen in allen größeren Staudengärtnereien zu haben sind.

- Wer Wechsel und Experiment liebt, sät im Frühjahr einjährige Blumen, beispielsweise Strohblumen, die nach der intensiven Blüte im Sommer und Herbst verschwinden und im nächsten Frühjahr anderen Farbpaletten Platz machen. Eine wahre Königin was Größe und vor allem Blühdauer betrifft ist die einheimische Königskerze. Frühlingsblumen werden im Herbst gesteckt oder die Zwiebel im zeitigen Frühjahr in die Erde versenkt. Herbstblumen säen Sie im Frühjahr oder im zeitigen Sommer.

- Immergrüne Nadelgehölze als Blickfang und Sichtschutz haben den großen Vorteil, uns ganzjährig mit der beruhigenden und heilenden Farbe Grün zu versorgen. Es würde aber genügen, zwischen den einzelnen Sträuchern und Bäumchen Raum zu lassen, damit ab dem Frühjahr die verschiedensten bunten Tupfer Einzug halten. Ob gelbe Forsythien oder rote Zier-Johannisbeere, ob roter oder weißer Weißdorn, die wunderschöne Weigelie – schlau gepflanzt blühen die Hecken bunt vom Frühjahr bis zum Herbst und lassen uns im Winter mit der Farbe Grün nicht im Stich. Vielleicht zeichnen Sie sich einen Pflanzplan, um Farben und Blühzeitpunkt ins Gleichgewicht zu bringen.

- Der richtige Zeitpunkt fürs Pflanzen von Ziergehölzen ist ausnahmslos Jungfrau, gleichgültig, ob der Mond zu- oder abnimmt. Im Frühjahr taucht Jungfrau immer bei zunehmendem Mond auf, im Herbst bei abnehmendem Mond. Man kann unterschiedlicher Meinung sein, was besser ist – im Frühjahr oder im Herbst auspflanzen. Wenn in Ihrer Region meist im Frühjahr gepflanzt wird, hat das sicherlich seine Gründe, und Sie sollten sich danach richten. Die Anwuchskraft spielt die maßgebliche Rolle. Wir legen die Hauptarbeit des Pflanzens ebenfalls in den Frühling.

- Wenn Sie zu Beginn der Übereifer packt, vergessen Sie nicht, dass viele Sträucher sehr schnell wachsen und dicht werden. Um später unnötige Auslichtungsarbeiten zu vermeiden, berücksichtigen Sie den großzügigen Abstand zueinander. Die Angaben auf den Kaufetiketten, was die empfohlenen Abstände betrifft, sollten Sie mit tatsächlichen Gegebenheiten vergleichen.

- Ein schöner Anblick sind Blumen, die unter den größeren Sträuchern wachsen. Besonders Ringelblumen sind eine endlose Freude, abgesehen davon, dass sie sich zu eine der heilkräftigsten Hautsalben verarbeiten lassen. Blumen unter Sträuchern machen keine Arbeit, wenn sie der Jahreszeit angepasst ausgesät werden. Der Großteil samt später von alleine aus. Ansonsten die Samen einfach bei zunehmendem Mond ausstreuen, ein wenig Erde drüber, fertig. Nach dem nächsten Regen keimen die Blumen wenig später. Die Blumen wissen selbst ganz genau, wann sie kommen wollen, und wie sie stabil und gesund werden.

Mit einem Plan im Kopf oder auf dem Papier lassen sich die schönsten Anlagen zaubern. Erweitern Sie nach Bedarf und Gefühl jedes Jahr oder gestalten Sie an Jungfrautagen etwas um. Den Großteil der »Arbeit« aber können Sie der Natur überlassen.

Warum ich zuletzt am liebsten mit der Natur verkehre,
ist, weil sie immer Recht hat
und der Irrtum bloß auf meiner Seite sein kann.

Johann Wolfgang von Goethe

6. *Schlüssel*
Säen, setzen und pflanzen – unvergängliche Regeln

In welchem Sie von den wenigen, einfachen Regeln erfahren zur richtigen Beetanlage, zu Form, Größe, Positionierung im Garten, zur Wahl der Himmelsrichtung usw. Sie erfahren, wie Sie die Pflanzen aus der Gärtnerei willkommen heißen und dafür sorgen, dass sie sich auf Anhieb bei Ihnen wohl fühlen. Und vor allem: Sie hören von den Grundregeln des richtigen Zeitpunkts beim Säen und Pflanzen.

Wenn Sie neu gebaut haben und ab jetzt einen Garten Ihr Eigen nennen können, dann sind Ihre Erfahrungen im Säen, Setzen und Pflanzen unter Umständen noch gering. Keine Sorge, gehen Sie es gelassen an. Der Boden, den Sie vorfinden, entspricht wahrscheinlich nicht gerade den Idealvorstellungen, die ein Gärtner mitbringen würde. Keine Angst, es wird schon. Etwas schwieriger wird es nur, wenn Sie das Grundstück von einem Bauern erworben haben, der Intensiv-Landwirtschaft betrieben hat. Dann brauchen Sie ein wenig mehr Geduld, bis all die Gifte im Boden das Wachstum nicht mehr blockieren – besonders bei neu gepflanzten Bäumen.

Erste Schritte

Nur eines sollten Sie sich gut überlegen: Eine schnelle und komplette Durchgestaltung des Gartens, damit »gleich alles schön« ist. Leben Sie doch erst einmal friedlich und gelassen mit dem Stückchen Erde, und beginnen Sie Schritt für Schritt. Mit einem »fertigen« Garten würden Sie nämlich gar nicht so glücklich werden auf lange Sicht. Und es würde Ihnen viel entgehen, was sich erst durch jahrelange Beobachtung erschließt: Welche Blumen, Kräuter, Gemüsesorten am besten zu dem Boden passen. Diese Beobachtung ist jedes Jahr ein neues Abenteuer, weil sich die Verhältnisse immer ein wenig ändern, durch das Klima, die Arbeit der Pflanzen des Vorjahres, neue Tiere und Pflanzen, die von außen zuwandern.

- **Abgrenzung:** Nach Berücksichtigung aller Gesichtspunkte aus den bisherigen Kapiteln grenzen Sie als ersten Schritt Ihren angehenden Gemüsegarten ab. Dazu genügen vier Pfosten und eine Schnur. Es geht nur darum, Ihr Raumgefühl zu entwickeln. Überlegen Sie sich, wie viel Platz zum Gehen zwischen den Beeten bleibt, beziehungsweise bleiben soll. Sollten Sie anfangs nur relativ groben, mageren Boden besitzen, dann haben wir eine Empfehlung für Sie, den Kartoffeltrick:

- **Der Kartoffeltrick:** Um dem mageren Boden der Anfangszeit etwas abzugewinnen und ihn gleichzeitig in beste Gartenerde zu verwandeln, ohne dafür viel Geld auszugeben, gibt es einen einfachen, unfehlbaren Trick. Setzen Sie im ersten Jahr nur Kartoffeln! Es ist das Allerbeste, was Sie für Ihren Garten tun können. Dazu genügt ein Eimer voll Kartoffel, am sinnvollsten von der Sorte, die Ihnen am besten schmeckt.
  Legen Sie zuerst mit der Hacke, notfalls mit einem Pickel Furchen durch den ganzen Garten. Wir brauchten dazu einen Pickel, weil unser Lehmboden bei trockenem Wetter so hart wird, dass auch ein Indianer keine Spuren finden würde, selbst wenn man mit Stöckelschuhen geht. Ziehen Sie einfach so viele Furchen wie Ihr Garten groß ist, und wählen Sie einen Abstand zwischen den Furchen von einem halben Meter.
  Wichtig nun: Legen Sie ab Mai bei abnehmendem Mond, an einem Fruchttag (Widder, Löwe, Schütze) oder (als Ausnahme) bei Fische, wenn ein dritter Tag nach Vollmond darauf fällt, immer jeweils zwei Kartoffeln in die Furchen, im Abstand von 30 bis 50 cm. Dann häufeln Sie die Furchen immer nur von einer Seite zu und etwas auf. Wiederum etwas später nochmals häufeln, diesmal von beiden Seiten. Das war's fürs erste Jahr! Nicht gießen, nichts tun, nur zuschauen – bis zum Herbst.

Dann geht's ans Ernten: Wenn das oberirdische Kartoffelkraut braun und vertrocknet ist, graben Sie mit einer Grabgabel oder vorsichtig mit einer Hacke die Kartoffeln aus. Sie werden staunen, dass Sie nicht nur schöne Kartoffeln ernten, sondern auch die schönste Erde für künftige Generationen von Erntefrüchten. Ohne Chemie, ohne Dünger, ohne Gifte. Die Geduld lohnt sich, nicht gleich den »perfekten Garten« anlegen zu wollen.

Im zweiten Jahr, wenn Sie jetzt durch die Kartoffeln eine schöne Erde vorfinden, ist die Gestaltung der Beete und Wege dazwischen an der Reihe. Ist der zur Verfügung stehende Raum nur eine Gartenecke, genügen Wegplatten, die Sie bei abnehmendem Mond auf den Boden legen. Legen Sie die Beete *rechteckig* an, nicht quadratisch, und ordnen Sie sie in Nord-Süd-Richtung an, damit Sie eine bessere Lichtausbeute erzielen. Ideal wäre eine Position auf der Südost- oder Südwestseite des Hauses, um Halbschatten zu erzielen. Die Westseite ist weniger geeignet, weil die Abendsonne zu wenig Kraft hat. Südfrüchte und Südgewürze lieben natürlich Beete im Süden. Auch Beete im Norden sind geeignet, aber eben nicht gerade für Zitronenbäume, Rosen und Lavendel.

Die Größe der Beete sollte so gewählt sein, dass Sie im Beet alles gut erreichen können, ohne es betreten zu müssen.

Grundsätzlich aber ist Ihrer Fantasie keine Grenze gesetzt. Bei einem großen Garten würden wir breitere Hauptwege und schmälere Nebenwege empfehlen. Bei abnehmendem Mond im Tierkreiszeichen Steinbock genügen für Nebenwege Bretter auf dem Boden, sie werden von selbst fest.

Wenn Sie dennoch gleich alles »schön« haben wollen, weil Sie nicht so viel Zeit zum Selbstgestalten haben, dann müssen Sie kaufen und nochmals kaufen und Mutter- und Komposterde anliefern lassen. Der Nachteil ist auch, dass meist alles eingeht, wenn Sie nicht viel gießen, und dass Sie gleichzeitig Schnecken und Schädlinge anlocken, beziehungsweise mit der gekauften Erde frei Haus geliefert bekommen.

Gehen wir aber jetzt einmal davon aus, dass Sie sich für den lebendigen Garten entschieden haben. Dann sehen die ersten vier Jahre etwa so aus:

1. Jahr:	*Kartoffeln setzen und Komposthaufen bilden* (siehe Seite 174ff.)
2. Jahr:	*Wege und Beete gestalten. Schwach zehrende Gemüse anbauen* (siehe unten). Im Frühjahr den Kompost auflegen nicht vergessen
3. Jahr:	*Schwach bis mittel zehrende Gemüse anbauen.* Im Frühjahr wieder den Kompost verteilen
4. Jahr:	*Der Gemüsegarten ist fertig und bereit.* Jetzt können Sie stark zehrende Gemüse anbauen, nach Kompostzugabe im Frühling. Noch später sind Ihnen keine Grenzen mehr gesetzt. Ohne Bodenanalyse, Kunstdünger und Gifte haben Sie einen wunderschönen, gesunden Garten gewonnen

Was bedeutet »stark zehrende Pflanze«? Sie können es sich sicherlich denken: Es sind Pflanzen, die sich große Mengen an Mineralstoffen aus dem Boden holen, die an ihre Versorgung durch das Bodenleben einige Ansprüche stellen. Die Schleckermäuler im Pflanzenreich sozusagen. Hier eine kleine Liste der bekanntesten Pflanzen in Bezug auf ihre Ansprüche:

- **Stark zehrende Pflanzen:** Stangensellerie, Lauch, Petersilie, Mangold, Tomaten, Brokkoli, Blumenkohl, Dill, Borretsch, Weißkohl, Rosenkohl, Wirsing, Zucchini, Stangenbohnen, Gurken, Basilikum, Rote Bete, Kohlrabi, Fenchel, Zuckerhut, Endivie, Sellerie, Kürbisarten, Melonen, Artischocken

- **Mittel zehrende Pflanzen:** Grünkohl, Erbsen, Winterzwiebeln, Knoblauch, Rettich, Karotten, Dill, Erdbeeren, Radieschen, Chicorée, Stangenbohnen, Feldsalat, Rote Bete, Basilikum, Kopfsalat, Schnittlauch, Eissalat, Spinat, Mangold, Kohlrabi, Steckrüben, Schwarzwurzeln

- **Schwach zehrende Pflanzen:** Zwiebeln, Buschbohnen, Karotten, Spinat, Dill, Erdbeeren, Kartoffeln, Feldsalat, Rucola, Radieschen, Bohnen, Erbsen

Manche Sorten finden Sie in den Listen gleich in zwei oder allen drei Gruppen. Das ist kein Versehen, sondern es handelt sich um Pflanzen, die unterschiedliche Ansprüche gleichzeitig haben können. Dill und Erdbeeren beispielsweise wachsen dementsprechend üppig auf Komposterde und weniger stark, aber ebenso ausdauernd auf mageren Böden. Nur wenn die jeweilige Pflanze über Jahre hinweg zu viel oder zu wenig bekommt, ist sie übersättigt und nimmt nichts mehr auf und verhungert.

Diese Reihenfolge von stark zu schwach zehrend, das harmonische Abwechseln der Pflanzen ist besonders sinnvoll bei der Neuanlage im Garten zu berücksichtigen, dabei besonders wichtig bei Hügelbeeten, über die wir gleich kurz sprechen wollen.

Zuerst noch ein Tipp zur endgültigen Vorbereitung für das erste Bepflanzen der Beete im Frühling, wenn Sie direkt auf ehemaligem Ackerland beginnen: Graben Sie jedes Beet dreimal um. Zum ersten Mal bei Löwe im zunehmenden Mond, dann bei Steinbock im abnehmenden Mond, und schließlich ein drittes Mal – wieder am besten im abnehmenden Mond, der Termin für das dritte Mal ist aber dann nicht mehr so wichtig. Das Tierkreiszeichen Löwe kommt im Frühling stets im zunehmenden, Steinbock immer im abnehmenden Mond vor.

Warum diese Regel so gut funktioniert? Jäten und Umgraben bei zunehmendem Mond im Löwen bringt jeden Unkrautsamen, der sich im Boden verbirgt, auf Trab, alles schießt und keimt. Dieselbe Arbeit bei abnehmendem Mond im Steinbock sorgt dafür, dass das Unkraut verschwindet und fast nichts wiederkommt, weil keine Samen mehr im Boden sind. Wenn Sie sich an diese Regel für das Umgraben halten, haben Sie beste Voraussetzungen geschaffen, um auch aus den weiteren Hinweisen Gewinn zu ziehen. Vergessen Sie jedoch nicht, dass diese Aktion keinesfalls in jedem Frühjahr notwendig ist, sondern nur zu Beginn einer Neuanlage.

Der Sonderfall – das Hügelbeet

Sollten Sie in einer Region mit viel Niederschlägen im Jahr wohnen, wo alles relativ feucht ist und ein kaltes Klima herrscht, dann entscheiden Sie sich für die Anlage eines Hügelbeets. Betrachten Sie Hoch- und Hügelbeete einfach als eine Art bepflanzten Komposthaufen, mit zusätzlichen Vorteilen: Durch eine um 5 bis 8 Grad höhere Bodentemperatur verlängert sich die Kulturzeit bis zu sechs Wochen. Durch die beiden Steigungen des Hügelbeets vergrößert sich die Anbaufläche um ein Drittel gegenüber dem »Flach«-Anbau. Und die Pflanzreihen können hier enger zusammenliegen, da der Lichteinfall höher ist.

Als Zusatz zum kargen neuen Boden ist ein Hügelbeet ideal, weil Sie alle Gemüsesorten schon im ersten Jahr anbauen können. Hoffentlich können Sie ein paar willigen Helferlein vertrauen, denn anfangs ist mit dem Hügelbeet ein wenig Arbeit verbunden. Es gibt allerdings weitere Gründe, um sich für Hügelbeete zu entscheiden: Platzmangel, sehr kaltes Klima (je kälter, desto sinnvoller ist ein Hügelbeet), sehr steiniger und lehmiger Boden oder das Vorhandensein vieler Obstbäume. Unter Obstbäumen würde das Umgraben eines Flachbeetes nur die Wurzeln der Bäume schädigen, wenn Sie den Raum unter den Kronen nützen wollen.

Oder Sie wollen unter unmöglichen Umständen Zitrusfrüchte anbauen, das funktioniert nämlich mit Hügelbeeten wunderbar, selbst wenn Sie in kalten Regionen wohnen. Vergessen Sie alle geläufigen Ratschläge und Anweisungen, und machen Sie es einfach. Die erfreulichen Folgen Ihres Ungehorsams ernten Sie selbst.

Zuerst suchen Sie sich für das Hügelbeet den richtigen Platz aus. Auch hier wäre eine Nord-Süd-Ausrichtung fein, damit viel Licht gewonnen wird und der Wind nicht längs hindurchpfeift. Bei einer Hanglage haben Sie keine Wahl, die Himmelsrichtung ergibt sich zwangsläufig, weil Sie das Hügelbeet parallel zum Hang anlegen müssen.

Für das Anlegen des Hügels sollten Sie eine Zeit bei abnehmendem

Mond im Herbst wählen, weil das Beet dann über den Winter Zeit hat, sich zu setzen. Graben Sie einfach parallel zum Hang einen Streifen ab, um eine ebene Fläche zu gewinnen. Wenn vorhanden, dann legen Sie die gelockerten Grasbüschel, die beim Aufgraben anfallen, samt Erde zur Seite. Sie werden später noch gebraucht.

Die Größe kann ganz nach Möglichkeit und Vorstellung ausfallen, etwa ab einer Länge von zwei Metern bis zur Länge, die Ihre Gegebenheiten diktieren. Die Breite sollte etwa zwischen 150 und 200 cm betragen, damit Sie jede Stelle am Hügel bequem erreichen. Zwei Hügelbeete hintereinander sind besser als ein langes, weil Sie dazwischen ideal junge hochstämmige Bäume pflanzen können.

Den Abhang befestigen Sie je nach Steilheit. Bei starker Schräglage werden Sie nicht umhin kommen, fachmännisch zu befestigen, etwa mit tief eingetriebenen Holzpfosten (unbedingt bei abnehmendem Mond im Steinbock!). Leichte Schräglagen lassen sich mit flach eingegrabenen Steinen gut beherrschen.

Häufen Sie nun nicht ganz bis zum jeweiligen Rand des Hügelbeets die erste Lage auf: Holzstämme oder große Äste oder, wenn beides nicht vorhanden, Häckselgut 10 bis 30 cm hoch. Darauf legen Sie nun die zuvor abgetragene Grasnarbe auf, und schon haben Sie den ersten Hügel!

Wenn weder Holz noch Häckselgut zur Verfügung stehen, dann müssen Sie in etwa 20 cm Abstand zum Rand der beabsichtigten Ausdehnung des Hügelbeets einen etwa 50 cm tiefen Graben ziehen. Grasnarbe und Aushub dabei bitte wieder trennen! Zuerst wandern Küchenabfälle, Kompostmaterial, viel Unkraut mit Wurzeln, Grasschnitt, Laub hinein, ein richtiger Mischmasch eben. Dann folgen die steinige oder lehmige Erde vom Aushub, ruhig unregelmäßig. Und schließlich wieder die zuvor abgehobene Grasnarbe.

In beiden Fällen bedecken Sie nun den Hügel mit einer Lage Heu oder Stroh und darüber eine Schicht normale Gartenerde, wenn irgend möglich keine gekaufte, notfalls geht's jedoch auch, weil ja der Winter kommt. Ganz zum Schluss verteilen Sie ringsherum um das Beet Steine in verschiedenen Größen, für den Feuchteausgleich, die Wärmespeicherung und als Einladung an die Regenwürmer.

Im Frühjahr beginnen Sie beim Hügelbeet, von oben her zu pflanzen, setzen Sie ein paar größere Steine als Trittfläche und Wärmespeicher dazwischen, und pflanzen Sie dann ringsherum nach unten. Meist haben etwa drei Reihen Platz. Die Reihenfolge der Pflanzung unterscheidet sich hier sehr vom neuen, flachen Beet. Sie beginnen mit der *umgekehrten Reihenfolge*, also schon im ersten Jahr mit den Starkzehrern, dann im zweiten Jahr die Mittelzehrer und ab dem vierten oder fünften Jahr die Schwachzehrer.

Achten Sie beim Setzen und Säen auf die Pflanzengemeinschaft, also darauf, welche Pflanzen, Blumen und Kräuter sich gut vertragen (siehe unten und Teil II, ab Seite 263). Zusätzlich ist der Erntezeitpunkt noch wichtig (siehe Kasten Seite 154).

Hügelbeete sind in den letzten Jahren in Mode gekommen. Meist wurde dabei vergessen, zu erwähnen, dass sie eigentlich nicht als Dauereinrichtung gedacht waren, sondern als eine wunderbare Methode, bei »mageren« Verhältnissen besten Gartenboden zu gewinnen. Wie dem auch sei: Sie machen Freude und sind besonders in einem »neuen« Garten schon nach kurzer Zeit eine Augenweide.

Und eine kleine gute Nachricht noch: Sobald der Garten über eine Humusschicht verfügt, gilt: Bitte nicht stören! Kein Umgraben der Beete mehr, weg mit dem Spaten in die Ecke, Sie und er können sich fortan sinnvolleren Dingen widmen. Regenwürmer und andere Mikroorganismen haben jetzt ein wertvolles Bodengefüge geschaffen. Dabei liegen oben die Krümel lockerer als unten, so dass der Boden hier besser belüftet ist. Wer im Herbst oder Frühjahr aus alter Gewohnheit umgräbt, richtet ein Gemetzel unter den Freunden in der Erde an, die ganze Bodenbildung müsste im nächsten Jahr von vorne beginnen. Denken Sie daran: 111 Billionen Tierchen pro Quadratmeter Erde sind für Sie da. Lassen Sie sie in Frieden ihre Arbeit tun.

Vielleicht zum Schluss der »ersten Schritte« noch einige Worte zum Thema »Frühbeet und Gewächshäuser«. Von frühester Kindheit an wurde ich mit der Gartenarbeit vertraut gemacht und die Mithilfe im Garten von Großmutter und Mutter war ganzjährig eine Selbstverständlichkeit. Auch eine Frühbeet-Anlage und -pflege zählte zu unserem Bauerngarten. Ich muss aber hier gestehen, dass ich mich aus irgendwelchen Gründen nie mit Frühbeeten beschäftigt habe. Die einzige Arbeit für mich bestand darin, sie hin und wieder zu lüften oder wieder abzudecken. Aus mir unerklärlichen Gründen gehörten Frühbeete und später das Glashaus zu den wenigen Dingen, die mein Interesse nicht wecken konnten.

Wenn ich allerdings seit vielen Jahren sehe, was meine Schwester ständig aus einem Frühbeet zaubert, ganz zu schweigen vom Ertrag ihres liebevoll betreuten Glashauses, dann bereue ich heute diese »Bildungslücke« ein wenig. Umso mehr, weil ich Ihnen im Rahmen dieses Buches natürlich gerne alle Geheimnisse preisgegeben hätte. Es kommt hinzu, dass wir schon mit Beginn des zeitigen Frühjahrs, manchmal schon im Januar, auf Vortragsreisen unterwegs sind, und deshalb werde ich wahrscheinlich dieses Kunst niemals nachholen. Man kann eben nicht alles haben. Meine Erfahrung aus der Ferne sagt mir, dass man nach dieser Arbeit fast »süchtig« werden kann, hat man erst mal damit angefangen. Die Herausforderung überwiegt offenbar den nötigen Aufwand. Wenn Sie sich damit befassen wollen, dann wünschen wir Ihnen viel Freude und die nötige Geduld. Literatur zum Thema und mitteilungsfreudige Profis gibt es sicher genug. Und so viel ist sicher: Sämtliche Mondregeln besitzen auch unter Folien und im Glashaus Gültigkeit ebenso wie in Ihren eigenen vier Wänden. Nützen Sie diese Möglichkeit, die Saison zu verlängern.

Der Anfang eines Gartens – zum richtigen Zeitpunkt

Mit Hacke oder Pickel umgraben	Bei abnehmendem Mond
Furchen ziehen	Bei abnehmendem Mond
Kartoffeln setzen	Bei abnehmendem Mond etwa ab Anfang Mai. Ideal im Tierkreiszeichen Widder und Schütze, oder bei Fische, wenn ein dritter Tag nach Vollmond darauf fällt
Kartoffeln zwischendurch häufeln	Widder, Löwe, Schütze im zunehmenden Mond
Kartoffeln ernten	Bei abnehmendem Mond an Fruchttagen (Widder, Löwe, Schütze). Ernten Sie beim allerersten Mal keine Frühkartoffeln, sondern lassen Sie alles bis Herbst im Boden
Erde mit dem Rechen glatt ziehen ganz zum Schluss	Bei Steinbock
Umgraben vor der allerersten Bepflanzung, wenn zuvor Ackerland	Zum ersten Mal bei Löwe im zunehmenden Mond, dann bei Steinbock im abnehmenden Mond, ein drittes Mal am besten im abnehmenden Mond – der Termin ist nicht mehr so wichtig
Wege anlegen und Beeteinteilung	Bei abnehmendem Mond, jedoch nicht im Krebs. Ideal im Frühjahr bei abnehmendem Mond und Steinbock
Kompost verteilen (nicht untermischen!)	Bei abnehmendem Mond, ideal, wenn gleichzeitig Widder, Löwe oder Schütze herrscht
Düngen	Im Herbst bei abnehmendem Mond abgelagerter Bio-Stallmist, ist aber nicht unbedingt nötig

Von Anfang an – der Mond

Wir haben es schon betont: An der Wiedereinführung und Beachtung der Mondrhythmen im eigenen Garten, aber auch in der Land- und Forstwirtschaft führt kein Weg vorbei, wenn uns die Rückkehr zu einem Leben in Harmonie mit der Natur am Herzen liegt. Und wenn wir unseren Kindern und Enkeln eine lebenswerte Welt hinterlassen wollen. Zu den wesentlichsten Gründen zählt, dass wir erst dann von der Anwendung chemischer Pestizide, Insektizide und Düngemittel abrücken und wieder zu einem natürlichen und dynamischen Gleichgewicht in der Natur zurückfinden können. Die Qualität dessen, was wir essen, ist direkt abhängig vom Zustand des Bodens, aus dem es stammt.

Mit völlig unabsehbaren Folgen für den Kreislauf der Natur werden heute Millionen für Forschung in Zucht und Gentechnik ausgegeben, um Pflanzen so zu verändern, dass sie auf Befehl tun, was Sie bei der Wahl des richtigen Pflanz-, Pflege- und Erntezeitpunkts ohnehin tun würden. Dieses Buch soll auch dazu beitragen, der Weisheit und Vernunft im eigenen Garten, in Landwirtschaft und Natur wieder zu ihrem Recht zu verhelfen. Gartenbau und Landwirtschaft ohne Verwendung von Giften und ohne den Unsinn »gentechnischer« Manipulationen bei höheren, gleichen oder nur wenig geringeren Erträgen und viel höherer Qualität der Erntefrüchte ist zweifelsfrei möglich! So viele Beweise gibt es für den, der unbedingt der Beweise bedarf: Früchte, die nur die Kraft der Sonne in sich tragen, die sie färbte, Getreide, das schmecken lässt, was Einklang zwischen Himmel und Erde bedeutet, Gemüse, das diese Harmonie in unseren Körper trägt, Erde, die uns bereitwillig Jahrhunderte lang diese Geschenke machte, ohne Dünger und Gifte, mit nur wenig Arbeit, dafür aber beruhend auf der Einsicht in die zeitlos gültigen Kreisläufe in der Natur.

Was das Wirken des richtigen Zeitpunkts der Arbeit im Garten betrifft, möchten wir Sie an eigene Erfahrungen erinnern. Fast jeder, der mit Garten und Natur zu tun hat, hat schon solche merkwürdigen Dinge erlebt: Zu verschiedenen Zeiten wird unter völlig gleichen Bedingungen gesät, gepflanzt, gewässert, umgesetzt, gedüngt, geerntet und gelagert – mit ganz unterschiedlichen Resultaten. Einmal kopft der Salat, einmal schießt er. Einmal erntet man die schönsten Rüben, während der Nachbar bei gleichem Saatgut, gleichen Wetterbedingungen und gleichem Boden mit seinem Ergebnis nicht zufrieden sein kann. Dann wieder wird die eigene Ernte von Schädlingen attackiert, während der Nachbar unbehelligt bleibt. Manchmal gedeiht der oberirdische Teil von Kartoffeln prächtig, die Früchte selbst bleiben zurück, ein anderes Mal wirkt das Kartoffelkraut kümmerlich, dafür werden die sprichwörtlich dicksten Kartoffeln geerntet. Vielleicht ist Ihnen auch schon einmal aufgefallen, dass in einem Salat- oder Kohlbeet stets alles schießt oder alles kopft? Wetter, Saatgut oder Bodenqualität werden dann oft verantwortlich gemacht, um das Unerklärliche doch noch zu erklären.

Das Mond-Wissen, das vor Ihnen die Menschen seit Tausenden von Jahren erprobten und nutzten, wird diese Merkwürdigkeiten aufklären. Nichts von diesem Wissen ist »neu«, nur hat uns der technische Fortschritt zu der Annahme verführt, wir könnten es uns leisten, dieses wertvolle Gut zu ignorieren oder gar ganz in Vergessenheit geraten zu lassen.

Nur Mut: Es kostet nichts, und die Arbeit mit dem Obst und Gemüse haben Sie ohnehin. Achten Sie beim Säen, Setzen und Ernten auf die Tierkreiszeichen und auf den Mondstand, dann wird Sie der Erfolg in jeder Hinsicht mit der Zeit angenehm überraschen. Sie werden zudem erfreut feststellen, dass Sie nicht Sklave eines weiteren Terminkalenders werden. Für jede Arbeit im Garten gibt es mehrere Alternativen – Zeiten, die dafür auch gut oder fast gleich gut geeignet sind. Wenn Sie anderweitig, z. B. im Beruf sehr eingespannt sind, achten Sie einfach darauf, den ungünstigen Zeiten aus dem Weg zu gehen.

Eine kurze Anmerkung noch: Im zweiten Kapitel haben wir Ihnen den auf- und absteigenden Mond vorgestellt. Auf- und absteigender Mond haben ausschließlich mit dem Stand des Mondes im Tierkreis zu tun, sie sind unabhängig von den Mondphasen. Eine wichtige Zeit für viele Pflanz- und Setzarbeiten ist die etwa vierzehntägige Zeit des absteigenden

Mondes. Der absteigende Mond durchläuft die Zeichen des Tierkreises mit absteigender Kraft: (Zwillinge) Krebs Löwe Jungfrau Waage Skorpion (Schütze).

Zwillinge und Schütze bilden Knotenpunkte, bei denen die auf- und absteigenden Kräfte jeweils die Richtung wechseln – ähnlich wie sich bei Voll- und Neumond die Kräfte neu orientieren. Zwillinge und Schütze lassen sich daher manchmal nicht so genau auf ab- oder aufsteigend festlegen. Wenn also auf den folgenden Seiten öfters die Rede vom absteigenden Mond die Rede ist, vergessen Sie nicht, dass er nichts mit dem abnehmenden Mond zu tun hat.

Viele Pflanzen besitzen besondere Eigenheiten, die wir in Teil II besprechen, aber an dieser Stelle möchten wie Sie mit den Grundregeln vertraut machen, die sich mühelos übertragen lassen. Jedes Tierkreiszeichen wirkt mit seinen Impulsen auf einen anderen Teil einer Pflanze – auf Wurzeln, Blätter, Früchte oder Blüten. Mit Hilfe der Grundtabelle auf Seite 43 und mit einem Mondkalender (siehe Einleger) bewehrt, können Sie die folgenden Hinweise richtig deuten und die Arbeit im Garten den Rhythmen anpassen.

Die Wahl der Mondphase beim Säen, Setzen und Pflanzen

Unser Körper ist bei abnehmendem Mond auf Energieverausgabung und Aktivität gepolt, bei zunehmendem Mond auf Einatmen, Planen, Schonen, Kräfte sammeln. Mit der Erde verhält es sich genau umgekehrt: Bei abnehmendem Mond ziehen in der Erde die Säfte mehr zur Wurzel, sie ist aufnahmefähiger, sie »atmet« gleichsam ein. Bei zunehmendem Mond dagegen in der Erde steigen die Säfte mehr nach oben, das oberirdische Wachstum herrscht vor. Dieser zu Vorgängen im menschlichen Körper »gegenläufige« Rhythmus bildet das Fundament vieler Regeln in der Garten- und Feldarbeit. Die Grundregel beim Pflanzen, Setzen und Säen in Entsprechung dazu:

Oberirdisch wachsende und gedeihende Pflanzen und Gemüse sollten bei zunehmendem oder alternativ bei absteigendem Mond (zwischen Zwillinge und Schütze) gesetzt oder gesät werden.

Gemüse, das unter der Erde wächst, gedeiht gut, wenn auf den abnehmenden Mond als Sä- oder Pflanztag geachtet wird. Wenn das zeitlich nicht möglich ist, kann man alternativ einen Termin ebenfalls im absteigenden Mond zwischen Zwillinge und Schütze wählen.

Mit Hilfe des Mondkalenders ist es leicht, diese Mondphasen auszusuchen und gleichzeitig auf die Tierkreiszeichen zu achten, denn auch die Wahl des Tierkreiszeichens ist von Bedeutung und äußerst sinnvoll.

Die Wahl des Tierkreiszeichens

Welchen Wunsch richten Sie an eine Pflanze, welcher ihrer Teile soll die besten Entwicklungschancen erhalten?

Tomaten beispielsweise sind **Früchte**, nicht Blätter, Wurzeln oder Blüten. Also wählen Sie für das Setzen und Säen von Tomaten einen Fruchttag – Widder, Löwe, Schütze.

Blattgemüse (Spinat, Lauch usw.) wird am besten gesetzt und gesät, wenn ein Blatttag im Kalender steht – Krebs, Skorpion, Fische.

Bei **Wurzelgemüse** (Sellerie, Karotten, Zwiebeln, Rettich usw.) legen Sie auf schöne Blüten oder ein reiches Blattwerk keinen Wert. Hier wählen Sie am besten Fruchttage (Widder, Löwe, Schütze) oder als Alternativtage einen Wurzeltag – Jungfrau, Stier, Steinbock. Aber immer bei abnehmendem Mond!

Für **Blumen** und die meisten **Heilkräuter** ist ein Blütentag gut – Zwillinge, Waage, Wassermann, besonders für Heilpflanzen mit ätherischen Ölen. Ansonsten setzen und säen Sie Blattpflanzen an Skorpion.

Ja, ja, und wie sagt man so schön: keine Ausnahme ohne Regel:

Erstens: *Kartoffeln*, wie Sie oben schon gehört haben; der abnehmende Mond ist zwar der richtige Zeitpunkt zum Setzen, sehr günstig wäre aber bei dieser Arbeit, wenn gleichzeitig das Tierkreiszeichen Fische herrschen würde, besonders dann, wenn der dritte Tag nach Vollmond darauf fällt.

Zweitens: *Salat, Weiß-* und *Rotkohl* usw. (alles, was einen schönen Kopf bilden und nicht schießen soll) kann auch bei abnehmendem Mond gesät und gepflanzt werden, obwohl dies ja Pflanzen sind, deren oberirdische Teile begehrt sind. Am besten erfolgt diese Arbeit in den Krebstagen. An Jungfrau gesetzt schießt Salat fast sicher. Auch Schütze ist ein schlechtes Zeichen für das Setzen von Salat und Kohl.

Drittens: *Tomaten* und *Erdbeeren* kommen wunderbar, wenn an den Fruchttagen Widder, Löwe oder Schütze gesetzt und gesät. Auch hier kann man auch auf den abnehmenden Mond ausweichen.

Saat- und Pflanztipps

Zum Schluss noch ein paar Tipps zur »Technik« des Säens und Pflanzens. Es gibt verschiedene Wege, wie Pflanzen den Weg in Ihre Erde finden: als Samen, als Topf- oder Ballenpflanze oder als »wurzelnackte« Pflanze, die ohne Erde in einen schwarzen Plastikbeutel verpackt mit etwas Wasser darin angeliefert wird.

- **Samen:** Bei Samen gibt es je nach Pflanze unterschiedliche Empfehlungen für den Umgang, vom einfachen Ausstreuen oben auf die Erde bis zum Einlegen in verschiedene Tiefen. Das steht meist auf den Samenpäckchen drauf. Wenn wir Ihnen besondere Tipps geben wollen, dann erfahren Sie sie bei den Pflanzen in Teil II.

- **Topf- oder Ballenpflanze:** Heben Sie die Grasnarbe oder die oberste Erdschicht ab, und legen Sie sie auf die Seite. Dann graben sie das Pflanzloch aus, das etwas größer sein sollte, als der Topf oder der Ballen. Diese Erde nicht mit der obersten Schicht vermischen!

- **Umsetzen und Stecklinge:** Auch für diese Arbeit gibt es den »richtigen Zeitpunkt«. Das Umsetzen einer Pflanze sollte bei zunehmendem Mond geschehen, alternativ bei absteigendem Mond (Zwillinge bis Schütze). Pflanzen, die in dieser Zeit an einen anderen Ort gesetzt werden, bilden schnell neue Wurzeln und wachsen wunderbar an. Gerade bei älteren Pflanzen und vor allem bei alten Bäumen ist es wichtig, auf den Zeitpunkt des Verpflanzens zu achten: Wenn Sie die Zeit des absteigenden Monds nutzen, am besten die Jungfrautage, dann wird auch eine ältere Pflanze und ein alter Baum wieder anwachsen. Dass dies im Frühjahr oder Herbst geschehen soll, versteht sich von selbst. Im Herbst, solange es auch nachts noch frostfrei ist, ist ein wenig sinnvoller, weil die Pflanzen die Zeit bis zum Frühjahr nutzen können, um neue Wurzeln zu bilden. Das im Herbst ausgebildete Wurzelsystem garantiert eine optimale Wasser- und Nährstoffversorgung der Pflanze.
  Auch für Stecklinge ist die Zeit des zunehmenden und absteigenden Monds gut geeignet. Sie wachsen rasch an und bilden in kurzer Zeit neue Feinwurzeln. Die Jungfrautage eignen sich wieder am besten. Im Herbst jedoch sollten Sie bei Stecklingen auf den abnehmenden Mond und Jungfrau achten.

Jetzt kommen zwei wichtige Dinge, die ausschlaggebend für den Pflanzerfolg sein können. Bevor Sie Topf oder Netz vom Ballen entfernen und die Pflanze in die Grube setzen, muss der Boden der Grube mit einigen Stößen der Grabeschaufel oder des Spatens etwas aufgelockert werden, damit später die Wurzeln sich in gut gelüftetem Erdreich entwickeln können. Und zweitens sollten Sie darauf achten, die Pflanze in derselben Himmelsrichtung zu setzen wie sie zuvor in der Baumschule gestanden hat. Das erfordert ein wenig Intuition, der Sie vertrauen sollten, wenn es keine äußeren Kennzeichen gibt. In der Regel hat sich die Pflanze ein wenig fortentwickelt von der vorherrschenden Windrichtung.

Zum Schluss füllen Sie die Hohlräume um den Ballen mit der ausgegrabenen Erde und bedecken alles mit der Grasnarbe oder Oberschicht. Achten Sie darauf, den Stamm der Pflanze nicht tiefer einzugraben als er zuvor in Topf oder Ballen stand (Ausnahmen siehe Teil II). Es folgt das gründliche Angießen. Sie sollten sicher sein, dass der Ballen und die darunter liegende Erde gut durchfeuchtet ist und keine Hohlräume zurückbleiben. Einfach so lange gießen, bis keine Luftblasen mehr aufsteigen. Nach Gefühl einige Tage lang weiter eingießen, wenn gerade Trockenheit herrscht. Im ersten Jahr muss gegossen werden, wenn der Baum aus einer Gärtnerei kommt, in der er mit Bewässerung verwöhnt wurde. Danach, beziehungsweise im nächsten Jahr nicht mehr gießen!

- **Wurzelnackte Pflanzen:** Solche werden in der Regel nur von beauftragten Gärtnern eingesetzt, die gut mit den Anforderungen zurechtkommen. Wenn Sie sich selbst daran wagen, denken Sie aber daran, dass wurzelnackte Pflanzen es lieben, wenn Sie zu Anfang einige Nährstoffe vorfinden. Mischen Sie also beim Eingraben der Wurzeln Humus oder Torf bei. So erleichtern Sie den Pflanzen das Anwachsen, speziell auf mageren Böden. Besonders wichtig ist hier das Festbinden, weil ja kein Ballen vorhanden ist, der zu Anfang Stabilität verleihen könnte. Sollten wurzelnackte Pflanzen einmal »zwischengelagert« werden müssen, graben Sie provisorisch einen kleinen Graben, stecken die Wurzeln hinein und bedecken die Wurzeln mit Erde, die Sie anschließend leicht festtreten. So halten sich die meisten Pflanzen mehrere Tage.

- **Gießring:** Legen Sie einen »Gießring«, einen kleinen Wall um eingesetzte Pflanzen, indem Sie mit den Füßen kurz ringsherum treten, nicht zu fest, um die Erde nicht zu verdichten. Das ist besonders sinnvoll, wenn Sie in Schräglagen gepflanzt haben. Das Wasser zum Angießen während der ersten Tage kann dann den Wurzeln voll zugute kommen.

- **Richtige Tageszeit:** Pflanzen Sie immer abends, weil sich dann die Wurzeln schnell regenerieren können. Wenn es morgens sein muss, dann bitte früh aufstehen! Und setzen und pflanzen Sie niemals in »ordentliche« Reihen wie die Soldaten, sondern immer versetzt zueinander. Die Pflanzen schützen und stabilisieren sich gegenseitig.

- **Der Grasverband:** Wenn Sie beim Spazierengehen ein Pflänzchen sehen, das zu Ihnen möchte, beispielsweise wilden Schnittlauch, der dort sicher keine Chance zum Aufgehen hat, dann reißen Sie ein paar Grashalme samt Wurzel aus, graben die Pflanze aus und wickeln Sie das Gras um die Wurzeln. Dieses Päckchen pflanzen Sie im Ganzen an den gewählten Platz in Ihrem Garten. Ein Begrüßungssteinchen dazu, und der Schock des Verpflanzens wird gut verdaut, weil die Pflanze herzlich empfangen wird und obendrein noch Freunde aus der Heimat mitbringt.
  Dieser Trick funktioniert allerdings nicht bei Bäumen, sondern nur bei Gemüse, beispielsweise wenn Freunde Ihnen aus dem Garten etwas mitgeben wollen.

- **Der Begrüßungsstein:** So allmählich stehen Sie in den Startlöchern, um die ersten Pflanzen Ihres lebendigen Gartens in den aufnahmebereiten und fruchtbaren Boden zu versenken. Abgesehen von den vielen bisher gehörten Aspekten noch eine Kleinigkeit, die vielleicht völlig neu für Sie ist: der Begrüßungsstein. Einer der guten Gründe, sich im Garten den einen oder anderen Steinhaufen zuzulegen, besteht darin, neu erworbene Pflanzen mit einem Stein zu begrüßen, den Sie nach der Pflanzung neben den Stamm in den Gießring legen. Das ist ein Weg, dafür zu sorgen, dass sich besonders schon ältere Pflanzen, beispielsweise Obstbäume, auf Anhieb bei Ihnen wohl fühlen. Dieser Brauch macht auch Kindern Spaß, wenn sie den Stein womöglich vor längerer Zeit selbst entdeckt und in den Garten getragen haben. Solche Steine haben sich gleichsam »ans Haus gewöhnt«, kennen seine Bewohner und vermitteln freundlich zwischen ihnen und dem Neuankömmling. Das mag ein wenig merkwürdig klingen, aber es entspricht den Tatsachen. Die Wissenschaft ziert sich noch ein wenig, um solche Dinge näher zu erforschen, aber wenn man ihr Zeit lässt, den falschen Stolz zu überwinden, dann dauert es nicht mehr lange. Mit einem Wort: Begrüßen Sie Ihre Pflanzen mit guten Gedanken, einem kleinen oder größeren Stein und ... dem richtigen Zeitpunkt!

Jungfrautage

Das war doch alles ganz einfach, nicht wahr? Auf der Basis dieser Prinzipien lässt sich mühelos ein Jahresgartenplan machen. Vielleicht an dieser Stelle noch ein Wort zu den Jungfrautagen. Jungfrau gehört zur Pflanzzeit »absteigender Mond«, das Tierkreiszeichen taucht von März bis September im zunehmenden Mond, von September bis März im abnehmenden Mond auf. Wenn es um Pflanzen und Säen geht, ist es ein sehr gutes Tierkreiszeichen, aber auch einige andere Arbeiten sind begünstigt: An Jungfrau umgetopfte Pflanzen haben die besten Voraussetzungen, wunderschöne, gesunde Terrassen- und Balkonpflanzen zu werden. Ableger wurzeln auch im Herbst rasch an, weil Jungfrau dann immer im abnehmenden Mond steht.

Stadtverwaltungen könnten sich Unsummen sparen, wenn bei Anlage und Pflege städtischer Parks und Grünflächen auf diese Termine geachtet würde. Natürlich steht der Mond monatlich immer nur zwei bis drei Tage lang im Zeichen Jungfrau, doch was immer Sie an diesen Tagen an Pflanzarbeiten schaffen, lohnt jede Mühe. Besonders wer nach Jahren eine völlige Umgestaltung seines Gartens ins Auge gefasst hat, wäre gut beraten, alle Umsetz- und Pflanzarbeiten in den Jungfrautagen vorzunehmen. Pflanzen, die ohnehin gut anwachsen, müssen ja nicht gerade an Jungfrau gesetzt werden, solange der zunehmende oder absteigende Mond beachtet wird. Setzen Sie sich Prioritäten: Richten Sie Ihr Augenmerk an Jungfrau einfach auf alle problematischen Pflanzenarten, dann kommen Sie gut über die Runden. Das Ausarbeiten der Feinheiten in Harmonie mit den Mondrhythmen wird Ihnen sicher Freude machen.

Gutes Miteinander – gutes Nacheinander

Das Gelingen eines fröhlichen Festes, an das alle später sich gerne zurückerinnern, beruht nicht zuletzt auf der weisen Auswahl der Gäste. Wer passt zu uns, wer erfreut uns, mit wem möchten und können wir uns entfalten? Und wer bringt den Schuss »Verrücktheit« ins Haus, ohne den sich nichts auf der Welt entwickelt? Und natürlich ist das Gelingen des Festes auch ein wenig von der Reihenfolge der Geschehnisse abhängig. Das Dessert wird nicht vor den Vorspeisen gereicht!

Im lebendigen Garten ist die Wahl der Pflanzennachbarschaft von besonderer Bedeutung, ebenso auch die »Fruchtfolge«, das Abwechseln der angebauten Pflanzenarten. Es gibt Pflanzen, die sich gegenseitig fördern und vor Schädlingen schützen, es gibt ungünstige Pflanzengemeinschaften, wobei sich die Gewächse gegenseitig hemmen und blockieren und durch die Schwächung dann Schädlinge geradezu anlocken.

Welche Nachbarschaften besonders günstig sind, erfahren Sie in Teil II bei jeder dort aufgeführten Pflanze (ab Seite 263). Wir möchten hier ein wenig näher auf den Sinn eingehen, den eine gute Wahl der Pflanzenfamilie hat.

Mit den passenden oder unpassenden Gemeinschaften im Gartenbeet verhält es sich kaum anders als bei uns Menschen: Der gute Erfolg des Einzelnen ist abhängig von einem guten, sich gegenseitig inspirierenden Team. In jedem Team gibt es entweder Sympathien, die zum Erfolg führen, oder versteckte oder offen feindselige Gefühle, die jede gemeinsame Anstrengung zum Scheitern verurteilen. Mobbing ist nur ein modernes Wort für ein Geschehen, das vorkommt, seit es Menschen gibt. Gegen dieses Naturgesetz der fruchtbaren Teamarbeit gibt es auch im Pflanzenreich kein »Gegenmittel«, außer man trickst die Natur vorübergehend aus – mit Kunstdünger, Pestiziden und viel, viel Arbeit und Geld. Das funktioniert so lange, bis der Wind die Erde fortgeblasen hat, wie es überall auf der Welt geschieht, wo das Geld den Verstand betäubt.

Leider dauert dieser Prozess so lange und ist die Geduld der Natur so groß, dass die Menschen es sich scheinbar erlauben können, das zeitlose Wissen um naturgerechte und menschenfreundliche Landwirtschaft zu vergessen. Worüber sich natürlich die chemische Industrie freut. Das Vernichtungsrad dreht sich so lange, bis man nach Jahrhunderten zurückkehrt zu dem, was die Menschen seit Jahrtausenden praktiziert haben. Eine

günstige Pflanzengemeinschaft fördert und schützt, eine ungünstige behindert und schwächt, so einfach ist das. Dazu ist kein Studium nötig. Nur Beobachten und Liebe.

Wenn zwei Pflanzenarten das Gleiche brauchen, kämpfen sie miteinander. Entweder gibt eine nach und verkümmert oder beide bleiben unterentwickelt. Dann fehlt nur noch ein Sturm oder eine Dürre, und die Ernte ist futsch. Auch wenn eine Pflanze »siegt«, hat sie viel Kraft verbraucht, und die Ernte enthält nicht die Lebenskraft, die möglich wäre. Vielleicht reichte die Kraft noch zum Heranreifen, aber sie hat keine Reserven mehr für uns. Mit anderen Worten: Sie taugt nicht mehr zum Lagern.

Draußen in der Agrarindustrie, die ohne alle zeitlosen Naturgesetze auszukommen glaubt, kommt dann die chemische Keule, um die Lagerfähigkeit zu erhöhen usw. Alle Schwächen, die eine falsche Pflanzengemeinschaft und der falsche Zeitpunkt nach sich ziehen, müssen mit Chemie und dem Verbrechen der Gentechnik bekämpft werden. Das Ergebnis: Ungesunde Pflanzen, die uns nicht nähren, Allergien, Stoffwechselstörungen, Müdigkeit, Depressionen, Rheuma … »Im Bioladen ist es mir zu teuer.« – dieser Satz klingt in unseren Ohren wie Hohn, weil er immer aus dem Mund unaufgeklärter Menschen kommt, die mithelfen, unsere Erde zu vergiften. Vergessen Sie nie: *Ihre* Nachfrage reguliert das Angebot. *Ihre* kleine Entscheidung zum Guten verändert die Welt.

Mensch – Erde – Pflanze – Wasser
Das Zusammenwirken, die Harmonie ist das ganze Geheimnis.
Lehrer – Schüler · Chefin – Angestellter · Eltern – Kinder.
Kollege – Kollegin · Verlag – Schriftsteller · Managerin – Künstler.
Ohne Harmonie geht nichts.

Sie können einen Arbeiter, einen Angestellten, einen Manager überbezahlen (»überdüngen«), auf Dauer bringt das keinen Erfolg. Wenn er nicht *mit dem Herzen und mit seiner Liebe* dabei ist, geht es schief. Vielleicht halten Sie ihn pausenlos irgendwie bei Laune, trotzdem wird er immer instabiler.

Lernen Sie aus diesen Gesetzmäßigkeiten, und gönnen Sie Ihren freundlichen Lebewesen im Garten die passenden Gefährten. Es ist ganz einfach!

Sandiger Boden, lehmiger Boden? Spielt keine Rolle, wenn Sie Ihre Lieben mit Kompost füttern. Für das folgende Jahr ist das ausreichende, gute Pflanzennahrung. Selbst wenn Sie zehn Jahre hintereinander Karotten in lehmigen Boden pflanzen, funktioniert das: ein bisschen Mist im Herbst, ein wenig Kompost im Frühjahr und die besten Freunde der Karotten, die Zwiebeln, dazupflanzen.

Wenn Sie ganz sicher gehen wollen, pflanzen Sie diese und jede andere günstige Kombination nicht jedes Jahr an die gleiche Stelle, sondern in ein Nachbarbeet. Oder Sie lassen beispielsweise Tomaten immer am gleichen Platz, aber fügen jedes Jahr einen anderen guten Partner hinzu: Radieschen, Petersilie, Kohlrabi usw. Achten Sie beispielsweise auch darauf, flach wurzelnde Pflanzen neben Tiefwurzler zu setzen. Da die Erntezeiten verschieden sind, hat das Gemüse mit der längsten Reifezeit zum Schluss am meisten Platz, weil die anderen Gemüse inzwischen abgeerntet wurden.

Und letztlich dürfen Sie niemals vergessen: Es gibt einfach manchmal Jahre, in denen manches oder sogar alles nicht so stark, nicht so prächtig und ertragreich wächst. Jedes Beet, jeder Garten braucht wie jedes Lebewesen Erholungszeiten. Setzen Sie Ihren Garten nicht unter Druck, auch nicht in Gedanken. Der Garten und seine Lebewesen fühlen mit Ihnen – in jeder Hinsicht.

Fruchtfolge

Im ökologisch wirtschaftenden Betrieb ist die Fruchtfolge besonders wichtig, weil größere Flächen jährlich in Monokultur angebaut werden. Der spätere harmonische Wechsel in folgenden Jahren zwischen Boden verbessernden Kulturen, anspruchsvollen Sorten, Zwischenfrüchten und Gründüngung verbessert nicht nur die Bodenqualität, er hilft auch bei der Unkrautregulierung und der natürlichen Bodenernährung. Dabei sind Pflanzen wie Kleegras, Lupinen, Luzerne, Kichererbsen und Bohnen für den Landwirt besonders wichtig. Diese cleveren Wesen haben einen speziellen »Trick« entwickelt, um im Boden Stickstoff anzusammeln. An ihren Wurzeln befinden sich knöllchenartige Verdickungen, in denen Bakterien leben. Diese Knöllchenbakterien nehmen Stickstoff aus der Luft in den Bodenporen auf und geben ihn an die Pflanze weiter – genug, um in den folgenden Jahren auf Kunstdünger verzichten zu können. Patentrezepte für eine optimale Fruchtfolge gibt es aber nicht. Besonders günstig ist beispielsweise eine Fruchtfolge, bei der im jährlichen Wechsel oberirdische und unterirdische Gemüse und Feldfrüchte angebaut werden. Oder ein Wechsel zwischen stark und schwach zehrenden Pflanzen wie oben beschrieben. Wenn Sie viel Platz im Garten haben, ist eine echte Fruchtfolge eigentlich nicht notwendig, die richtige Pflanzengemeinschaft würde ausreichen – verbunden mit genauer Beobachtung Ihrer Pflanzen.

»Was möchtest du von mir?«, sagte der Löwenzahn

Zum Schluss dieses Kapitels möchten wir Ihre Geduld mit uns ein wenig strapazieren und eine oft belächelte Methode des freundlichen Umgangs mit Pflanzen in Wohnung, auf Balkon, Terrasse und Garten vorstellen – ja, sogar sehr ans Herz legen. Wiederum müssen Sie nichts von dem glauben, was wir sagen, oder einfach kritiklos übernehmen. Unsere Arbeit besteht darin, Mut zu eigener Erfahrung zu machen. Denn nur die macht unbestechlich gegenüber dem allgegenwärtigen Versuch, uns in Abhängigkeit zu halten.

Um die für den folgenden Rat nötige Erfahrung zu sammeln, genügt es, bei einem Gärtner Ihres Vertrauens zwei genau gleiche Blumenstöcke für die Wohnung zu kaufen. Farne eignen sich gut für das Experiment, weil es sehr sensible Wesen sind, die auf Stimmungsschwankungen ihrer menschlichen Betreuer stark ansprechen. Jetzt ist aber erst einmal wichtig: Zu Hause sollten beide gleich viel Licht und Wasser erhalten. Ihre gleichsam »manuelle« Pflege sollte sich nicht voneinander unterscheiden, Sie sollten unparteiisch das Nötige tun.

Das Experiment besteht nun darin, dass Sie in Ihren Gedanken, Gefühlen und im Sprechen die eine Pflanze absolut bevorzugen, die andere völlig vernachlässigen sollen. *Lieben* Sie Pflanze A! Denken Sie wohlwollend von ihr, geben Sie ihr einen Kosenamen, vor allen Dingen *sprechen* Sie freundlich mit ihr, wünschen Sie ihr das denkbar Beste. Begrüßen Sie sie morgens, verabschieden Sie sich abends, wünschen Sie ihr eine gute Nacht. Wenn Ihnen das Sprechen peinlich ist, dann tun Sie es erstens nur dann, wenn niemand zuhört, und zweitens: *Überwinden Sie sich!* Es führt kein Weg daran vorbei und ist aus noch anderen Gründen eine wunderbare Übung fürs Leben. Wer sich selbst zu ernst nimmt, hat es nämlich in seinem Leben viel schwerer als nötig wäre.

Pflanze B ignorieren Sie komplett (mit Ausnahme der nötigen Pflege – verdursten lassen und Lichtentzug gelten nicht!). Pflanze B könnte, wenn es nach Ihnen ginge, gar nicht existieren, sie nimmt nur Platz weg und ist ein Nichts und Niemand.

Die Erfahrung, die Sie nun in den nächsten Tagen und Wochen machen werden, gehört ganz Ihnen allein. Und ist die Basis für unsere Empfehlung, zu lernen, mit Pflanzen zu sprechen – in Wort und Gedanke. Die missachtete und geschmähte Pflanze B erholt sich schnell wieder, wenn Sie sich ausreichend überzeugt haben und sich dann bei ihr entschuldigen und dann beginnen, sie auch gut zu behandeln.

Der erste Schlüssel zum lebendigen Garten ist die Einsicht in die Kraft der kleinen Entscheidung zum Guten. Wir haben ja im ersten Kapitel schon versucht, Ihnen diesen Schlüssel in die Hand zu drücken. Die Kraft der kleinen Entscheidung – Sie haben es dort erfahren – ist eine gedankliche Kraft, eine Energie, die wie elektrischer Strom eine unsichtbare Batterie auflädt, aus der sich alle Wesen guten Willens bedienen können.

Dieselbe gedankliche Kraft können Sie vielen guten Zwecken widmen, von guten Wünschen und Gebeten für kranke Menschen bis zur Ermutigung eines Kindes, dem eine schwierige Prüfung bevorsteht. Sie können mit guten Worten und positiven Gedanken fördern, pflegen und wachsen lassen, was auch immer Sie gedeihen lassen wollen.

Auch Pflanzen.

Pflanzen sind so hoch entwickelte, sensible Lebewesen, dass sie alles mitfühlen und miterleben, was um sie herum geschieht. Farne beispielsweise gedeihen nicht, wenn im Haus, in der Wohnung, in der Familie generell ein spannungsvolles, pessimistisches Klima herrscht.

Ein neugieriger Gehirnforscher verkabelte einst in seiner Freizeit eine seiner Lieblingspflanzen (eine *Monstera*) daheim mit allen erdenklichen Geräten zur Messung feinster elektrischer Ströme und Widerstände, um jede physiologische Aktivität zu messen, die während einer längeren Weltreise auftreten würden. Erstaunliches zeigte sich nach seiner Rückkehr: Immer *auf die Sekunde genau* dann, wenn er auf seiner Reise unter starkem Stress gestanden war, etwa kurz vor einem besonders wichtigen Vortrag, hatte die Pflanze zu Hause mit allen möglichen Ausschlägen der Messgeräte reagiert und dadurch alle Anzeichen von *Mitgefühl* gegeben.

Pflanzen reagieren auf die Menschen in ihrer Umgebung, für die sie da sind. Das wissen Sie auch aus dem letzten Kapitel, als wir über die Weisheit der Heilkräuter im Umgang mit uns sprachen. Deshalb unser Rat: Sprechen Sie mit Ihren Pflanzen. Das Geheimnis vieler Menschen mit dem »grünen Daumen« liegt schlicht darin, dass sie mit ihren Pflanzen kommunizieren, dass sie gedanklich mit ihnen sprechen oder besser noch: dass sie direkt mit ihnen sprechen.

Ich bin so aufgewachsen, dass es für uns eine Selbstverständlichkeit war, mit Pflanzen zu sprechen, ganz besonders mit Heilkräutern. Eine Pflanze muss wissen, was sie für uns tun soll. Sie ist sonst verwirrt und kann nicht ihre ganze Kraft entfalten. Ebenso wichtig wie das Mitteilen der Absicht war es, der Pflanze Achtung entgegenzubringen. Niemals wäre es mir in den Sinn gekommen, mich nicht bei einer Pflanze zu bedanken, wenn wir sie pflückten. Der zartfühlende, res-

pektvolle Umgang mit Pflanzen, der Dialog unter Freunden, wenn Sie so wollen, ist eines der wichtigsten Geheimnisse aller erfolgreichen Kräuterheilkundigen. Kräuterweihe, Erntedank und Tischgebet sind nur äußerliche Zeichen für das, was für uns Selbstverständlichkeit war – und ist.

Und für Sie wieder sein sollte. Wir könnten viele Seiten füllen mit dem Versuch, Ihnen die Bedeutung, ja, die Notwendigkeit dieser direkten Kommunikation mit den Pflanzen Ihres Gartens nahe zu bringen. Es wäre sinnlos, wenn Sie nicht selbst schon das Gefühl in sich tragen, wie wichtig das wäre.

Wenn beispielsweise etwas Ungewöhnliches passiert, wenn eine Ernte ausfällt, wenn Schädlinge kommen, wenn Pflanzen verkümmern, dann einfach erst einmal in die Pflanzen hineinversetzen und Ihr persönliches Gefühl sprechen lassen. Sie erfahren meist recht schnell, was sich die Pflanzen wünschen und worin ihr Problem liegt.

Wir wollen hier wie immer keine Überzeugungsarbeit leisten, sondern nur Gedächtnisstützen liefern für etwas, das Sie ohnehin in sich tragen: nämlich das klare, unbestechliche Gefühl dafür, dass Pflanzen lebendig sind, Intelligenz besitzen und unsere Achtung und Ansprache brauchen und verdienen.

Für den Anfang würde es genügen, wenn Sie einen Funken Dankbarkeit in sich entdecken für das, was diese Wesen für uns tun, unermüdlich und fast ohne unser Zutun. Ein wahres Geschenk des Himmels. Äußern Sie diese Dankbarkeit, murmeln Sie sie einfach vor sich hin. Es muss ja niemand hören.

Wenn Sie säen, setzen und pflanzen, dann vermitteln Sie den Samen und Pflänzchen Ihre Absicht, wenn Sie ernten, äußern Sie Ihre Wünsche und bitten Sie um Entschuldigung, dass jetzt die Pflanze ihr Leben für Sie lassen wird.

Wenn Sie Disteln ausreißen, entschuldigen Sie sich dafür – auch beim Stieglitz und bei den Schmetterlingen, deren Nahrung Sie mit den Disteln beseitigen.

Sie können einen Schritt weitergehen und mit allen Lebewesen um Sie herum sprechen – bis hin zu den Mücken, die Sie plagen (und Sie bitten, sich woanders breit zu machen). Es funktioniert, und es wird Sie – wenn es neu ist – zu einem anderen Lebensgefühl führen.

Dass Pflanzen sogar *miteinander* sprechen können, ist auch der Wissenschaft bekannt. Pflanzen rüsten sich beispielsweise zur Schädlingsabwehr, wenn nur eine oder wenige der gleichen Art befallen wird – selbst wenn der Befall in großer Entfernung geschieht und der Wind keine Chance hatte, die Information auf chemischem Weg zu übertragen!

Ja, und worüber unterhalten sich Pflanzen sonst noch?
Sie sprechen darüber, wie sie Ihnen am besten helfen können!

7. Schlüssel
Die Ernährung des Gartenvolks

In dem wir Ihnen zeigen, wie einfach es ist, Pflanzen mit Nahrung zu versorgen – ohne jede Chemie, ohne künstlichen Dünger, ohne Wasserverschwendung – einfach wie es uns die Natur vormacht. Kompostieren mit Hilfe des Mondrhythmus, Mulchen, Häckseln, Gießen: Richtiges Düngen ist aktiver Umweltschutz in Reinform und mit großer Wirkung.

Beim Besuch Ihrer besten Freunde möchten Sie gerne das Beste bieten, was Herz, Küche und Kochkunst hergeben, nicht wahr? Sie würden die Gesundheit der Gäste im Auge behalten und ihnen keine chemischen Geschmacksverstärker und giftige künstlichen Aromastoffe beimischen. Sie würden sie nicht bis zum Umfallen mästen, oder? Wenn Sie die gleichen guten Absichten bei der Ernährung Ihrer Pflanzen im Auge behalten, kann nichts schief gehen. Sie werden Gesundheit und Wohlbefinden ernten und wahre Schönheit genießen dürfen.

Zur Erinnerung und als Gedächtnisstütze: Die Fruchtbarkeit der Garten- und Feldböden in unserer kleinen Welt ist das Fundament unserer Ernährung. Sie sind unersetzliche Lebensgrundlage, extrem sensibel gegenüber Belastungen und kaum vermehrbar. Deshalb sollte eigentlich oberstes Gebot bei jeder Art von Nutzung sein, die Bodenfruchtbarkeit durch natürliche Bearbeitung und Bodenpflege zu erhalten und, wenn möglich, zu verbessern. Billionen größerer oder kleinerer Tierchen leben in einem Quadratmeter Gartenerde: Pilze, Algen, Bakterien, Regenwürmer, Schnecken, Milben, Springschwänze, Asseln, Insektenlarven, bis hin zu Mäusen und Maulwürfen. Diese Lebewesen bauen pflanzliche und tierische Reste zu Humus ab. Dabei entsteht keine Fäulnis, kein unangenehmer Geruch, es kommen keine lästigen Fliegen. Das Bodenleben verbindet die mineralischen Bodenbestandteile mit den Humusstoffen zu stabilen Krümeln. Diese Krümelstruktur sichert eine optimale Durchlüftung und Wasserspeicherkapazität sowie eine gute Durchwurzelbarkeit des Bodens. Neben Feuchtigkeit und Dunkelheit brauchen diese Helfer in der Erde Nahrung (Kompost und Mulchmaterial) und – vor allem Ruhe! Umgraben und einseitiges Düngen mit Kunstdüngern zerstören das Bodenleben.

Es geht viel einfacher – es *muss* viel einfacher gehen, wenn wir nicht weiterhin am Ast sägen wollen, auf dem wir alle sitzen. Am besten funktioniert auch hier: Einfach der Natur zuschauen. Die Natur arbeitet in einem ewigen Kreislauf, »Abfälle« kennt sie nicht.

Kompost – Motor des lebendigen Gartens

Der lebendige Garten gibt sich mit so wenig zufrieden: Ein wenig Liebe, ein wenig Gefühl und ein wenig Information. Beinahe genügt ihm das schon – aber nur fast: Ohne reifen *Kompost* können Sie ihn nicht auf Dauer am Leben erhalten. Ein Komposthaufen oder eine Kompostmiete sind unverzichtbar zur Ernährung Ihrer Pflanzen.

Der Laubwald zeigt es uns doch jedes Jahr von neuem, wie's funktioniert: Im Herbst spazieren wir überall durch dicke Laubschichten und welke Pflanzen auf dem Waldboden, und im Frühling ist das plötzlich fast alles verschwunden. Gewiss war dort keiner der törichten Laubsauger am Werk! Jedes Jahr baut der Waldboden riesige Mengen organischer Materialien wie Holz, Laub und Grünpflanzen zu hochwertigen Nährstoffen ab, die dem Wald dann wieder für sein Wachstum zur Verfügung stehen. Dasselbe können Sie auf kleinerer Fläche im eigenen Garten tun. Denn was wäre einfacher, als die Nährstoffe dort wiederzuverwerten und dem Kreislauf zuzuführen, wo sie entstanden sind?

Die Natur kennt zwei Arten beim Abbau von organischem Material. Der Abbau ohne Sauerstoff wird *Fäulnis* genannt, beim Abbau unter Einfluss von Sauerstoff spricht man von Verrottung oder »Rotte«. Bei der

Kompostierung strebt man die Rotte an, weil nur so ein vollständiger Abbau gesichert ist.

Kompost hat viele Vorteile: Durch seinen Anteil an Mikroorganismen, durch den Humus- und Nährstoffgehalt sowie durch die Bodenlockerung und die verbesserte Wasserspeicherung sorgt er für dauerhaft aktives Bodenleben. Die für einen gesunden Boden wichtigen Mikroorganismen und Regenwürmer werden nachhaltig gefördert. Kompost besitzt einen Pflanzenschutzeffekt, besonders Wurzelkrankheiten werden durch Kompost zurückgedrängt. Kompostschichten führen zu gleichmäßigerer Bodenfeuchte und schützen vor Bodenabtragung und Verschlämmung. Und das Beste: *Jede Form einer künstlichen Düngung wird überflüssig!*

Glücklicherweise sind die Grundregeln zum Betrieb dieses Gartenmotors mühelos zu erlernen. Zwar gibt es dicke Bücher zum Thema »Kompostieren«, die meist Unsicherheit und Überforderung hinterlassen, und nie und nimmer wäre ein normaler Mensch den beschriebenen Anforderungen gewachsen.

Die Lektüre dieser Bücher erinnerte mich an meine erste Schwangerschaft als junge Frau, als ich gleichzeitig begann, moderne Elternzeitschriften zu lesen. Für keine Frau auf der Welt wäre es möglich, den darin beschriebenen Ansprüchen gerecht zu werden. Gott sei Dank begann ich beim zweiten Kind wieder »normal« zu denken. Statt das Baby zu wiegen, zu desinfizieren, nach Gewicht zu füttern, zu messen, zu sterilisieren, zig Vorsorgeuntersuchungen zu besuchen, zu impfen, statt Angstmacherei und Allergiefurcht fiel mir wieder ein, dass Liebe das ganze Geheimnis ist. Alles andere richtet sich ganz von selbst. Und deshalb schreiben wir auch keinen Roman über den Kompost, sondern lassen ihn einfach entstehen, gemeinsam mit Ihnen.

Der Komposter und sein Platz

Zuerst brauchen Sie einen einfachen Holzlattenkomposter. Der kostet im Baumarkt wenig Geld, sollte unbedingt aus unbehandeltem Holz bestehen und ist einfach zum Zusammenstecken. Sie können ihn auch selbst herstellen, wenn die angebotenen Maße zu klein oder zu groß sind. Einfach vier Pfosten am gewählten Platz bei abnehmendem Mond in die Erde treiben und mit Latten verbinden, dabei einen Zwischenraum lassen – fertig ist der Jungbrunnen des Gartens. Welke Blätter, Rasenschnitt, Küchenabfälle wie Obst- und Gemüsereste lassen sich ab jetzt in fruchtbare Humuserde verwandeln, aus der neues Leben sprießt.

Der richtige Platz für einen Komposthaufen liegt möglichst windgeschützt im Halbschatten, um ein Austrocknen zu vermeiden. Für das Verrotten ist genügend Wärme wichtig, ein allzu schattiger Ort verlangsamt die Umwandlungsprozesse. Starke Sonneneinstrahlung können Sie verhindern, wenn Sie ein kleines Bäumchen an den gewählten Platz setzen. Richtig betriebener Kompost hat zwar einen angenehmen Duft nach Walderde, aber setzen Sie ihn trotzdem nicht direkt neben die Sitzecke des Nachbarn. Mit einer Hecke oder mit Stangenbohnen ist Ihr Kompost gut geschützt.

Wenn Sie sich für einen Platz entschieden haben, sollte auf der Fläche des Komposthaufens der Boden etwa zehn Zentimeter tief aufgelockert werden. Als wiederum etwa zehn Zentimeter dicke Unterlage eignet sich trockenes, saugendes Material – etwa trockener Rasenschnitt, klein geschnittene Zweige, Häckselgut, Mulch oder Stroh.

Der Aufbau des Bretterkastens und das Ansetzen des Komposthaufens sollten bei abnehmendem Mond erfolgen, das Feststampfen zu Beginn bei zunehmendem Mond, am besten einige Tage vor Vollmond. Als Alternative kommt beim Ansetzen eines Komposthaufens auch der absteigende Mond in Frage. Die Verrottung erfolgt bei Einhaltung dieser Zeiten wesentlich schneller. Zumindest einer der Impulse sollte Beachtung beim Aufbau und Ansetzen finden.

Was in den Kompost darf: Geeignet sind alle verrottbaren Stoffe aus pflanzlichen Abfällen, im Rohzustand und ohne Schadstoffe. Am besten sammeln Sie Ihre Abfälle in der Küche in einem offenen Kübel. Leeren Sie ihn möglichst täglich:

- *Frische Küchenabfälle*, Frucht- und Gemüseabfälle, restliche Salatblätter, Kartoffelschalen usw.
- *Gejätetes Unkraut* (von den Wurzeln befreit, wenn ausnahmsweise gerade zunehmender Mond herrscht). Kräuter und besonders viele Unkräuter sind ja Spezialisten für bestimmte lebenswichtige Nähr- und Mikrostoffe, die später wieder den Boden bereichern.
- *Überreife heimische Früchte und Gemüse*
- *Grasschnitt.* Aber nur sehr dosiert, eine Schicht von 5 bis 10 cm Dicke ist genug. Große Mengen führen zu Fäulnisbildung, und alles riecht fürchterlich. Ein richtiger Komposthaufen riecht niemals unangenehm! Der Grasschnitt kann auch mit Erde gemischt werden.
- *Teekraut und verbrauchte Teebeutel und Kaffeesatz samt Filter*
- *Blumensträuße* (natürlich ohne Bindedraht und -schnur bitte zerschneiden. Mit Vorbehalt, denn manch exotische Blume ergibt keinen guten Kompost).
- *Holzasche.* Aber nur wenn unbehandeltes Holz und nichts sonst in den Aschenkasten fiel. Nur locker auf der Oberfläche verteilen und nicht untermischen, weil es sonst die Kompostlebewesen zerstören würde.
- *Topfpflanzen*
- *Kleintiermist* (nur natürliche Einstreu und nur von Pflanzen fressenden Tieren)
- *Wildkräuter*
- *Laub, Baum- und Strauchschnitt* (maximal auf Fingerlänge häckseln, der Häckseldienst der Gemeinde hilft dabei!). Tief wurzelnde Bäume

speichern Wasser und lösen aus den tieferen Erdschichten wertvolle Mineralstoffe und Spurenelemente, die in ihren Zweigen und Blättern gespeichert werden. Baumzweige und Heckenschnitt, sowie Laub und auch Waldstreu bereichern auch den Komposthaufen. Wir bekommen dann einen sehr mineralstoffreichen Kompost, der später unseren Pflanzen viel Vitalität und Widerstandskraft gibt! Nussbaum- und Eichenblätter nur in sehr kleinen Mengen, sie verrotten sehr schwer, da sie stark gerbsäurehaltig sind.

- *Eierschalen* stören nicht im Komposthaufen, verrotten aber so langsam, dass es eigentlich kaum Sinn macht.

Schichten Sie das Material und Abfälle locker aufeinander, Schicht um Schicht. Steinmehl zwischendurch kann hilfreich sein, wenn nicht zu viel auf einmal gestreut wird. Aber Vorsicht! Nur wenig verwenden und nur obendrauf, nicht einarbeiten. Viele unersetzliche Helfer im Kompost gehen bei Berührung mit dem Steinmehl sofort zugrunde. Lassen Sie einfach die Natur die Arbeit machen, und genießen Sie es.

Auf Erdtage, besonders Jungfrau (aber auch Stier und Steinbock), sollten Sie achten, wenn Sie biologische Verrottungshilfen zugeben. Kalkzusätze fördern Humusbildung und gesunde Verrottung.

Zur Unterstützung des Rottvorgangs kann man auch halbreifen Kompost von einem Nachbar-Komposthaufen oder etwas Gartenerde zwischen die einzelnen Schichten mischen. Immer abwechselnd sperrige Materialien einfügen und bei zunehmendem Mond einige Male festtreten. Stallmist ist gut geeignet zur zusätzlichen Anreicherung mit Nährstoffen.

Trockenes Material kann vor dem Aufschichten etwas angefeuchtet werden. Eine Faustregel für das Aufschichten: Trockenes Material auf feuchtes, grobes Material auf feines.

Was nicht in den Kompost darf: Kranke Pflanzenteile und zu viel Wurzelunkraut gehören generell nicht auf den Kompost. Ebenso sind nicht alle Küchenabfälle geeignet, der Komposthaufen soll ja kein Müllplatz werden. Hier die Liste der Dinge, die nicht auf den Kompost gehören:

- *Speisereste von Gekochtem, ohne Ausnahme!* Speisereste (Fleisch, Käserinden) sind keine Küchenabfälle und locken früher oder später unerwünschtes Ungeziefer oder gar Ratten an.
- *Exotische Fruchtabfälle.* Keine Zitrusfruchtschalen, keine Bananenschalen, keine Kiwischalen und dergleichen.
- *Kohlstrunke.*
- *Katzensand und -streu* gehören aus gesundheitlichen Gründen auf gar keinen Fall auf den Kompost.
- *Unverrottbare Abfälle* wie Plastik, Scherben, Besteck, Schnüre usw.
- *Disteln.* Die Stacheln verrotten nicht schnell genug, um nicht doch irgendwann in Händen und Füßen zu stecken, wenn Sie den Kompost verteilt haben oder Ihre Kinder mit Erde arbeiten.
- *»Kompostierbare«* oder *»zersetzbare« Kunststoff- und Papiersäcke.* Sie enthalten zahlreiche Farbstoffe und Gifte, die Sie nicht in Ihrem Gemüse wiederfinden wollen!

Verschiedene Tierchen kümmern sich nun in verschiedenen Phasen um die guten Dinge, die der Kompost von Ihnen erhält: Zuerst Pilze und Bakterien, dann unzählige Kleintiere wie Tausendfüßler, Asseln, und Springschwänze, der rote Kompostwurm, und schließlich die Regenwürmer, die für eine weitere Lockerung und Durchmischung der Erde sorgen. Auch wenn Sie noch so neugierig sind: Lassen Sie den Kompost mindestens ein Jahr lang in Frieden, jedes vorherige Aufgraben und Umschichten würde diese Umwandlungsprozesse stark bremsen.

Komposternte und Anwendung: Nach etwa einem Jahr schichten Sie den Kompost auf eine Fläche direkt neben den Kasten. Der Boden sollte frostfrei und schon durchwärmt sein. Sobald der fertige Kompost unter den obersten Schichten zum Vorschein kommt, schaufeln Sie ihn auf die Seite. Der Kompost ist »reif«, wenn er etwa die Feuchtigkeit eines ausgedrückten Schwamms hat. Wenn Sie einen Holzstiel tief in den Kompost stecken und wieder herausziehen, so sollte an ihm keine Krümel oder Erde haften bleiben. Eine Reifetest funktioniert auch so: Säen Sie Kresse in einen mit feuchter Komposterde gefüllten Topf. Wenn sie gut keimt und nicht gelb wird, dann haben Sie »grünes Licht«.

Vielleicht schaffen Sie sich ein mittelstarkes Erdsieb an, um nur die feinste Qualität eines Krümel-Komposts zu ernten und dem Rest ein weiteres Jahr zu gönnen. Das Sieben des Kompostes dient der Abtrennung unverrotteter Bestandteile von den nach Walderde duftenden Krümeln, an denen Sie den reifen Kompost erkennen können. Der Siebrest (Holzteilchen, Aprikosenkerne usw.) sollte als Mittel zur Lockerung nasser, nährstoffreicher organischer Reste für die Kompostierung wieder verwendet werden. Mischen Sie also das nur teilweise verrottete Material zurück in den Kompostbehälter, beim zweiten Durchlauf oder im nächsten Jahr ist es dann meist abgebaut.

Und jetzt betrachten Sie erst einmal dieses schöne Ergebnis von einem Jahr Arbeit der Natur für Sie. Diese schöne dunkle Erde ist das Einzige, was Sie im Frühling auf Ihren Gartenbeeten verteilen müssen, um Ihre Pflanzen zu ernähren, am besten bei abnehmendem Mond, ideal an Jungfrau. Kompost wird niemals eingearbeitet, sondern nur wie Puderzucker zart aufgelegt. Die neuen Nährstoffe kommen dann dem Boden und den Pflanzen direkt zugute und in dem Maß, wie es die Pflanzen brauchen. Wenn sie untergearbeitet werden, waschen sich die Nährstoffe aus. Stellen Sie sich vor, Sie würden das eine Mal unter Ihrer gewohnten Decke aus einem Stück schlafen gehen und das andere Mal unter derselben Decke, aber in kleine Fetzen zerschnipselt. Wo fühlen Sie sich wohler? Nur wenn der Boden sehr dicht und lehmig ist, können Sie den Kompost ein wenig oberflächlich einarbeiten. Die Regenwürmer werden dann die restliche Arbeit tun.

In den ersten Jahren wird es nur eine dünne Schicht sein, die Sie jährlich »ernten« können. Das macht nichts. Wenn der Kompost nicht reicht, verwenden Sie ein oder zwei Jahre zusätzlich abgelagerten Stallmist. Keine Sorge: Gut abgelagerter Stallmist riecht ebenso wie Kompost nach Wald-

Kompostieren zum richtigen Zeitpunkt	
Der Aufbau des Bretterkastens	Bei abnehmendem Mond
Komposthaufen ansetzen	Bei abnehmendem Mond, alternativ bei absteigendem Mond
Feststampfen	Bei zunehmendem Mond, am besten einige Tage vor Vollmond
Zugabe biologischer Verrottungshilfen	An Erdtagen, besonders Jungfrau (aber auch Stier und Steinbock)
Kompost auflegen und verteilen	Bei abnehmendem Mond, ideal an Jungfrau

erde. Kompost ist übrigens nicht unbegrenzt »haltbar«. Mit der Zeit verliert er an Lebenskraft und an Nährstoffen, so dass er nicht mehr als Dünger oder als Anregung fürs Bodenleben taugt. Dies nur als Information, wenn Sie einmal zu viel Kompost haben (was allerdings sehr unwahrscheinlich ist).

In meiner Kindheit war der Komposthaufen der »Recyclinghof« für Küchenabfälle und nach einem Jahr hat man das Ergebnis, nämlich die fertige Erde, weiterverwendet. Der Komposthaufen wurde nicht weiter beachtet und hat auch niemals schlecht gerochen.

Viele Ratschläge kursieren zum Thema »Kompost«: Dass er unbedingt abgedeckt werden muss, dass er unbedingt rechtzeitig gelüftet werden muss, dass er eine bestimmte Innentemperatur haben muss, dass er »optimal feucht« gehalten werden muss, dass ihm Regen schadet. Und so weiter und so fort. Würden all diese Ratschläge stimmen, würde sich kein Herbstblatt mehr in Erde verwandeln, ohne vorher die Zustimmung der Wissenschaft eingeholt zu haben.

Wir wollen all diese guten Ratschläge nicht als »falsch« bezeichnen, nur: Uns ist das alles viel zu kompliziert, macht viel Arbeit und führt zum gleichen Endergebnis. Manchen Menschen gefällt es zwar, mit viel Aufwand dasselbe Ergebnis zu erzielen wie andere mit leichter Hand. Das ist aber nicht unser Weg und auch nicht Ihrer, sonst hätten Sie nicht beim Lesen bis hierher durchgehalten.

Vom richtigen Düngen

Haben Sie verwirklicht, was wir auf den vorigen Seiten angeregt haben, dann sind weitere Worte zum Thema »Düngen« eigentlich fast überflüssig. Dennoch wollen wir hier nicht schon aufhören und stattdessen das Bild noch weiter abrunden. Es ist schwer, eingefleischte Gewohnheiten über Bord zu werfen, und es gibt noch den einen oder anderen Tipp nahe zu bringen, den einen oder anderen Zusammenhang zu beleuchten, damit der Umstieg zum lebendigen Garten umso leichter fällt.

Sie wissen also jetzt: Der beste und wichtigste Dünger ist der selbst erzeugte Kompost, der in frühen und groben Formen auch als Mulchmaterial dienen kann. Gut ausgereift, ist Kompost bester, lebendiger Humus, der direkt aufgetragen und mit Mulch abgedeckt, aber nie untergegraben wird.

Was die Anwendung fast aller übrigen Formen von Dünger betrifft: Die Überdüngung ist heute eher die Regel als die Ausnahme und verhindert eine normale Wurzelbildung, besonders bei Obstbäumen. Die Düngermengen sollten sich stets nach dem Bedarf der Pflanze richten, und der ist in der Regel weit geringer, als heute vielfach angenommen wird, besonders, wenn man auf den richtigen Zeitpunkt des Düngens achtet. Wie überall in Garten und Feld sollte wieder Gefühl und Hausverstand und nicht Regel, Dogma und »Expertenmeinung« zum Maßstab werden. Einfach das Düngen zu unterlassen hilft jedoch nur in seltenen Fällen weiter, außer Sie wissen Bescheid, wie man gekonnte Bodenbearbeitung macht. Es gibt Landwirte, die seit Jahrzehnten überhaupt nicht mehr düngen – bei besten Erträgen und höchster Qualität der Erntefrüchte. Dennoch, wenn Sie Ihre Pflanzen nur langsam umgewöhnen wollen oder wenn Sie Spezialkulturen pflegen, können die folgenden Tipps Ihr Leben sehr erleichtern.

Der richtige Zeitpunkt des Düngens: Sie können es regelmäßig selbst beobachten: In der Zeit des abnehmenden Mondes, beginnend gleich nach Vollmondtag, kann die Erde viel mehr Flüssigkeit aufnehmen als bei zunehmendem Mond. Vielleicht haben Sie sogar schon die Erfahrung gemacht, dass an manchen Tagen das Düngen verheerende Wirkung haben kann – Grasnarben verbrennen, Blätter fallen ab, Wurzeln bilden sich zurück oder sterben ab. Aus Unkenntnis ist dann so gut wie sicher bei zunehmendem Mond gedüngt worden.

An anderen Tagen bringt das Düngen den gewünschten Erfolg, schädliche Begleiterscheinungen bleiben aus. Achten Sie deshalb beim nächsten Düngen einmal auf den Mondstand, und beobachten Sie, wie gut die Erde bei abnehmendem Mond das jeweilige Düngemittel aufnimmt. Die folgenden Regel gelten natürlich auch für alle Zimmer- und Balkonpflanzen.

Düngen zum richtigen Zeitpunkt

Düngen generell günstig	Bei abnehmendem Mond, ideal kurz nach Vollmond
Blumendüngung	Bei abnehmendem Mond an Blatttagen (Krebs, Skorpion, Fische)
Blumen mit schwacher Wurzelbildung zwischendurch düngen	Bei abnehmendem Mond an Wurzeltagen (Stier, Jungfrau oder Steinbock)
Blumen düngen, die nicht mehr recht blühen wollen	Bei abnehmendem Mond an Blütentagen (Zwillinge, Wassermann, Waage). Jedoch nicht zu oft, weil sonst Läuse angelockt werden
Gemüse und Obstbäume düngen	Bei abnehmendem Mond an Fruchttagen Widder oder Schütze. Löwe nicht so gut geeignet, weil Boden und Pflanzen stark austrocknen würden

Sie werden überrascht sein über die Wirkung, die von der Wahl des richtigen Zeitpunkts ausgeht. Ignorieren Sie getrost die Anwendungsvorschriften der Präparate, und entwöhnen Sie Ihre Pflanzen langsam von der übertriebenen Düngung. Sie werden sehen – der Erfolg gibt Ihnen Recht. Kunstdünger sollten Sie niemals anwenden, das wissen Sie jetzt. Wenn es doch einmal sein muss, dann ebenfalls bei abnehmendem Mond und niemals an Löwe. Erde und Saatgut verbrennen leicht, besonders auf ohnehin trockenen Böden. Löwe ist im ganzen Tierkreis das »feurigste« Zeichen.

Zu Kunstdünger einige Anmerkungen, weil er immer noch weithin Verwendung findet: Angenommen, Sie haben eines Tages die Überzeugung gewonnen, dass Schlaf Zeitverschwendung ist. Sie entscheiden sich, ab sofort nur noch zwei Stunden lang zu schlafen und in der »gewonnenen« Zeit mehr Geld zu verdienen. Sie merken schnell, dass es möglich ist, Ihr Ziel zu erreichen, allerdings nur mit Hilfe der regelmäßigen Einnahme von Aufputschmitteln. Überlegen Sie jetzt in Ruhe: Wie wird es um Ihre Gesundheit stehen – nach einer Woche, nach einem Monat, nach einem Jahr?

Vielleicht haben Sie ja dann das Geld für die Kosmetik, den Schminkkurs, die Schönheitsoperation zusammenbekommen, um nach außen wie ein Fotomodell oder Dressman auszusehen. Sicherlich ist Ihnen klar, was Sie gleichzeitig geschaffen haben: den idealen Nährboden für jede Art körperlicher und seelischer Krankheit. Auf »Schädlinge« aller Art üben Sie jetzt unwiderstehliche Anziehungskraft aus.

Warum? Weil die Natur so funktioniert! Weil schwächende Einflüsse immer dort leichtes Spiel haben, wo die Kreisläufe und Zusammenhänge der Natur missachtet werden. Und jetzt wissen Sie auch, was beim Düngen mit Kunstdünger geschieht. Genau betrachtet müssen wir uns glücklich schätzen, dass die Natur sich mit so viel Kraft und Unbeugsamkeit auf solchermaßen misshandelte Gemüse und Früchte stürzt und mit ihrer Vielfalt an »Schädlingen« versucht, das Blendwerk auszurotten. Und zu entlarven als das, was es ist: schöner Schein ohne echten Nährwert.

Jetzt wissen Sie auch was Pestizide sind, was Schädlingsbekämpfungsmittel eigentlich bedeuten: Nämlich den Versuch, die Folgen des einen Fehlers mit einem zweiten Fehler zu beseitigen. Wir vergiften Pflanzen, Boden und Menschen mit Kunstdünger – und versuchen, den Schaden dieser Gifte durch noch stärkere Gifte zu beseitigen.

Kunstdünger ist: Schwächung und Entwertung der Pflanzen, Zerstörung des Bodenlebens, Schwächung der Menschen, die sich von solchen überzüchteten Pflanzen ernähren oder sich mit ihnen umgeben, Grundwasserbelastung und damit Belastung unseres wichtigsten Nahrungsmittels.

Die Gefahr von Frostschäden an Bäumen und mehrjährigen Sträuchern besteht nur bei einer Überdüngung, weil sich das Holz und das Pflanzengewebe aufschwemmt. Es »reift« nicht mehr im eigentlichen Sinne des Wortes. Stellen Sie sich einen hoch aufgeschossenen 14-jährigen Schüler vor, den man in die knallharte Geschäftswelt schickt. Zwar ist es kein »Frostschaden«, den er erleidet, aber dennoch etwas Vergleichbares. Mit der Hochzüchtung künstlich gedüngter Pflanzen beginnt ein Teufelskreis, denn man erhält Schwächlinge im wahrsten Sinne des Wortes. Groß, dick, bunt – aber nicht robust. Darüber freuen sich die Giftmischer, um sogleich neue »Hilfe« anzubieten. Der Kreislauf abwärts nimmt hier seinen Anfang. Dünne, empfindliche Zellwände bieten Angriffsfläche für Wind und Wetter, für Insekten und Pilze, und reduzieren die spätere Lagerfähigkeit stark. Wieder wird gespritzt und gedüngt, Nitrat (Stickstoff) reichert sich im Grundwasser an und sorgt für eines der größten Probleme unserer Trinkwasserversorgung, mit allen gesundheitlichen Folgen, besonders für unsere Babys und Kinder. Sie vertrauen den gesetzlichen Grenzwerten von Schadstoffen in Pflanze und Boden? Die existieren niemals zum Schutz der Menschen, sondern nur zum Schutz der Agrarindustrie, die »konkurrenzfähig« bleiben soll. Ein legaler Irrsinn, auf unser aller Kosten. Es gibt sogar Wissenschaftler, die behaupten, Nitrat sei ja ohnehin auch natürlich im Boden und Grundwasser vorhanden. Eine schlichte Lüge, denn Stickstoff kommt in tieferen Bodenschichten niemals natürlich vor. Durch Gießen und Düngen vergiften wir unser Grundwasser und schwächen, was eigentlich unserer Gesundheit dienen soll – unsere Feldfrüchte. Ein natürlicher gesunder Stickstoffhaushalt entsteht, wenn wir (wenigstens hin und wieder) Heu, Laub und Rasenschnitt bei abnehmendem Mond liegen lassen. Bei zunehmendem Mond ist es sinnvoller, das Laub und Mähgut zusammenzurechen und auf den Komposthaufen zu werfen, weil die Erde das Grün nicht so gut aufnehmen kann. Stickstoff hat eine geringe Speicherfähigkeit, und wird unmittelbar von den Wurzeln aufgenommen, wenn es regnet. Deshalb empfinden wir alles so schön frisch und grün nach einem Gewitter. Heute wird ja viel zu viel gegossen, die Pflanzen sind völlig irritiert und betäubt, und mögen irgendwann gar nichts mehr. Sie sind unzufrieden wie verwöhnte Kinder, weil sie eigentlich alles haben, aber doch das Wesentliche fehlt.

Natürlicher Dünger

Mit Recht könnten wir es so formulieren: Lasst die Pflanzen wieder ihre Arbeit tun, und sie werden es euch danken! Entlasst sie in die Selbstständigkeit und helft mit Liebe nach, wo es notwendig ist. Und entlasst euch selbst in die Muße und den Frieden, der entsteht, wenn ihr euch nicht mehr mit Düngen, Gießen usw. verrückt macht. Und solltet ihr doch einmal zu wenig Nahrung für eure Pflanzen haben, dann greift zu natürlichen Düngern wie beispielsweise:

Kuhmist: Dieser Dünger wäre neben reifem Kompost die zweitbeste Pflanzennahrung, wenn einige Voraussetzungen erfüllt sind: Mindestens ein Jahr abgelagert – natürliche Fütterung der Kühe mit Heu (kein Silofutter! Kein Tiermehl) – gemischt mit Stroh, weil nur dann die Regenwürmer sich wohl fühlen. Dann ist er geeignet als Wiesendünger, für Gemüsebeete, Obstbäume, auf Gartenbeeten (vor dem Winter oder direkt auf den letzten Schnee), und natürlich als belebende Zugabe für den Kompost. Ausbringen immer bei abnehmendem Mond und nicht mehr als gerade den Boden bedecken. Wie Sie an solchen Mist kommen? Am besten eine größere Fuhre vom Bio-Bauern in Ihrer Nähe liefern lassen.

Schaf-, Ziegen- und Hasenmist: Ist sehr stickstoffhaltig! Ideal geeignet für schwachen Wuchs. Bei Stickstoffmangel mit Erde vermischt und abgelagert verwenden. Sonst sollte er nur für stark zehrende Gemüse verwendet werden, wie beispielsweise Blumenkohl oder Tomaten.

Enten- und Hühnermist: Ist phosphor- und stickstoffhaltig. Für Blumen und blühende Ziersträucher. Diesen Dünger dürfen Sie nie frisch verwenden, sonst verbrennt alles! Entweder setzen Sie damit eine Jauche an oder lassen ihn gut ablagern und vermischen ihn mit Erde. Am besten landet er in dünner Schicht im Kompost.

Pferdemist: Geeignet vor allem fürs Frühbeet. Pferdemist wärmt gut und heizt das Frühbeet von unten. Uns ist seine Verwendung nur als Frühbeetunterlage bekannt, oder auf dem Kompost, wo er ablagern kann.

Gründünger: Nur in Wüsten und in anderen Extremlagen gibt es in der Natur freie Flächen. Mit anderen Worten: Statt nach heftigem Umgraben (und damit Zerstören des Bodenlebens) brachzuliegen, sollten Sie jeder freien Fläche im Garten die Gründüngung gönnen. Im privaten Garten erledigt die Gründüngung am besten eine gut gewählte Folgefrucht, beispielsweise Spinat, Feldsalat oder Blumen. Selbst wenn vor dem Winter nicht geerntet werden kann, dient es dem Boden. Er wird von den Wurzeln durchlockert und mit Pflanzen wie Lupinen, Klee oder Wicken kann der Boden mit Stickstoff angereichert werden. Gründüngung als Zwischenkultur bietet weitere Vorteile: Tiefwurzler holen Nährstoffe aus dem Unterboden, und die Pflanzen dienen als Nektar- und Pollenquelle für die Bienen, vor allem im Herbst. Gründüngungspflanzen werden ja nicht geerntet, führen also dem Boden direkt wieder Nährstoffe zu, wenn man sie abmäht und bei abnehmendem Mond liegen lässt.

Die Industrie behauptet, es sei »natürlich nicht möglich, die Menschheit zu ernähren«, wenn ausschließlich menschenwürdige, natürliche, ungiftige Methoden im Pflanzenbau angewendet würden. Jeder Bio-Landwirt kann Ihnen sagen, dass er gleiche oder höhere Erträge nach dem Umstieg erzielen konnte – wenn er Geduld hatte und auf den richtigen Zeitpunkt achtete. Vergessen Sie nie: *Sie* sind der König Kunde. *Sie* haben es in der Hand, wohin der Zug geht. Mit Ihrer kleinen Entscheidung zum Guten wenden Sie das Schicksal der Welt.

Unverzichtbare Freunde

Zum Schluss noch ein Dank an einen unserer besten Freunde. Gäbe es einen Nobelpreis für Tiere, wer würde wohl den Preis in der Sparte »Dienst am Menschen« gewinnen? Wir sind absolut sicher, es wäre mit weitem Abstand der Regenwurm!

Kein Geringerer als Charles Darwin hat den Regenwürmern ein ganzes Buch gewidmet. Als Nachwort schreibt er: »Es ist ein wunderbarer Gedanke, dass sämtlicher Humus der oberen Bodenschichten durch die Regenwürmer gegangen ist und wiederum nach wenigen Jahren die Körper der Würmer passieren wird. Der Pflug ist eine der ältesten und wertvollsten menschlichen Erfindungen. Doch lange bevor der Pflug existierte, wurden die Böden regelmäßig gepflügt und sie werden immer und fortwährend durch die Würmer gepflügt. Es darf bezweifelt werden, ob es viele andere Tiere gibt, denen eine so wichtige Rolle in der Erdgeschichte zukommt, wie diesen niedrig organisierten Geschopfen.«

Wir haben ihm so viel zu verdanken: den duftenden Garten, die Blumenwiesen im Gebirge, die Üppigkeit des tropischen Regenwaldes. Lebendig begraben sichert er den Bestand unserer Welt, indem er sie frisst. Täglich nimmt er eine Nahrungsmenge in Form von Blättern, Gras, Kräutern und Erde zu sich, die seinem Gewicht entspricht. Dabei düngt und entwässert er den Boden, fördert das Pflanzenwachstum und wirkt der Erdabtragung entgegen. In unermüdlicher Arbeit verstärken Regenwürmer die Humusschicht alle zehn Jahre um 2,5 cm. Er kaut sich in wenigen Tagen durch ein ansehnliches Stück Erde und dringt manchmal bis in zweieinhalb Meter Tiefe vor. Seine Tätigkeit lockert den Boden, macht ihn für Luft und Wasser durchlässig und erleichtert es den Pflanzen, ihre Wurzeln auszubreiten.

Als Allesfresser macht er sich an jede Substanz, von toten Insekten bis zu den Schuppen von Tannenzapfen. Blätter und Grashalme, die ihm zu zäh sind, bedeckt er mit einer Art Speichel, der die Nahrung aufweicht, oder er vergräbt sie, damit sie sich zersetzen.

Er ist der Bodenbearbeiter, der uns alle Arbeit abnimmt, würden wir ihn nur lassen. Er macht das Erdreich fruchtbar, indem er es aufwühlt, pflanzliche Stoffe von oben unter die unterliegenden Schichten mischt und mineralische, unverbrauchte Erde nach oben bringt, wo die Pflanzen sie nutzen können. Salze und Säuren, die den Verdauungstrakt des Regenwurms passieren, werden stark neutralisiert. Und Mineralien und Chemikalien, die in der Erde enthalten sind, werden aufgespaltet, so dass die Nährstoffe von den Pflanzen leichter assimiliert werden können.

Wer die Oberschicht des Bodens und den Kot der Regenwürmer analysiert und vergleicht, entdeckt, dass der Kot fünfmal so viele Nitrate, doppelt so viel Phosphor und elfmal so viel Kalium enthält – in einer für die Pflanzen »verdaulichen« Form. Der Regenwurm ist ein guter Hirte der Pflanzen. Jedes ausgewachsene Tier hinterlässt ungefähr 200 Gramm Humus pro Jahr. Wenn Sie also das nächste Mal einem Regenwurm bei der Gartenarbeit begegnen, dann wissen Sie jetzt, wen Sie vor sich haben.

Vom Sinn des Mulchens

Ein Großteil der Bemühungen derjenigen, die einen lebendigen Garten betreuen, richtet sich auf die Erde, vor allem auf die obere Humusschicht. Um diese Humusschicht mit Leben zu erfüllen, schützt ihr Hirte den Boden, unter anderem durch Mulchen – durch *das Bedecken mit organischem Material.* Damit werden auch die unzähligen Bodenlebewesen bei Laune gehalten, die für die Entstehung der Humusschicht verantwortlich sind.

Mulchen – das ist das Abdecken der Erde, beispielsweise mit kleinsten Rindenstückchen, Zweigresten, Stroh oder Häckselgut. Besonders sinnvoll ist das bei neu eingepflanzten Bäumen und Sträuchern, die durch den

Mulch gleichsam eine Babydecke erhalten. Mulchen verhindert das Austrocknen der Erde und versorgt die Bäume mit Feuchtigkeit. Ein unbedeckter Boden, der Sonne und dem Regen schutzlos ausgeliefert, führt zu verschlämmter und verhärteter Bodenoberfläche, zu schnellem Austrocknen, das Bodenleben wird fast unterbrochen. Ein gemulchter Boden dagegen schützt und nährt das Bodenleben, sorgt für eine Zunahme des Humusgehaltes und zusätzliche Nährstoffzufuhr.

Auch die Gehwege zwischen den Beeten mulchen manche Zeitgenossen und welchen Sinn Mulchdecken aus Baumrinden auf Kinderspielplätzen haben, wissen alle Mütter und Väter, die schon kurz nach einem Regenguss von ihren Kleinsten wieder auf den Spielplatz getrieben werden. Baumrinden riechen sehr gut, sehen gut aus, aber sie machen den Boden saurer, was einige Pflanzen nicht so gut vertragen. Also etwas dosiert mit den duftenden Rinden umgehen.

Das Mulchen kann in besonderem Maße vom richtigen Zeitpunkt profitieren: Mulchen sollte immer bei abnehmendem Mond erfolgen. Bei zunehmendem Mond würde die Mulchschicht nicht liegen bleiben, verweht oder zur Seite getreten werden. Der richtige Zeitpunkt ist besonders wichtig an Abhängen, selbst an flachen Hängen. Weil schon einige Regengüsse genügen, um alles den Abhang hinunterzuwaschen.

Wenn Sie einen großen Garten haben, dann lohnt sich die Anschaffung eines Häckselgeräts. Alles, was bei Ihnen an trockenen Ästen und anderem gröberen Material anfällt, bis hin zu vertrockneten Sonnenblumenstängeln, schichten Sie einfach im Laufe der Zeit auf einen besonderen Haufen und lassen ihn bis zur Staubtrockenheit liegen. Dann ab durch die Häckselmaschine (nicht gerade an einem Sonntag) und das Häckselgut daneben aufschichten. So haben Sie immer einen Vorrat an wertvollem Mulch (und an Lockerungsmaterial, wenn der Kompost einmal zu dicht und feucht geworden ist!).

Bei kleinen Gärten ist ein Häcksler eher nicht notwendig, weil es Mulch überall beim Gärtner auch zu kaufen gibt. Manche Stadtverwaltungen und Recyclinghöfe geben ihn sogar kostenlos ab.

Ein guter Weg, um den gleichen Effekt wie beim Mulchen zu erzielen, wäre es, das Wort »Unkraut« nie wieder zu verwenden, sondern die Pflanzen als natürliche Reaktion der Natur betrachten. Ausnahmslos alles, was die Natur tut, tut sie für uns. Jede ihrer Äußerungen und Bewegungen ist ihre Form des Sprechens zu uns. Gentechnik ist nichts anderes als die Folge der Tatsache, dass wir nicht die Geduld haben, ihre Sprache zu übersetzen. Erst wenige Prozent aller Kräuter sind auf ihre Heilwirkung untersucht – da pfuschen wir schon im Erbmaterial herum wie Blinde, die einen Regenbogen analysieren. Aber selbst dafür lassen sich Nobelpreise gewinnen, wie wir wissen. Beikräuter sanft zu lenken, hier und da ein Zuviel auszujäten, das ist manchmal der bessere Weg als Mulchen. Davon ein wenig mehr im nächsten Kapitel ab Seite 199.

Gießen und Bewässern – vom richtigen Umgang mit Wasser

Wir könnten es uns einfach machen und Ihnen die wenigen Regeln zum richtigen Gießen und Bewässern von Pflanzen in Form des kleinen Kastens am Schluss anbieten und es damit bewenden lassen. Genau genommen wäre damit nämlich alles gesagt, und Sie könnten die wenigen Regeln mit großem Gewinn anwenden. Dieses Thema ist jedoch in seinen Auswirkungen viel zu wichtig, und wir wissen natürlich auch, dass viele Leser wohl erst einmal merkwürdig berührt sind. Wir müssen ein wenig mehr ins Detail gehen, wenn unsere wichtigste Empfehlung keine Missverständnisse aufkommen lassen soll: *Hören Sie auf, in Ihrem Garten zu gießen!*

Tomaten gelten als besonders durstig. Unsere Tomaten bekommen beim Einpflanzen ein wenig Wasser zum Anwurzeln. Danach keinen Tropfen mehr, bis zur Ernte. Auch nicht im Dürresommer 2003, als es bei uns zwei Monate lang nicht regnete. Wir ernten Tomaten bis in den Herbst hinein, manchmal auch noch bis in den November/Dezember, wenn die letzten kopfüber hängend im Geräteschuppen landen, um nachzureifen.

Fast überall auf der Welt behandeln wir das Lebenselixier Wasser, als ob wir die Wahl hätten, es zu trinken oder auch nicht. Wir gehen mit dem Blut der Erde um, als ob sich seine schleichende Vergiftung vielleicht irgendwo im letzten Winkel des Weltalls auswirkt – aber nicht bei uns. Wir schütten Altöl in den Kanal, weil es »uns ja dann nichts mehr angeht«. Wir bekämpfen den Lauf des Wassers mit Beton und Begradigung, statt zu erkennen, dass Wasser immer siegen wird, es sei denn, man macht es sich zum Freund. Wie viele Überschwemmungen und Dürren brauchen wir denn noch, um uns wieder an das Natürliche und Normale zu erinnern?

Manche trinken Mineralwasser, weil sie wissen, dass das Wasser aus ihren Hähnen nicht mehr genießbar ist. Sie halten das für eine »Lösung«. Sie wissen nicht, dass es eine Lösung von demselben Wert ist wie das Aufsetzen einer Gasmaske bei schlechter Luft. Die Regenwasserkanäle, die das Wasser davon abhalten, zu fallen, wo es hingehört und es in die Kanalisation umleiten. Das Bewässern des eigenen Gartens, das Waschen des Autos, die Toilettenspülung mit Trinkwasser. Wir haben nicht mehr viel Zeit, zu erkennen, was wir da eigentlich treiben. Zum Beispiel das Gießen und Bewässern des eigenen Gartens: Wie verschwenderisch und schön die Natur doch alles grünen und blühen lässt – reiches Pflanzenleben, bewässert nur mit »zufälligen« Regengüssen, aus tiefen Wurzeln und vom Tau der Nacht saugend und wochenlange Trockenheit mühelos überstehend?

Und diese ganze Pracht nur wenige Meter neben einem künstlich bewässerten Garten, dessen schwachbrüstige Pflanzen Angriffen von Ungeziefer und Schädlingen und Dürrezeiten schutzlos ausgeliefert sind – es sei denn, ihr Besitzer vergiftet Menschen, Vögel, Insekten und Grundwasser bei dem Versuch, die künstlich hochgepäppelten Schwächlinge zu retten. Wahrlich, wir müssen nur die Augen öffnen, um unsere Probleme zu lösen.

Wir wollen uns jetzt nicht beklagen oder gar nach einem Schuldigen suchen. Im Gegenteil: Solange sich die Menschheit in den Schlaf wiegt mit der Überzeugung, es genüge, versichert zu sein und irgendeinen Schuldigen zu finden, solange werden wir keinen Schritt vorwärts kommen, sondern im gegenwärtigen, ziellosen und traurigen Zustand erstarren. Ein Zustand, in dem es leicht fällt, uns alle in Abhängigkeit und Unmündigkeit zu halten. Die Natur führt keinen Kampf gegen die Menschheit, sondern gibt ihr alles, was sie braucht, wenn jeder Einzelne lernt, in Freundschaft mit sich selbst und mit der Natur zu leben. Diese Freundschaft kann niemals gesetzlich verordnet sein. Sie ist die eigene persönliche Leistung, die eigene persönliche »kleine Entscheidung zum Guten«.

Wir brauchen sauberes und lebendiges Wasser. Woher kommt das Wasser, das aus meinem Wasserhahn fließt? Ist es sauber oder »sauber gemacht«? Wohin fließt Wasser, wenn es in meinem Ausguss abwärts gurgelt, und womit habe ich es gemischt? Wohin fließt das Wasser, das in meinen Regenfallrohren in die Tiefe rauscht? Was bedeutet der Aufdruck auf meinem Waschmittel »Zu 99 % biologisch abbaubar«? Was geschieht mit dem *restlichen Prozent*?

Denken Sie ein wenig über diese Fragen nach, behalten Sie sie im Auge. Wasser ist Leben. Jeder einzelne Tropfen. Nicht ein einziger ist entbehrlich und kann gefahrlos verschwendet und vergiftet werden. Alle gehören zu allen. Wasser ist Leben. Bleiben Sie in Ihren Gedanken am Ball, übernehmen Sie Verantwortung für das Wasser in *Ihrem* Leben, und gehen Sie sparsam und verantwortlich damit um. Wenn nur wenige auf unser Wasser achten, lastet eine übermenschliche Verantwortung auf ihnen. Jeder Einzelne von uns muss eine gesunde Einstellung zum Wasser entwickeln, damit sich die Verhältnisse umdrehen und wir einen guten Weg in die Zukunft einschlagen können.

Angießen genügt

Hören Sie auf, Ihre Pflanzen im Freien zu gießen! Es genügt völlig, wenn das Saat- und Setzgut zu Anfang gut angegossen wird. Sollte gerade eine Trockenperiode herrschen, kann man auch noch ein paar Tage länger wässern, doch dann sollte unbedingt Schluss sein. Zusätzliches Gießen ist in unseren Breiten völlig sinnlos. Regelmäßiges Gießen ohne Rücksicht auf die natürlichen Gegebenheiten verwöhnt die Erde, macht alle Pflanzen faul und träge, die Wurzeln wachsen flach, nicht mehr in die Tiefe, Dünger wird fortgeschwemmt, die Qualität der Erntefrüchte ist leblos. Im natürlichen Rhythmus von Regen und Trockenheit wird die Erde und auch die Pflanze »wach«, reckt und streckt sich, beginnt zu atmen. Sie weiß, dass jeder Tropfen zählt, holt sich, was sie braucht. Die innere Kraft einer solchen Pflanze ist eine andere – und die ihrer Früchte ebenso.

Jede Pflanze merkt genau, wenn der Regen kommt, schon Stunden vorher. Sie schließt ihre Poren, nimmt das Nass optimal auf. Kommt »Regen« ohne ihr Vorauswissen, erleidet sie einen Schock – wie auch wir schockiert wären, wenn wir in der Sonne im Liegestuhl liegen und eine kalte Dusche erhalten.

Pflanzen sind sehr lernfähig, zum Guten wie zum Schlechten. Der Schockzustand der Pflanze weicht nicht so schnell, sie vertraut der Sonne nicht mehr. Ihre Blätter gehen nicht mehr in den Bereitschaftszustand fürs Nasswerden über, werden dadurch anfällig und welken. Wir stehen ja auch nicht nass im Regen herum, wir schützen uns. Ebenso die Pflanzen – ohne Ausnahme. Beobachten Sie Ringelblumen, beobachten Sie einen halb blühenden Löwenzahn, beobachten Sie viele andere Pflanzen, die sich schließen, lange bevor der Regen kommt (wobei das Schließen fürs bloße Auge oftmals nicht sichtbar ist).

Regelmäßiges Gießen ist fast immer gleichbedeutend mit erfolgreicher Schneckenzucht. Wenn es dagegen regnet, kommen die Schnecken zwar auch, aber sie haben ja eine natürliche Aufgabe in den Kreisläufen der Natur, nämlich das Überflüssige im Garten zu beseitigen. Schnecken fressen normalerweise weder Salat noch Blumen, sie fressen Verwestes, aber wenn sie in Massen auftreten, dann geht es eben auch den Kulturpflanzen an den Kragen (siehe auch Seite 219ff.).

Doch nicht zu schnell: Es wäre ein Fehler, im Vertrauen auf die Natur und unsere Ratschläge sogleich jede künstliche Bewässerung einzustellen. Pflanzen und Boden müssen sich langsam an das Natürliche zurückgewöhnen. Wie ein Muskel, der durch Nichtgebrauch schlaff geworden ist: Zuerst kommt das Training, dann der Muskelkater, dann die Kraft – in dieser Reihenfolge. Entwöhnen Sie die Freilandpflanzen, gießen Sie nach den neben stehenden Regeln noch eine Zeit lang und dann immer weniger. Die Beobachtung zeigt Ihnen, ob und wann Sie damit aufhören können. Vielleicht noch ein Trick für einen Garten »in Umstellung«: Gerade *weil* Pflanzen genau fühlen, wann der Regen kommt, und sich dann darauf einstellen, wäre es kein Schaden, wenn Sie kräftig gießen – während es regnet! Aber das muss wirklich kräftig und tief gehend sein, nicht nur ein oberflächliches Geplätscher. Dieser Trick ist genau dann sinnvoll, wenn der Regen beispielsweise nach längerer Trockenheit einsetzt und es nur bei einem kurzen oberflächlichen Schauer bleibt, wie es ja oft in der Nähe von Sommergewittern der Fall ist. Man sehnt den Regen herbei und dann bleibt es nur bei ein paar Tropfen. Hier können sie der Natur gefahrlos ein wenig nachhelfen.

Manchmal gelingt eine Umgewöhnung im laufenden Jahr nicht mehr, dann müssen sie einfach im nächsten Jahr ganz von vorne anfangen und Ihre Kartoffeln, Tomaten, Kohlrabi von Anfang an in Ruhe lassen. Trauen Sie sich! In Verbindung mit dem richtigen Zeitpunkt von Saat, Pflanzung und Pflege erhalten Sie eine Qualität Ihrer Erntefrüchte, die für sich selbst spricht.

Vielleicht klingt es wie utopische Zukunftsmusik, aber: Dürreschäden in der biologischen Landwirtschaft ließen sich mit dem Verzicht auf künstliches Bewässern oder Bewässern zum richtigen Zeitpunkt auf ein Minimum reduzieren. Eigentlich wäre es ganz einfach: Die Landwirte mit den größten Dürreschäden müssten die höchsten Strafen zahlen. Dann hätten wir ganz schnell wieder Qualität auf dem Tisch, die Natur würde zurückkehren. Und Wasser würde wieder besser behandelt und nicht verschwendet werden. Aber weltweit bekommt die Landwirtschaft für ihre falsche Behandlung auch noch Zuschüsse.

Gießen und Bewässern zum richtigen Zeitpunkt	
Gießen im Garten und Freiland	Generell überflüssig
Zimmer-, Balkon- und Topfpflanzen gießen zur Umgewöhnung	An Blatttagen (Krebs, Skorpion, Fische) und zwischendurch an Wurzeltagen (Stier, Jungfrau, Steinbock). Am besten abends
Zimmer-, Balkon- und Topfpflanzen gießen	An Blatttagen (Krebs, Skorpion, Fische). Am besten abends
Ungünstigste Zeitpunkte zum Gießen	An Blütentagen (Zwillinge, Waage, Wassermann) und bei direktem Sonnenschein

Zimmerpflanzen und Balkonpflanzen müssen gegossen werden, jedoch niemals so häufig, wie es üblich ist, beziehungsweise aufgedruckten Empfehlungen entspricht. Zimmerpflanzen sollte man vorzugsweise an Blatttagen gießen (Krebs, Skorpion, Fische), am besten mit kalkfreiem Regenwasser oder abgestandenem Wasser. Vielleicht werden Sie sich über diesen Rat wundern, ja ihn sogar für »grausam« halten, denn Blatttage tauchen ja nur in Abständen von sechs bis acht Tagen auf. Dennoch: Nur an diesen Tagen zu gießen, reicht völlig aus (mit Ausnahme mancher exotischer Pflanzen). Pflanzen mit hohem Wasserbedarf gießen Sie einfach mehrmals täglich an allen zwei oder drei Blatttagen.

Selbst wenn wir eine zweiwöchige Reise unternehmen, muss bei uns niemand zum Gießen der Zimmerpflanzen vorbeischauen. Zum letzten Mal an einem Blatttag ausgiebig gegossen – eventuell so, dass im Unterteller noch Wasser steht –, dann halten das alle Pflanzen durch. Gewöhnen Sie Ihre Pflanzen langsam und nicht radikal an den neuen Rhythmus. Ausnahmen sind manche sehr durstige Zimmerpflanzen und manche exotische Gartenpflanzen, die ein häufigeres Gießen brauchen, beziehungsweise Pflanzen in einem Wintergarten. Die Erfahrung wird Ihnen aber den Weg weisen.

Verzichten Sie zumindest an Blütentagen auf das Gießen. Auf an Blütentagen (Zwillinge, Waage, Wassermann) gewässerten Pflanzen machen sich oft Schädlinge breit, besonders gerne die Läuse. Zimmerpflanzen gut gemeint ins Freie zu stellen, um sie dem Regen auszusetzen, kann sich ebenfalls ungünstig auswirken, weil die Blätter das direkte Befeuchten oft nicht vertragen.

Mit der Befolgung der Grundregeln zur Pflanzenernährung haben Sie den siebten Schlüssel zum lebendigen Garten umgedreht.

Alle Wesen teilen sich die Gabe des Lichts,
des Lebens und der Wärme.
Daher darf niemand glauben,
dass die Gabe nur für ihn bestimmt ist,
und niemand darf einen anderen verweigern,
sich an diesen Gaben zu erfreuen.

Johnston, *Manitu*

8. Schlüssel
Pflege im Wachstum – natürlicher Schutz

In dem wir versuchen, Ihnen Grundlegendes zum Thema Pflanzenschutz nahe zu bringen. Vom aktiven Schutz wie Beetpflege und Umtopfen zum richtigen Zeitpunkt bis zur passiven Pflege wie Schädlings- und Unkrautabwehr.

Auch wenn das Kennenlernen und Anwenden der sieben Schlüssel, die wir bisher vorgestellt haben, schon fast die Garantie für das Entstehen eines wunderbaren Gartens bildet: Ein lebendiger Garten braucht ein Minimum an *aktiver Pflege*. Von der Beetpflege im Verlauf des Gartenjahrs über Pflegeschnitt und Heckenpflege bis zum Umtopfen von Balkon- und Topfpflanzen wird hier die Rede sein. Wenn Sie sich in diesen wenigen Tipps üben, wird das Wort »pflegeleicht« für Sie eine neue Bedeutung bekommen. Besonders, wenn Sie sich auch mit den Regeln und Tipps zur *passiven Pflege* vertraut gemacht haben – zur Schädlings- und Unkrautabwehr und -vorbeugung. Ergänzende Pflanzengemeinschaft, Fruchtfolge und richtiger Zeitpunkt sind hier sicherlich die allerwirksamsten Maßnahmen, aber darüber hinaus geben wir auch Tipps, wie Sie mit den häufigsten der eher unerwünschten Gäste fertig werden, etwa durch die Wahl des richtigen Zeitpunkts beim Schneckenbekämpfen oder beim Unkrautjäten.

Beetpflege im Gartenjahr

In manchen Gärten herrscht fast sterile Ordnung. Alles wird zurechtgestutzt und in Reih und Glied zur Schau gestellt – und bietet damit allen Schädlingen und Unkraut ideale »Arbeitsbedingungen«, denn nichts liebt der Schädling mehr als gerade Linien und Monokultur. Ein Rhabarber, der nach getaner Arbeit zu Stumpf und Stiel zurück-»rasiert« wird, nur weil seine großen Blätter »zu nichts mehr taugen«, ist früher oder später beleidigt und gedeiht nicht mehr auf Befehl. Dann wird oftmals ein Riesenzirkus darüber gemacht, was er jetzt wohl alles »braucht«: ein neuer Standort, gute Düngung, das richtige Mulchmaterial, vielleicht eine Bodenanalyse usw. Dabei wäre es so einfach: Lassen Sie ihn ab August in Ruhe – und aus! Kein Schneiden, keinen Dung, nichts. Einfach Frieden. Er hat es verdient und kommt im nächsten Frühjahr wieder üppig und schön. Mit diesem Beispiel haben wir schon das wichtigste Geheimnis der Beetpflege vorgestellt. Es lässt sich ohne Probleme auf fast alles andere im Garten übertragen.

Wenn Sie ein Beet ganz neu bepflanzen wollen, dann gibt es einen sicheren Weg zum Erfolg: Machen Sie es bei abnehmendem Mond im Tierkreiszeichen Steinbock unkrautfrei, am besten mit einer Feldhaue. Hacken Sie einfach alles auf. Anschließend sammeln Sie das gelockerte Unkraut samt Wurzeln ein, schütteln die Erde ab, werfen es in ein Kistchen und ab damit auf den Kompost. Wenn Sie gleich alle Beete für eine Neubepflanzung vorbereiten, wäre es sinnvoll, auch gleich die Wege neu zu gestalten. Der abnehmende Mond im Steinbock würde nämlich auch diese Arbeit begünstigen.

Gartenbeete können auf unterschiedlichste Art angelegt sein, wie wir schon angedeutet haben. Ihrer äußeren Form sind eigentlich keine Grenzen gesetzt. Das Beet kann mit Brettern eingefasst sein. Es kann erhöht angelegt werden. Es kann nur teilweise eingefasst sein. Je nach Lage und Geschmack entscheiden Sie selbst. Allerdings sollten Sie darauf achten, dass jede Stelle des Beetes von außen mit den Händen leicht erreichbar ist. Bei der Arbeit des Einfassens ist es fast zwingend, dass der Mond gleichzeitig abnimmt, wenn nicht alles aus den Fugen geraten soll. Pflanzen haben eine enorme Kraft und dehnen sich auch gegen starken Widerstand aus.

Nach dieser Arbeit – dem Jäten, Erhöhen, Einfassen – legen Sie ein wenig Komposterde auf. Nicht untermischen, einfach drüberstreuen. Das

Beet ist jetzt bereit zur Bepflanzung. Nehmen Sie sich einen Plan zur Hand, welche Pflanzen sich gut vertragen, überdenken Sie noch einmal Kapitel 6 zum Thema »Pflanzenwahl und Ernährungstyp«. Und los geht's!

Junge Pflänzchen gießen Sie ein paar Tage an, wenn es gerade nicht regnen sollte, nach dem Säen gießen Sie ebenfalls ein paar Tage. Wenn die Samen keimen, ist Ihre Arbeit getan. Es wartet nur noch die Ernte auf Sie. Sämtliches Unkraut, das bis zur Ernte kommt, lassen Sie stehen. Es hilft den Pflanzen nicht nur beim Wachsen, es schützt auch vor dem Austrocknen. Nur Unkraut, dass sich überdimensional entwickelt, reißen Sie aus und werfen es auf den Kompost. Das war's.

Ist das Beet abgeerntet, können Sie noch mal pflanzen. Als Neuling schauen Sie einfach auf Seite 167f. nach, was als Nachfolge noch Sinn machen könnte. Wir selbst bauen nicht bis in Herbst und Winter an, denn auch Beete freuen sich, wenn sie nicht ausgepresst werden wie Zitronen. Das heißt nicht, dass Sie auf Wintergemüse verzichten sollen, nur eben nicht endlos pflanzen und das jedes Jahr.

Im Herbst, wenn alles abgeerntet ist, hacken Sie das Unkraut wieder auf. Entweder lassen Sie es diesmal als Mulch und Bodenschutz liegen, oder es kommt auf den Kompost. Im Frühjahr beginnt ein neuer Kreislauf, wenn sich die Erde erwärmt hat. Es ist so einfach: Beet herrichten, neuer Kompost drauf, pflanzen, ernten.

Pflegeschnitt oder nicht?

Oftmals lesen Sie die Empfehlung, Tomaten, Weinreben und viele andere Früchte und Gemüse »auszugeizen«, wie es in der Fachsprache heißt (auch Pflege- oder Erziehungsschnitt genannt). Dabei werden in der Regel »überflüssige« Nebentriebe mit geringem Wachstum abgezwickt. Man hat die Erfahrung gemacht, dass die Früchte nach einer solchen Prozedur um ein Winziges größer und ihre Zahl geringer werden. Obendrein hat das Schneiden von Pflanzen auch noch zu einer Philosophienvielfalt geführt, mit zahlreichen Glaubensrichtungen, was Zeitpunkt, Formgesetze und Sinn des Schneidens betrifft.

Wir können die Prozedur des Pflegeschnitts generell nicht empfehlen!

Der Grund liegt in der unfehlbaren Weisheit der Natur, die solche Eingriffe, »Bändigungen« und Kastrationsversuche nicht nötig und nicht verdient hat. Eine Pflanze weiß sehr genau, *warum* sie ihre Triebe entwickelt. Wir müssten nur beobachten, fühlen, erfahren und zulassen, dann würden wir diese Weisheit über kurz oder lang begreifen.

Die Größe der Früchte, die man erntet, wenn man Pflanzen in Ruhe lässt, kann vielleicht mit denen der Nachbarn nicht mithalten, aber auf die Qualität solcher Früchte kann man zählen. Vergessen Sie nicht: *Die Früchte in Ihrem Garten wachsen für Sie, sie wachsen für euch!*

Schauen Sie sich in der Natur um, und Sie werden kaum etwas Gesünderes und Kräftigeres sehen als einen wild wachsenden Baum! Oft wird zugunsten des Pflegeschnitts argumentiert, dass der Frost den Bäumen nicht so viel anhaben kann, wenn man sie nicht in die Höhe schießen lässt. Warum erfrieren dann immer die Obstplantagen und nicht der hohe Kirschbaum in Großmutters Garten?

Der Baumschnitt erinnert an eine Kastration. Dass nur Frucht bringende Äste eines Baumes eine Lebensberechtigung haben, das ist wie die Empfehlung der Wissenschaft Anfang des 19. Jahrhunderts, die Ballaststoffe aus der Nahrung wegzulassen, »weil sie den Körper unverändert verlassen und deshalb überflüssig sind«. Wohlgemerkt, es war die Wissenschaft und nicht der Landwirt, der uns diese Erkenntnis nahe gebracht hat.

Natürlich wollen wir hier nicht konsequent fordern, Sie mögen mit dem Schneiden aufhören. Wenn Sie aus welchen Gründen immer am Pflanzenschnitt festhalten wollen, dann geben wir Ihnen hier gerne die Grundregeln bekannt. Generell gilt ja der Rückschnitt als eine der eher heiklen Arbeiten im Garten: Nur allzu oft macht man die Erfahrung, dass gleicher

Aufwand und gleiche Methodik völlig unterschiedliche Resultate zeigen. Einmal schießt die Pflanze, dann wieder kümmert sie, wächst in dic Breite oder stirbt gar ganz ab. Achten Sie deshalb auf die Regel zum richtigen Zeitpunkt: Der Rückschnitt einer Pflanze sollte bei abnehmendem Mond geschehen. Pflanzen und Bäume nehmen dann keinen Schaden, weil der Saft nicht austritt. Sie können nach dem Rückschnitt nicht »verbluten«, die Säfte steigen ab (siehe auch Obstbaumschnitt Seite 205ff.).

Von der Heckenpflege

Eine ganz andere Sache ist das Pflegen und Schneiden von Hecken. Hier ist ein Schnitt sinnvoll, ja sogar teilweise gesetzlich vorgeschrieben, wenn sich die Hecke auf den öffentlichen Grund ausdehnt. Die gute Nachricht ist: Der Mond kann bei der Heckenpflege eine große Hilfe sein.

Hecken sollen schön dicht sein, nicht verholzen und keine Lücken entwickeln und eine wunschgemäße Höhe erreichen. Nach dem Mondrhythmus lässt sich das mühelos schaffen. Um eine Hecke dicht zu halten, sollte bei jedem Schnitt ein Blatttag herrschen – Krebs, Skorpion, Fische. Das Blattwachstum wird angeregt, die Hecke verholzt nicht.

Sollte die Hecke schon stark verholzt sein, mit anderen Worten: Stämme und Zweige sind zu dick und tragen nur noch wenige Blätter, dann steht eine Verjüngungskur an. Schneiden Sie bei abnehmendem Mond und einem Blatttag im Abstand von ca. 1 Meter die Hecke bis zum Boden ab. Den Abstand wählen Sie letztlich nach Gefühl. Die restliche Hecke lassen Sie noch so stehen. Wenn sich vom Boden her die neue, dichte Hecke gebildet hat, kommen die übrigen verholzten Teile dran. Innerhalb von einem, maximal zwei Jahren haben Sie eine junge dichte Hecke. In Zukunft schneiden Sie die Hecken nur noch an Blatttagen, und Sie haben lange Zeit Freude damit.

Manchmal vermoost die Wiese um die Hecken herum. Wenn das kein schöner Anblick für Sie ist, dann setzen Sie einfach Schatten liebende Blumen um die Hecke, beispielsweise Schneeglöckchen im Frühjahr. Wenn Sie das Moos zusammenrechen, dann auch wieder an einem Blatttag bei abnehmendem Mond. Das Moos kommt nicht mehr so schnell nach.

Das »Geheimnis« des Obstbaumschnitts

Allüberall, in fast allen Gartenbüchern, in Kursen und Anleitungen, auch bei Bio-Gärtnern, erfahren Sie, dass der Obstbaumschnitt eine Kunst ist, die sowohl notwendig als auch schwierig zu erlernen ist, wenn der Ertrag »stimmen« soll.

Man möchte kaum glauben, dass es bei all dem Aufwand tatsächlich irgendwo noch Obstbäume gibt, die jahrzehntelang fast alljährlich rot vor Kirschen, blau vor Zwetschgen, gelb vor Birnen sind – so sehr, dass man die Blätter kaum noch sieht und sich die Äste bis auf den Boden biegen oder gar gestützt werden müssen. Ohne jede Pflege, ohne jeden Schnitt! Umgeben im Frühling von den fleißigen Bienen, im Herbst von den fleißigen Menschen, die diese Geschenke dankbar annehmen, vielleicht mit ein wenig schlechtem Gewissen, weil sie auf direktem Weg nichts, aber auch gar nichts für diese Pracht getan haben. Und das bei einer Qualität der Früchte, die jedes Lob verdient hat. Was bleibt, ist Dankbarkeit für diese Großzügigkeit.

Von den Bäumen in verwöhnten, gespritzten und vergifteten Plantagen einmal abgesehen, ist ein Pflegeschnitt an Obstbäumen völlig überflüssig. Plantagen, aus denen jene Normfrüchte stammen, die uns die Agrarindustrie andreht, sind ein trauriger Anblick.

Haben Sie schon einmal die Südtiroler Apfelplantagen gesehen, kurz nachdem das Gras darunter abgetötet worden ist und weiß leuchtet? Es krampft sich einem das Herz zusammen.

Aber damit wollen wir uns jetzt nicht aufhalten, sonst endet dieses Kapitel nur in sinnlosem Gejammer. Wir wollen Ihnen Alternativen aufzeigen, damit Sie und der Obstbaum ein echtes Miteinander entwickeln können. Dazu müssen Sie ihn in Ruhe seine Bestimmung leben lassen. Und die besteht darin, Ihrem lebendigen Garten Schönheit und Ihnen Gesundheit und Freude zu bringen.

Unser Anliegen ist es, hier Alternativen zu bieten, damit wieder gesundes Obst in Umlauf kommt. Zuerst muss dazu ein Umdenken stattfinden. Warum müssen Äpfel, Birnen usw. wie die Milch und viele andere Produkte zuerst exportiert werden, um dann wieder zu uns zurückzukehren? Natürlich gibt es einige Sorten, die bei uns nicht oder nur »schlecht« wachsen. Aber darum geht es gar nicht. Wir brauchen diese Sorten gar nicht, wenn man die Vielfalt der Sorten betrachtet, die bei uns wachsen würden, wenn sie eine Chance bekämen.

Es wird importiert und exportiert, um Firmen künstlich auszulasten und um unsere Umwelt zu verpesten. Äpfel aus Neuseeland? Bei dem Angebot an wunderbaren Apfelsorten, die es ganzjährig bei uns geben würde? Vielleicht haben wir die eigenen Obsthaine zu Tode vergiftet und importieren deshalb so viel?

Wenn in Obstbäumen ständig herumgeschnipselt wird, weil es die Akademiker den Bauern so beibringen, und das noch dazu wahllos zu irgendwelchen Zeitpunkten, ohne dabei auf den Mondrhythmus zu achten, dann brauchen wir uns über die Resultate nicht zu wundern. Und auch nicht darüber, dass ohne künstliche Hilfen durch Industrie und Chemie nichts mehr wächst. Nichts unterscheidet die heutige »normale« Methode Obst und Feldfrüchte zu gewinnen, von der Art wie Eier in der Regel zu uns kommen – aus Legebatterien, bei denen es nur einen einzigen Störfaktor gibt: das Huhn.

Das Endergebnis des Wahnsinns: Nach Spritzen und Düngen, nach Bodenzerstörung und Grundwasservergiftung kommt etwas Apfelähnliches bei uns auf den Markt. »Schön« anzuschauen, doch wer nun eine Schicht des schönen Scheins abträgt, wundert sich nicht mehr, dass Allergien noch das Geringste sind, was uns nach dem Genuss dieser Früchte passieren kann. Glücklicherweise wächst die Aufklärung über die Zusammenhänge und die Ausbeutung von Bauern, Natur und Kunden, die sich hier zeigt.

Obstbäume »natur«: Ohne Schnitt wird der Baum stabil, auch in Hanglagen. Er bildet keine Wassertriebe, weil seine Kraft gleichmäßig verteilt ist. Weder Schnee noch Fruchtbehang können Äste brechen. Tiere können nur an abstehenden Ästen knabbern, nicht jedoch am Hauptstamm. Nur Vorteile, keine Nachteile.

Hier eine kleine Anekdote: Als ich zu Beginn der 70er Jahre alljährlich einem Obstbauern einen Plan schickte, wann er seine Bäume in Ruhe lassen sollte und wann er eventuell einen Baumschnitt vornehmen kann, war er zu Beginn skeptisch. Es dauerte nicht lange, dann hatte er den größten Ertrag weit und breit, mit weniger Aufwand und nach und nach unter Verzicht auf jegliche Pflanzenschutzmittel. Als 1991 unser erstes Buch Vom richtigen Zeitpunkt *erschien, schickte ich dem Bauern voller Freude ein Exemplar. Die Reaktion war erschütternd. Statt meine Freude zu teilen, war er sehr verärgert, wie ich denn dazu käme, dieses Wissen jetzt »allen« zu verraten. Sein Vorsprung war damit dahin. Ich hoffe sehr, dass Sie nicht so denken und den Vorteil, den Sie mit diesem Wissen haben, in vollen Zügen genießen und weitergeben. Nur so können Sie und wir alle aus den Giftkreisläufen wieder herauskommen.*

Hier die konkreten Tipps zum Thema Obstbaumpflege und -schnitt:

- Der richtige Zeitpunkt zum Setzen und Pflanzen und Säen von Obstbäumen: Immer bei zunehmendem Mond an einem Fruchttag Widder, Löwe oder Schütze. Sollten Sie – noch – Probleme haben mit diesen einfachen Regeln und trotzdem oder aus guten anderen Gründen schneiden wollen – etwa wenn ein Sturm einen Ast angebrochen hat oder Äste aus ästhetischen Gründen weichen müssen –, dann befolgen Sie diese Regel: Der rechte Zeitpunkt zum Einkürzen und Ausschneiden von Obstbäumen und -sträuchern ist der abnehmende Mond, am besten ein Fruchttag (Löwe, Schütze, Widder), weil die Baumsäfte in dieser Zeit nicht steigen und an den Schnittstellen nicht auslaufen. Den Zeitpunkt einer Beschädigung können Sie sich ja nicht aussuchen, aber den anschließenden Pflegeschnitt schon.

- Der ungünstigste Zeitpunkt für jegliches Schneiden an Obstbäumen ist der zunehmende Mond und ein Blatttag (Krebs, Skorpion, Fische)! Der Baum verliert zu viel Saft, die Fruchtbildung wird gehemmt. Die Obst-

Pflanzenschnitt zum richtigen Zeitpunkt	
Genereller Rückschnitt	Bei abnehmendem Mond
Heckenschnitt	An Blatttagen (Krebs, Skorpion, Fische) bei abnehmendem Mond
Einkürzen und Ausschneiden von Obstbäumen und Obststräuchern	Bei abnehmendem Mond an einem Fruchttag (Löwe, Schütze, Widder). Der ungünstigste Zeitpunkt ist der zunehmende Mond und ein Blatttag (Krebs, Skorpion, Fische)
Veredeln	Bei zunehmendem Mond an einem Fruchttag (Widder, Löwe, Schütze)
Rückschnitt bei Krankheit oder schwachem Wachstum	Genau bei Neumond (Tageszeitpunkt beachten, nicht nach Neumond schneiden!)

pflanze geht zwar meist nicht zugrunde, aber der Ernteertrag sinkt oder bleibt gar manchmal ganz aus. Sollte allerdings beim Schnitt gerade der Vollmond auf den Krebs fallen, kann sogar für das Überleben der Pflanze nicht mehr garantiert werden!

Veredeln – der richtige Zeitpunkt

Zu den schwierigen Arbeiten im Garten gehört das Veredeln (Okulieren, Pfropfen etc.) von Obstbäumen. Das Veredeln, das Verbinden eines Edelfrüchte oder -blüten tragenden Reises mit einer unedlen, aber wuchskräftigen Basispflanze, verfolgt meist den Zweck, ein gesundes und kraftvolles Wachstum verbunden mit größerer Widerstandskraft zu erzielen. Bei Beachtung der folgenden einfachen Regel kann diese Arbeit jedem gelingen.

Das Veredeln von Obsthölzern sollte bei zunehmendem Mond, am besten in der Nähe des Vollmondes und an einem Fruchttag (Widder, Löwe, Schütze) geschehen. Ideal also am letzten Fruchttag vor Vollmond.

Der Baumsaft steigt schnell in das neue Reis auf und verbindet es besser mit dem Untergrund. An einem Fruchttag ist diese Arbeit am besten aufgehoben. Der Baum wird schon bald jedes Jahr Frucht tragen. Nicht nur der Naturliebhaber muss auf Wetter und viele andere Unwägbarkeiten Rücksicht nehmen. Wenn schon nicht der günstigste Tag gewählt werden kann, wäre es allerdings gut, nicht alle negativen Einflüsse zugleich auf die Pflanze zu ziehen.

Das Umtopfen von Balkon- und Topfpflanzen

Einer der wichtigsten Aspekte aktiver Pflege ist das Umtopfen von Zimmer-, Terrassen- und Balkonpflanzen. Wer einen Balkon sein Eigen nennt, kann es oft nicht mehr erwarten, bis endlich die Eisheiligen vorüber sind. Verständlich, denn die Aufgabe, einen Balkon oder eine Terrasse in eine grüne Oase zu verwandeln, ist eine sehr schöne Arbeit. Die eigentliche Arbeit beginnt ja schon früher, wenn überwinterte Pflanzen wieder umgetopft und an das wachsende Licht und die Temperatur gewöhnt werden müssen. Diese Vorbereitung richtet sich nach dem Klima und beginnt oft schon im Februar.

Das Geheimnis robuster und stabiler Pflanzen, die viele Jahre das alljährliche Überwintern locker überstehen: *Topfen Sie grundsätzlich bei Jungfrau um, gleichgültig, ob der Mond zu- oder abnimmt.* Im Frühjahr taucht Jungfrau immer bei zunehmendem Mond auf, im Herbst immer im abnehmendem Mond.

Bei dieser Arbeit gibt es Pflanzen, die es lieben, von der alten Erde rein gewaschen zu werden, und andere, die froh sind, wenn Sie die Wurzeln möglichst nicht einmal berühren. Das lernen Sie im Lauf der Zeit ganz von selbst – darüber zu schreiben würde hier den Rahmen sprengen.

Geranien beispielsweise sind unempfindlich. Sie befreien sie einfach vom alten, braunen Laub und schneiden alle braunen Stängel und eventuell manchmal kleine Blüten weg. Die Wurzeln werden von der alten Er-

de befreit und in die neue Erde in den Blumenkästen gepflanzt. Manchmal ist es notwendig, auch die Wurzeln zurückzuschneiden. Größere Pflanzen teilen Sie – wenn kräftige Blätter vorhanden sind, eignen sie sich auch zum Vermehren. Einfach das Blatt an Jungfrau in die Erde stecken. Selbst ein einzelnes Blatt oder ein grüner Trieb wurzelt an Jungfrau an.

Machen Sie Experimente: Tun Sie dasselbe an Fischetagen, und schauen Sie zu, was passiert. Lassen Sie Ihrer Fantasie freien Lauf. Das Mondwissen ist ein Erfahrungswissen, kein Produkt eines wissenschaftlichen Labors. Wenn es Gewinn bringt, ist es *Ihr* Gewinn. Lassen Sie sich niemals

Balkonpflanzen zum richtigen Zeitpunkt

Umtopfen	Ausschließlich an Jungfrau. Ob neu Einpflanzen, Umtopfen oder einen »alten Baum« Verpflanzen – die Jungfrautage sind dafür immer am besten geeignet. Stehen drei Tage Jungfrau hintereinander im Kalender, nehmen Sie die beiden ersten Tage für Ihre Arbeiten, stehen nur zwei Tage dann nehmen Sie sich heikle Sachen am ersten Tag vor. Wenn es nicht sehr empfindliche Pflanzen sind, dann sind alle Jungfrautage geeignet
Teilen und vermehren	Ausschließlich an Jungfrau
Frischen Kompost zugeben	Beim Umtopfen dazumischen
Düngen	Wir düngen grundsätzlich nicht. Wenn Sie aber ohne Düngen nicht leben können (Ihre Pflanzen könnten es, vielleicht die Nachbarn nicht?), dann nur bei abnehmendem Mond. Früchte an Fruchttagen (Widder, Löwe, Schütze), Sträucher und Blumen, ob blühend oder grün, immer nur an Blatttagen düngen. Niemals an Blütentagen düngen, sonst machen sich Schädlinge breit. Jungfrau ist als Düngetag ebenfalls geeignet
Gießen	Balkon- und Kübelpflanzen immer an Blatttagen gießen (Krebs, Skorpion, Fische). Im Hochsommer zusätzlich eventuell an Wurzeltagen (Stier, Jungfrau, Steinbock). Früchte auch an Fruchttagen (Widder, Löwe, Schütze)
Überwintern	Im Herbst immer weniger gießen und dann an einem Jungfrautag kühl, trocken und mit wenig Licht verstauen. Wir gießen den ganzen Winter über nicht, erst wieder nach dem Umtopfen. Wenn die Pflanzen diese »Behandlung« noch nicht gewöhnt sind, dann ab und zu an Blatttagen oder Wurzeltagen ein wenig gießen

von den Profis einreden, wie schwierig das alles ist und was Sie alles erst studieren und anschaffen müssen, bevor Sie es »wagen« dürfen. Lieben Sie die Pflanzen, lieben Sie die Arbeit, und schon haben Sie gewonnen. Nicht nur im Bereich von Garten, Terrasse und Balkon. Und wenn einmal etwas danebengeht, dann haben Sie schließlich auch etwas gelernt.

Alle übrigen Balkon- und Kübelpflanzen setzen Sie ebenfalls am besten an Jungfrau um, aber das muss nicht unbedingt sein. Es genügt meist der zunehmende Mond. Meiden Sie jedoch möglichst den schlechtesten Tag zum Umtopfen: bei abnehmendem Mond im Tierkreiszeichen Wassermann würden fast alle Pflanzen eingehen.

Nach dem Umtopfen müssen die Pflanzen wieder gegossen und immer mehr ans Licht gewöhnt werden. Anfangs nur wenig gießen und ausnahmslos nur an Krebs, Skorpion oder Fische. Junge Pflänzchen auf der Fensterbank dürfen nicht der prallen Sonne im Süden ausgesetzt werden.

Blumenkästen und Töpfe ab und zu umdrehen, damit sich die Pflänzchen nicht allzu stark in eine Richtung entwickeln. Das gilt auch für Tomatenpflänzchen usw. Im April und Mai, an schönen Sonnentagen, können Sie die Pflänzchen schon rausstellen, manchmal auch schon über Nacht. Gut aufpassen, dass sie keinen Frost erwischen, sonst ist die ganze Mühe umsonst. Ab etwa Mitte Mai, wenn die Frostgefahr gebannt ist, können Wind und Wetter Ihren Pflanzen nichts mehr anhaben.

Vergessen Sie nicht, dass Balkon- und Kübelpflanzen generell gegossen werden müssen. An heißen Sommertagen kann Ihnen ein kleiner Trick helfen: Stellen Sie Gefäße mit Wasser zwischen die Pflanzen, und lassen Sie über Wollfäden das Nass zu den Blumen oder Tomaten wandern. Das ersetzt allerdings nicht das Gießen an Wassertagen. Verlegen Sie ab sofort auch alle sonstigen Pflegearbeiten wie Anbinden, Auszupfen von welken Blättern usw. auf die Blatttage. Im Hochsommer können Sie auch an Fruchttagen gießen, wenn es sich um Früchte tragende Pflanzen handelt.

Vom Kampf zum Miteinander – Schädlinge und Unkraut verstehen

Dieses Kapitel wäre eigentlich überflüssig, wenn Sie im Garten nur nach den Mondrhythmen arbeiten und die wenigen Regeln des lebendigen Gartens einhalten, von denen Sie bisher erfahren haben. Sie werden es dann weder mit Schädlingen noch mit erstickenden Unkräutern zu tun bekommen.

Aber unser Anliegen ist es ja, eine andere Einstellung zu Natur und gesundem Leben zu vermitteln. Und wenn Sie nicht mit dem Mondwissen aufgewachsen sind, dann fehlt einfach noch ein wenig Information und Vertrauen. Im Laufe weniger Monate und Jahre entwickelt sich dann ein solides Fundament an Erfahrung, das Ihnen jeden gewünschten Weg zeigt und Ihre Entscheidung erleichtert.

Bei den Betrachtungen zum Thema »Schädlinge und Unkraut« meditieren Sie einfach einmal über diese Information:

Im Jahre 1940 verwendeten die Bauern weltweit kaum Pestizide. Damals zerstörten Schädlinge im Durchschnitt etwa 3,5 Prozent der Ernte. Das ist genau der Anteil, der den Schädlingen auch von Natur aus zukommt, denn Schädlinge sind ja nur dann »Schaden bringend«, wenn die Landwirtschaft von der Natur 100 Prozent Ertrag fordert. Das ist schlicht Gier und durch keine Lebenserfahrung oder Naturbeobachtung zu rechtfertigen. Das ist als ob ein Kaffeetrinker sich jedes Mal grün und blau ärgert, wenn er den Kaffeesatz wegwerfen muss, weil ja »noch ein bisschen Kaffee drin ist«.

Und wie sieht die Gegenwart aus? Heute wird gegenüber 1940 die *tausendfache* Menge Pestizide pro Flächeneinheit versprüht. Man möchte annehmen, dass das ausreicht, um auch den letzten Kartoffelkäfer auszuradieren. Falsch: Die Ernteverluste stiegen gleichzeitig um fast das Vierfache auf heute 12 Prozent. Diese Steigerung des Verlustes erkaufen wir obendrein mit weiträumiger Luft-, Boden- und Wasservergiftung. Blicken Sie sich um in den Arztpraxen, mit welchen Folgen. Jetzt wissen Sie, was von gentechnisch veränderten Pflanzen, Pestiziden und Düngemitteln zu halten ist.

Die Natur ist ein einziger großer, freundlicher Organismus, der aktiv und bewusst für unser Wohl arbeitet. Das ist kein schöner, idyllischer Traum, sondern eine unumstößliche Tatsache – sichtbar und fühlbar und sogar wissenschaftlich beweisbar für jeden vernunftbegabten Menschen. Mit dem Märchen von der Existenz von »Schädlingen« verhält es sich – abgesehen von der Gier nach 100-Prozent-Ernten – im Wesentlichen so: Eine fit gespritzte und künstlich ernährte Treibhaus-Tomate ist in den Augen unseres Beschützers, der Natur, ein *krankes Wesen*! Halten Sie sich das einmal ganz klar vor Augen. Diese Tomate entspricht nicht dem Plan, den die Natur für uns hat, und sie erkennt auch, welchen Schaden wir uns selbst zufügen würden mit dieser überdimensional großen Pseudo-Frucht. In ihrer Weisheit, Großzügigkeit und im Bestreben, alle Gleichgewichte aufrechtzuerhalten, schickt das ausgeklügelte Immunsystem der Natur Abwehrstoffe gegen diese Krankheit namens »Zuchttomate«. In unserer Verkennung der Zusammenhänge nennen wir diese wertvollen Abwehrstoffe »Schädlinge«, »Unkraut« und »Pflanzenkrankheiten«.

Statt die Sprache zu verstehen, mit der die Natur ihren eindringlichen Kommentar zum Thema »Industrie-Landwirtschaft« abgibt, halten wir Augen und Ohren zu, produzieren Gifte gegen diese Natur-Medizin und vergiften uns dadurch doppelt: Mit dem Aufnehmen von Resten dieser Gifte und dem Verzehren der »kranken« Früchte. So sieht's aus mit unserer Landwirtschaft.

Aber nicht nur dort: Die Situation ist vergleichbar mit der Situation überall sonst in der Welt. Wir kämen gar nicht auf die Idee, Schädlinge und Unkraut zu bekämpfen, wenn wir nicht Menschen anderer Rasse, anderer Religion usw. ebenfalls bekämpfen würden. Zwar nicht mehr so häufig direkt mit »Pestiziden«, dafür aber mit stärker verschleierten Methoden und dem gleichen Ergebnis. Oder kennen Sie nicht auch persönlich Fälle von Mobbing, wie man es heute nennt? Was geschieht heute mit Menschen, die »anders« sind – und sei es nur die andere Haarfarbe, die andere Meinung beim Elternabend, die andere Weihnachtsdekoration?

Solange wir bekämpfen statt zu verstehen – Menschen wie Pflanzen, Nachbarn wie Natur –, solange können wir uns nicht in die paradiesische Zukunft, für die diese Erde gedacht ist, fortentwickeln. Die gute Nachricht ist: Ausschließlich der Einzelne – Sie selbst nämlich – kann mit seiner Art und Weise, den lebendigen Garten erstehen lassen, das Steuer in die Hand nehmen und den Giftmischern das Handwerk legen. Geben Sie sich selbst und den Bio-Bauern eine Chance. Die ganze Welt wird es Ihnen danken.

Und natürlich sollten Sie in diesem Zusammenhang auch ein uraltes Naturgesetz nicht vergessen: *Angst wirkt wie ein Magnet.* Wenn Sie Schädlinge *vorbeugend* mit Chemie bekämpfen, schwächen Sie nur Ihre Pflanzen, mit allen Folgen, die eine Schwächung für ein Lebewesen bedeutet. Schädlingsbekämpfung ist die Saat, Schädlinge sind die Ernte.

Geheimnisse der Schädlings- und Unkraut-Abwehr

Wer die Natur nicht erschlagen, sondern harmonisch mit ihr zusammenarbeiten möchte, sollte sich beim Anblick von Schädlingen zuallererst diese Frage stellen:

Sind diese Tiere auch wirklich Schädlinge? Oder ist es nur ein ästhetisches Problem? Oder eine vorübergehende Lästigkeit? Und wenn Sie die Frage nach der Natur des Schädlings mit Hilfe von gesundem Menschenverstand, mit Maß und Ziel beantwortet haben und zu dem Ergebnis gekommen sind, dass Sie etwas zur Abwehr unternehmen wollen, erst dann kommt die zweite Frage an die Reihe:

Was ist die Ursache des Befalls? In der Antwort verbirgt sich meist schon die geeignete Maßnahme, um die Plagegeister wieder loszuwerden, zumindest um ihrem Auftreten im nächsten Jahr erfolgreich vorzubeugen. Sicherlich gibt es viele mögliche Gründe für einen Massenbefall durch Schädlinge, und es ist bestimmt nicht leicht, die genaue Ursache festzustellen.

Habe ich einen Fehler bei Anbau und Pflege gemacht? Habe ich den richtigen Zeitpunkt beachtet? Stimmt die Pflanzengemeinschaft? Habe ich unter Umständen nicht den geeigneten Boden? Wie sieht es mit den Strahlungsverhältnissen aus? Schon die Antwort auf diese Fragen birgt oftmals die Lösung. Die häufigsten Ursachen sind ohnehin einfach zu identifizieren: zu viel Gießen und gekaufte Erde.

Lassen Sie uns nun ein paar Worte zu den häufigsten Lästlingen verlieren und ein paar Tipps zur Abwehr geben. Vielleicht sehen Sie ja nach dem eben Gesagten die Tierchen in einem anderen Licht.

Wenn in der folgenden Liste nur Pflanzennamen angegeben werden, ist das Setzen oder Säen dieser Pflanze in Nachbarschaft mit dem befallenen Gewächs gemeint. Achten Sie bitte bei diesen »Gegenmitteln« darauf, alle Kräuter bei zunehmendem Mond und alle Zwiebelgewächse bei abnehmendem Mond zu pflanzen.

Wenn von »Auszügen« die Rede ist, die der direkten Schädlingsabwehr dienen, dann verfahren Sie am besten folgendermaßen: Setzen Sie zwei

Gegen	*Abhilfe*
Kohlweißlinge	Pfefferminze, Salbei, Tomaten, Thymian, Beifuß
Blattläuse	Marienkäfer, Kapuzinerkresse, (besonders unter Obstbäumen), Brennnesselauszug
Milben	Himbeeren
Blattwespen	Rainfarn
Erdflöhe	Holunderauszug, Wermut, Pfefferminze, Zwiebel, Knoblauch, Salat
Ameisen	Lavendel, Feldsalat, Rainfarn, tote Fische in der Nähe vergraben
Mäuse	Knoblauch, Kaiserkrone, Hundszunge, Steinklee
Mehltau	Knoblauch, Schnittlauch, Basilikum
Möhrenfliege	Zwiebel, Salbei
Pilzkrankheiten	Schnittlauch, Zinnkraut
Schimmel	Zwiebelgewächse
Maulwürfe	Bei zunehmendem Mond mit der Egge oder mit der Hand den Hügel öffnen und das Loch freilegen (Maulwurfshügel geben die allerbeste Gartenerde ab!)

große Hand voll der jeweiligen Pflanze vor Vollmond in 10 Liter kaltem Wasser an; lassen Sie den Auszug 24 Stunden stehen, und gießen Sie ihn dann unverdünnt in den Wurzelbereich, in die Erde um den Stamm der befallenen Pflanze (nicht auf Stamm, Stiel, Halme, Blätter oder Blüten!).

Bei abnehmendem Mond angesetzt sollten Sie den Auszug doppelt so lange stehen lassen. Werfen Sie den restlichen Auszug nicht weg, verdünnt gibt er noch tagelang einen guten Dünger!

Sind Pflanz- und Pflegezeiten berücksichtigt worden und treten trotzdem Schädlinge in Massen auf, dann haben wir einige Hinweise parat, wie Sie bei der Bekämpfung den Mondstand für sich arbeiten lassen können.

- Mit einigen Ausnahmen kann als Faustregel gelten: Für alle Maßnahmen zur Ungezieferabwehr ist der abnehmende Mond geeignet.
- Ungeziefer, das in der Erde haust, geht man am besten an einem Wurzeltag an (Stier, Jungfrau, Steinbock).
- Besonders gut wirkt die Abwehr oberirdischer Schädlinge, wenn der Mond im Krebs steht, aber auch Zwillinge und Schütze eignen sich gut.
- Manchmal hilft trotz allem guten Willens nur ein radikaler Rückschnitt. Er sollte unbedingt bei abnehmendem Mond kurz vor oder am besten direkt an Neumond erfolgen. Bei Hecken oder Grünpflanzen wählen Sie einen Blatttag, bei Obstgehölzen einen Fruchttag. In den meisten Fällen erholt sich die Pflanze dann wieder und wird robust genug, es mit Angreifern aufzunehmen.

Geduld und der richtige Zeitpunkt sind die beste »Schädlingsbekämpfung«: Mit diesem Buch wollen wir mithelfen, dass ein allmähliches Umdenken einkehrt, weg vom »Schnellwirksamen«, hin zur Vorbeugung und zum Handeln mit Maß und Ziel und gesundem Menschenverstand. Kein »Mittel« kann jemals ein Problem lösen – weder bei Ihrer Topfpflanze, noch in Familie, Beruf und Alltag –, wenn das Denken und Fühlen, das zu dem Mittel greift, nicht im Einklang mit den Naturgesetzen steht, wenn es nicht von Liebe und Vernunft geleitet wird. Wir wollen Ihnen keinen Weg zur Vollkommenheit weisen, sondern zu ein wenig mehr Heiterkeit und Gelassenheit angesichts der Unvollkommenheit.

Was Ihre Pflanzen betrifft: Richten Sie sich einfach nach der obigen Liste und achten Sie im nächsten Jahr auf den richtigen Zeitpunkt und die optimale Pflanzennachbarschaft, dann werden Sie meist gar nicht in Versuchung kommen, zu Giften zu greifen.

Zwei Gartentierchen verdienen unserer Meinung nach eine etwas ausführlichere Besprechung, weil sie in den letzten Jahren zu großen Schäden geführt haben und Gegenmaßnahmen viel diskutiert werden.

Schnecken

Zu den übelsten Schädlingen – mit verseuchter »Gartenerde« bei uns eingeführt – gehören heutzutage bestimmte Nacktschneckenarten. Sie fressen gnadenlos alles auf und können einem die Freude am eigenen Garten wirklich verderben. Die meisten Gehäuseschnecken fallen übrigens als Schädlinge praktisch nicht ins Gewicht. Sie leben überwiegend von totem Pflanzenmaterial. Die Weinbergschnecke (steht unter Naturschutz!) hilft uns sogar, denn sie frisst auch die Gelege der Nacktschnecken. Generell sollten Sie bei allem Ärger über Fraßschäden bei der Schneckenabwehr nicht zu eifrig vorgehen. Schnecken gehören zum Gesundheitsdienst im Garten. Sie fressen auch verwesende Pflanzenteile und tote Tiere und sind damit ein nützlicher Bestandteil der Lebensgemeinschaft. Zudem zersetzen sie Pflanzenreste und helfen so mit bei der Humusbildung.

Damit ab sofort mit der Schneckenplage alles anders wird, raten wir Ihnen zu einer einfachen Maßnahme:

Hören Sie ab sofort damit auf, Schnecken zu züchten!

Damit wollen wir sagen: Hören Sie ab sofort damit auf, künstlich zu bewässern! In unserem eigenen Garten haben Schnecken nur an einer einzigen Stelle eine Chance, nämlich dort wo die Sprenganlage des Nachbarn

ihre Sprühnebel zu uns herüberschickt, wenn der Wind ungünstig steht. In Kapitel 7 haben Sie erfahren, dass Sie es sich leisten können, nicht mehr zu gießen, nämlich dann, wenn Sie beim Pflanzen und Pflegen auf den richtigen Zeitpunkt geachtet haben. Ja, wir können natürlich jetzt Ihre Gedanken erahnen: »Die reden sich leicht, die kennen unseren trockenen Garten/ unsere trockene Gegend nicht.« Oder: »Wenn ich nicht gieße, wird mir alles kaputt, ich habe das schon ausprobiert.« Oder: »Ich kann mir das nicht leisten, bei uns muss immer alles perfekt aussehen.«

Einmal abgesehen von Ihrer persönlichen Anschauung, die Ihnen ja auch zusteht, gibt es Alternativen: Den Garten hin und wieder doch zu gießen oder mitten im Jahr damit ganz aufzuhören, das funktioniert nicht. Die Pflanzen werden trotzdem bequem beziehungsweise lassen sich von Ihrem Wankelmut verwirren wie kleine Kinder.

Schon vom zeitigen Frühjahr an darf nie gegossen werden, erst dann kapieren die Pflanzen, dass sie sich selbst eingraben müssen und ihre Wurzeln dorthin schicken, wo es was gibt, um nicht zu verdursten. Erst dann kapieren sie, dass jeder Tropfen zählt, und dass auch der Nachttau angezapft werden muss. Deshalb probieren Sie es ruhig noch einmal mit dem Nichtgießen. Und beobachten Sie, was die Schnecken davon halten.

Zum Thema Trockenheit: Wir wohnen seit vielen Jahren in einer sehr, sehr trockenen Gegend mit dichtem, lehmigen Boden und da überkommt uns auch oft der Wunsch, den Pflanzen ein wenig entgegenzukommen. Im letzten Moment sagen wir uns dann immer wieder, dass die Pflanzen nicht mehr aufhören, zu betteln und beleidigt herumhängen, wenn wir erst damit angefangen haben. Sogar im Sommer 2003, in dem überall alles vertrocknete, teils trotz Bewässerung, hat unsere Wiese wunderbar überlebt. Natürlich blieb sie nicht prächtig anzuschauen, aber schon ab Herbst war sie wieder tiefgrün. Glauben Sie uns, standhaft zu bleiben lohnt sich! Das Ergebnis lässt sich genießen.

Und sollten Sie unter all dem Unkraut im Spätherbst noch einen Kohlrabi finden, können Sie sicher sein, dass er weder holzig noch zu alt ist. Der Lohn des Nichtstuns (Nichtgießens) ist fantastisch. Wir haben unseren Kohlrabi einfach stehen lassen und dann im Winter unter dem Schnee ausgegraben. Er war nicht holzig und schmeckte ausgezeichnet.

Schädlinge jeglicher Art sind immer Ausdruck eines Ungleichgewichts. Kombinieren Sie die richtigen Pflanzen zum richtigen Zeitpunkt in Ihren Beeten, und Ihre Sorgen um Ungeziefer gehören der Vergangenheit an. Selbstverständlich brauchen Sie Geduld. Wenn Sie das erste Jahr mit dem Mondkalender arbeiten und Ihr Garten wurde über viele Jahre gespritzt und gedüngt, kann es vorkommen, dass nicht alles auf Anhieb klappt. Der Garten muss erst Vertrauen zu Ihnen gewinnen und zu Ihren guten Absichten. Allmählich aber gewöhnt er sich an die gute Behandlung und wird sich erholen.

Abgesehen von diesen grundlegenden Maßnahmen – was können Sie bei einem massenhaften Auftreten von Schnecken tun?

Vor allem wäre es sinnvoll, natürliche Feinde der Schnecken wie Igel, Kröten oder Blindschleichen im Garten zu fördern. Diese Tiere fühlen sich am ehesten in einem naturnah gestalteten Garten wohl.

Zur Abwehr von Schnecken ist der zunehmende Mond im Skorpion die beste Zeit. Die Natur hat es glücklicherweise so eingerichtet, dass der Skorpion meist gerade dann im zunehmenden Mond steht, wenn die Schnecken im Frühjahr zum Angriff blasen. Sammeln Sie so viele Eierschalen wie nur möglich (Schalen gekochter Eier sind jedoch ungeeignet). Stampfen Sie sie bei abnehmendem Mond klein. Bei zunehmendem Mond zerkleinerte Eierschalen werden nicht bröselig und scharfkantig, sondern kleben an der Innenhaut zusammen. Lassen Sie nun die Schalen bei zunehmendem Mond um die Pflanzen und das ganze Beet herum auf den

Boden rieseln. Vorher müssen allerdings die Schnecken, die schon im Beet untergekrochen sind, aufgesammelt werden. Die scharfen Kanten der Schalensplitter sind wirksame Abschreckung für die zarthäutigen Tiere.

Der Mond muss beim Verteilen unbedingt zunehmen, weil bei abnehmendem Mond die Schalen mit dem nächsten Regen in den Boden gespült werden. Bei zunehmendem Mond nimmt die Erde bekanntlich nicht so viel Feuchtigkeit auf, feste Stoffe bleiben auf der Oberfläche liegen. Nach einiger Zeit verschwinden die Schalen trotzdem im Boden (mit dem bisweilen nützlichen Effekt, den Boden kalkhaltiger zu machen und Säure zu binden), doch die Gefahr des Schneckenangriffs ist dann meist schon vorüber.

Schneckenattacken in vielen Gärten können sicherlich manchmal mutlos machen, wir können uns aber nur wiederholen: »Bitte nicht gießen.« Das Absammeln von Schnecken ist grundsätzlich eine sehr wirksame Methode. Um nicht zu lange suchen zu müssen, kann man den Schnecken Verstecke und Schlafplätze anbieten, aus denen sie dann abgesammelt werden. Geeignet sind Holzlatten zwischen den Beeten, alte Dachziegel, umgedrehte Blumentontöpfe oder Orangenschalenhälften. Die beste Zeit zum Schneckensammeln ist spätabends oder nach einem warmen Regen ganz frühmorgens. Bei großer Schneckengefahr wiederholen Sie die Maßnahme im nächsten Monat bei Skorpion.

Als weitere gute Schneckenmittel sind geeignet: Holzasche und Sägemehl zum Ausstreuen, Zwiebeln, Knoblauch, Salbei und Kapuzinerkresse als Pflanzengemeinschaft – um nur einige Beispiele zu nennen. Ein naturnaher Garten, der Nützlingen Unterschlupf bietet, ist von vornherein besser gegen Schnecken gewappnet. Massenvermehrungen von Nacktschnecken kommen hier nur selten vor. Zu den Vertilgern von erwachsenen Schnecken gehören Igel und Spitzmäuse, Vogelarten wie Amsel, Star und Elster, außerdem Kröten und Blindschleichen. Kröten und Frösche fühlen sich nur in giftfreien Gärten wohl. Behagt ihnen das Klima, eingeladen etwa von einem kleinen, künstlichen Teich, kommen sie manchmal sogar in der Stadt von selbst. Auf dem Land genügt ihnen ja oft schon eine immerfeuchte Wiese oder ein kleiner Bach. Wenn Sie Frösche »künstlich« aussetzen wollen, achten Sie auf das Tierkreiszeichen und den Wochentag. Ab- oder zunehmender Mond ist hier nicht so wichtig, doch wenn Ihnen die Wahl bleibt, legen Sie das Aussetzen auf den abnehmenden Mond. Die Wahl des richtigen Tierkreiszeichens ist jedoch von großem Vorteil: Es sollte nicht Krebs, Löwe, Stier oder Widder sein. Die Frösche fühlen sich dann nicht wohl und verschwinden nach einiger Zeit wieder oder gehen ein. Die übrigen Zeichen sind neutraler und für solche Vorhaben geeigneter. Das Aussetzen sollte auch nicht an Dienstagen und Donnerstagen erfolgen. Diese Tage sind ungeeignet für jegliches Umsetzen von Tieren (etwa nach einem Kauf oder Umzug).

Über Eigelege und Jungschnecken machen sich gerne Laufkäfer und ihre Larven her, ebenso Glühwürmchen und ihre Larven sowie Hundertfüßler. Als ausgezeichnete Schneckenvertilger haben sich Indische Laufenten und Khaki-Campbell-Enten erwiesen. Hühner sind gut geeignet, das umliegende Gelände von Schneckengelegen zu säubern. Enten oder Hühner lohnen sich aber nur für große Gärten und verlangen artgerechte Haltung. Sie müssen genug zu trinken haben, weil sie sonst an den Schnecken ersticken.

Der Igel frisst Schnecken in großen Mengen. Ein lebendiger Garten mit herbstlichen Reisighaufen ist für jeden der stacheligen Kameraden eine verlockende Sache. Den Reisighaufen tragen Sie am besten bei abnehmendem Mond zusammen, er bleibt dann schön trocken. Das soll nicht heißen, dass Regentropfen einen Umweg um den Haufen nehmen, sondern dass die Igelbehausung darunter trockener bleibt und auch schneller wieder abtrocknet. Auch das zusammengerechte Herbstlaub ist für den Igel wichtig, um den Winter schadlos überstehen zu können. Das Laub sollte ebenfalls bei abnehmendem Mond zusammengerecht werden, wobei ein trockenes Zeichen (also nicht Krebs, Skorpion oder Fische) vorzuziehen ist.

Wühlmäuse

Vor 50 Jahren hat man den Spatz als angeblichen Schädling erbarmungslos verfolgt. Inzwischen hat er sich vom Ungeziefer zum »Vogel des Jahres 2002« emporgearbeitet. Vielleicht sollten wir kurz über diese Beförderung nachdenken, bevor wir Wühlmäuse verdammen. Wühlmäuse fressen vor allem die Wurzeln von Gemüsepflanzen und von Obstbäumen und nagen Rinden an. Wenn Sie bei sich im Garten Wühlmäuse entdecken, ist das Signal für ein Ungleichgewicht im Erdreich. Die natürlichen Feinde oder die natürliche Nahrung sind dezimiert. Leider gibt es keine Patentrezepte, aber einige Tricks können vielleicht helfen. Die sicherste »Bekämpfung« liegt in der Bearbeitung Ihres Gartens nach dem Mondrhythmus, dann verschwinden die Ungleichgewichte ohnehin.

Die beste »biologische« Abwehr gegen Wühlmäuse ist eine aufmerksame Katze. Wo sie nicht wacht, kann man versuchen, die Wühlmäuse mit Duftpflanzen wie Kaiserkronen, Knoblauch oder Steinklee zu vertreiben. Topinambur ist ein prima Gemüse und eine sehr gute Begleitpflanze für Obstbäume, weil sich auch die Wühlmäuse gerne daran gütlich tun und den Baum in Frieden lassen.

Einen weiteren unschädlichen Trick sollten Sie nur dann anwenden, wenn Ihnen die Vertreibung der Wühlmäuse zum Nachbarn nichts ausmacht. Stecken Sie einige Eisenstangen verteilt und so tief wie möglich in die Erde, und schlagen Sie mit einem Hammer oder einem Eisenstück dagegen. Diese Schallwellen sind für Wühlmäuse unerträglich. Wiederholen Sie das einige Male am Tag und versetzen Sie dann die Stangen weiter verteilt auf dem Grundstück. Nach etwa einer Woche setzen Sie am Grundstücksrand Knoblauch, Tagetes, Topinambur oder Kaiserkronen, je nach Jahreszeit. Wenn die Studentenblumen verblüht sind, können Sie den Kopf nehmen und in die Wiese werfen, weil sie nächstes Jahr wiederkommen. Wenn Ihnen der Aufwand mit den Stangen zu groß und zu nachbarunfreundlich ist, setzen Sie einfach die besagten Pflanzen im Garten verteilt, in erster Linie aber um frisch gepflanzte Bäumchen herum.

Von der Unkrautabwehr zum richtigen Zeitpunkt

Jeder Boden leidet, wenn auf ihm Pflanzen in Monokultur angebaut werden, wenn immer nur eine Pflanzenart gleichzeitig auf ihm wächst. Die Böden ermüden und vergiften, das Bodenleben verarmt, nicht nur als Folge des Mineralstoffmangels, sondern auch bedingt durch die Wurzelausscheidungen der angebauten Pflanzen (Hafer zum Beispiel macht den Boden sauer). Und schließlich kommt es zu immer stärkeren »Unkrautattacken« als letzte Notwehr der Natur gegen die einseitige Bewirtschaftung.

Im Zusammenhang mit den Begleitpflanzen von Monokulturen hat auch die Wissenschaft endlich eine Beobachtung gemacht, die in der Vergangenheit allen Menschen mit offenen Augen und gesundem Menschenverstand offenkundig war: *Feldfrucht und Unkraut gehen eine Art Symbiose zur Erhaltung der Bodenqualität ein.* Ackersenf und Hederich etwa, die Begleiter des Hafers, entsäuern den Boden und bilden ein Gegengewicht zur säuernden Wirkung des Hafers. Und gesundheitliche Schäden durch die einseitige Ernährung mit in Monokultur gepflanztem Getreide oder anderen Kulturpflanzen können mit eben jenen »Unkräutern« geheilt werden, die gemeinsam mit der jeweiligen Feldfrucht auftreten.

Wenn also der Erde ein bestimmter Stoff fehlt, und damit auch der Pflanze, dann behilft sich die Natur auf die denkbar weiseste Art. Sie schickt dem Boden eine zusätzliche Pflanze, die den Mangel ausgleicht. Wir nennen das Kraut »Unkraut« und reißen es aus, statt seine Aufgabe kennen und schätzen zu lernen. Tritt ein Unkraut in Massen auf, dann ist es allerhöchste Zeit, diese Pflanze in Ruhe seine Arbeit tun zu lassen. Machen Sie sich immer bewusst: Jedes Unkraut liefert, wenn kompostiert oder verrottet und der Erde zurückgegeben, genau jene Spurenelemente und Mineralien, die der Boden bräuchte, um vollwertige, wertvolle Frucht zu tragen. Mit der Beseitigung von Unkraut verstärken wir die Mangelerscheinungen eines Bodens und damit automatisch zugleich die Mangelerscheinungen, die eintreten, wenn wir das dort angebaute Gemüse essen.

Vernichtet man das Gras um die Apfelbäume herum, wie es weltweit auf den großen Apfelplantagen geschieht, ist der Apfel niemals ein vollwertiges Obst.

Unkräuter sorgen zudem dafür, dass sich der Ansturm von Schädlingen in Grenzen hält. Vernichtet man Unkräuter, dann kommen andere Schädlinge, dafür aber dann in Scharen. Der Teufelskreis beginnt mit der chemischen Bekämpfung der Schädlinge. Die Natur selbst wehrt sich nur gegen das, was krank ist. Ein gespritzter und gedüngter Apfel ist in den Augen der Natur wie ein fremder Krankheitserreger in ihrem perfekten Körper und muss deshalb bekämpft werden. Sie möchte uns vor einem solchen schädlichen Kunstprodukt beschützen, deshalb bekämpft sie ihn. Würde man Schädlinge nicht bekämpfen, würden in kurzer Zeit andere Lebewesen sich um sie kümmern und schlicht auffressen. In kürzester Zeit, manchmal schon nach einem Jahr, wäre das Gleichgewicht wieder hergestellt. Nur: Mit unserem eigenen Kampf gegen Schädlinge verhindern wir das Hinwandern zum Gleichgewicht. Ein Unkraut und ein Schädling ist ein Ausdruck der Freundschaft und Weisheit der Natur im Umgang mit uns! Sie möchte uns Gutes tun und vor Schaden bewahren.

Denken Sie an diese Beobachtungen und Zusammenhänge, wenn Sie sich an die Unkrautabwehr machen. Vielleicht wird sie sogar zur lohnenden Beschäftigung, wenn Sie etwa Brennnesseln sammeln und trocknen, um sich deren große Heilkräfte zunutze zu machen. Natürlich ist nicht jedes Unkraut ein Heilkraut und oftmals gibt es doch gute Gründe für den Wunsch, das Kraut möge nach dem Jäten oder Ausreißen niemals wiederkehren, deshalb hier eine Hilfestellung:

Für das Jäten und Ausreißen von Unkraut ist der abnehmende Mond die geeignete Zeit, am günstigsten beim Zeichen Steinbock (Januar bis Juli steht der Steinbock im abnehmenden Mond). Sie sollten jedoch darauf achten, die Nutzpflanzen nicht zu verletzen, weil sie sonst ebenfalls eingehen können.

Wenn Sie den richtigen Zeitpunkt einhalten, haben Sie lange Zeit Ruhe vor den unerwünschten Pflanzen. Wir haben ja schon den alten Trick verraten, wie Sie die ungünstigste Zeit zur Unkrautabwehr, die Löwetage im zunehmendem Mond, zu ihrem Vorteil nutzen können. Bei Löwe schießt und keimt alles Unkraut, wenn es »berührt« wird (siehe Kapitel 1). Hacken Sie einfach ein neu angelegtes Beet bei Löwe im zunehmenden Mond um. Jeder noch so schwächliche Unkrautsame geht dann auf und kann bei Steinbock im abnehmenden Mond gejätet werden – das Beet präsentiert sich für lange Zeit unkrautfrei. Im Herbst schließlich sollte man alle Beete bei abnehmendem Mond gejätet verlassen. Das ist eine gute Vorbereitung für das kommende Jahr.

An einen besonderen Tag sei hier erinnert, dessen Regel die Leser unseres Buches *Vom richtigen Zeitpunkt* schon vielfach mit Erfolg ausprobiert haben, wie wir aus ihren Briefen wissen: Es ist der 18. Juni vormittags bis 12 Uhr mittags (1 Uhr Sommerzeit). Alle Stauden und alles Unkraut, das in diesen wenigen Stunden beseitigt wird, wächst nicht mehr nach. Wichtig ist nur, dass die Pflanzen mitsamt der Wurzel ausgerissen werden. Sie haben ja jetzt schon von einigen vom Mondstand unabhängigen Regeln wie dieser gehört. Sie sind wirklich nicht zu begründen und beweisen sich nur durch sich selbst, durch Ausprobieren.

Pflanzenschutz durch Tierschutz

Mindestens zwei Dinge erreichen Sie, wenn Sie in Ihrem Garten Nistkästen und -hilfen für Singvögel errichten: Diese weitere »kleine Entscheidung zum Guten« inspiriert erstens Hunderte von Menschen, ein verbreitetes Symbol geistiger und seelischer Schwäche und Unmenschlichkeit endlich aufzugeben, nämlich die barbarische Jagd auf Singvögel zum bloßen Vergnügen. Und zweitens haben Sie wertvolle Helfer gewonnen, mögliche Schädlinge in weitem Umkreis im Zaum zu halten.

Vergessen Sie nicht: Die Fläche aller Gärten im deutschsprachigen

Raum ist größer als die Fläche unserer Naturschutzgebiete. Adler, Luchs und Bär kommen zwar in unseren Gärten nicht vor, aber Sie können im eigenen Garten viel für einheimische Tier- und Pflanzenarten tun. Wichtigste Maßnahmen sind das Arbeiten nach den Prinzipien eines lebendigen Gartens und damit der Verzicht auf alle Gifte, was bei allen Kleintieren und Wildkräutern zu einer enormen Vielfalt führt. In Frieden gelassene, unbewirtschaftete Ecken und aktive Lebensraumangebote wie Holz- und Reisig-, Laub- und Steinhaufen, Trockenmauern, Blumen- und Kräuterwiesen usw. bieten weiteren Tieren Nahrung und Unterschlupf. Vollständig wird das schöne Bild mit Nistkästen und Nisthilfen für Vögel, Fledermäuse, Hummeln und Ohrwürmer.

Einheimische Blumen, Stauden, Sträucher und Bäume locken die hungrigen Gartenbesucher mit ihrer großen Auswahl an Samen und Früchten. Außerdem leben auf ihnen viele Insekten, was die Insektenfresser freut. Ein vogelfreundlicher Garten zeichnet sich durch Vielfalt aus. Er bietet den unterschiedlichsten Arten Lebensraum, das heißt vor allem Nahrung und Nistmöglichkeit. Je größer der Garten, desto mehr Klein-Lebensräume lassen sich realisieren. Dann trommelt vielleicht ein Buntspecht am Stamm der alten Weide, eine Gartengrasmücke brütet in der Wildrosenhecke, Stieglitz, Gimpel und Grünling suchen in der Blumenwiese nach Samen, eine Bachstelze badet im Flachwasser des Gartenteiches.

Aber auch in kleineren Gärten lässt sich einiges für unsere Vogelwelt tun: Nicht jedes Unkraut vernichten, sondern an einigen Stellen wachsen lassen. Herbstlaub nicht überall wegharken, denn auch darin lebt vielerlei nahrhaftes Kleingetier. Ein richtiges Schlaraffenland ist der Komposthaufen mit seinen vielen Würmern, Spinnen und Insekten. Schutz und Nistmöglichkeit finden Gartenvögel nicht nur in Hecken, Sträuchern und Bäumen, sondern auch in Reisighaufen oder in Natursteinmauern. Hier können etwa Rotkehlchen oder Zaunkönig brüten.

Vogelschutz im Garten verlangt gänzlichen Verzicht auf Pestizide. Mit vergifteten Insekten, Samen und Früchten vergiften sich auch deren Konsumenten. Ein lebendiger Garten ist zwar eine notwendige Bedingung für

ein reiches Vogelleben, aber keine Garantie dafür. Wenn Sie umgeben sind von tot gepflegten Gärten, in denen Gift gespritzt wird, haben die Vögel nicht viel zu lachen. Katzen dagegen sind kein Problem – Vögel sind in der Regel allemal schlauer als die kleinen Jäger und erwischt werden nur kranke Vögel. Trotzdem sollten Futterhäuschen und Nistkästen katzen- und mardersicher angebracht werden, sonst müssen die Vögel zu hektisch um ihr Dasein kämpfen.

Nistkästen und Futterhäuschen

Bau und Anbringen von Nistkästen sind seit alters fester Bestandteil der Arbeit für den Schutz der frei lebenden Vogelwelt. Nisthilfen sind natürlich dort am sinnvollsten, wo Naturhöhlen fehlen, weil zu wenig alte und morsche Bäume vorhanden sind. Außerdem eignet sich der Nistkastenbau hervorragend, um Kinder mit der Tierwelt und ihrer Gefährdung vertraut zu machen. Ein ausgebuchter Nistkasten ist allerdings nur dann gewiss, wenn die Vögel entsprechend Nahrung finden – was in einem lebendigen Garten fast garantiert ist.

Zur Technik des Nistkastenbaus:

- Verwenden Sie 2 cm dicke, ungehobelte und unbehandelte Fichten- oder Tannenholzbretter. Sperrholz oder Pressplatten sind nicht wetterbeständig. Holzschutzmittel sind schädlich für die Gesundheit der Vögel! Der Boden des Nistkastens sollte mindestens 15 x 15 cm Grundfläche aufweisen.

- Verwenden Sie Schrauben anstatt Nägel. Das erspart nicht nur zusätzliches Verleimen, es erleichtert auch die Reinigung im Herbst.

- Damit Katzen und Marder nicht mit der Tatze an die Brut gelangen, muss sich die Lochunterkante mindestens 17 cm über dem Kastenboden befinden. Alternativ schützt auch ein kleiner Vorraum. Hängen Sie den Nistkasten in mindestens 2,5 Meter Höhe auf, nach oben ist keine Grenze gesetzt.

- Das Einflugloch sollte weder zur Wetterseite (Westen) zeigen, noch sollte der Kasten längere Zeit der prallen Sonne ausgesetzt sein (Süden). Eine Ausrichtung nach Osten oder Südosten ist deshalb ideal.

- Nistkästen mit gleich großer Einflugsöffnung sollten im Abstand von 10 bis 15 Meter aufgehängt werden. So finden brütende Tiere auch genügend Nahrung.

- Damit kein Regen eindringen kann, sollte der Kasten niemals nach hinten, eher nach vorne geneigt sein.
- Bringen Sie die Nisthilfe am besten im Herbst an. So können die Vögel den Kasten im Winter als Schlafplatz nutzen und sich mit ihrem möglichen Nistplatz vertraut machen.
- Zur Befestigung an lebendem Holz sollten nach Möglichkeit keine Nägel oder dünnen Drähte verwendet werden. Allenfalls Alu-Nägel, die den Baum nicht schädigen. Hängen Sie den Kasten mit einem festen Drahtbügel über einen Ast oder Aststummel und lehnen Sie ihn gerade oder leicht nach vorn gekippt an den Stamm.
- Nur an windgeschützten Orten können Kästen auch frei an einem Seitenast aufgehängt werden.
- Reinigung: Ein verlassenes Nest zu reinigen ist nur dann nötig, wenn Ungeziefer vorhanden ist oder es gar modrig riecht. Dann alles bei abnehmendem Mond herausräumen und mit einer starken Wurzelbürste trocken reinigen. Während der Brutzeit sollten Sie das Nest nicht öffnen, weil manchmal schon die geringste Störung dazu führt, dass die Eltern das Nest im Stich lassen. Die Reinigung sollte im Herbst oder dann erst wieder im Februar vorgenommen werden, um Überwinterer wie zum Beispiel den Siebenschläfer nicht zu stören.

Futterhäuschen für den Winter müssen den Sommer über verstaut werden. Das sollte unbedingt bei abnehmendem Mond geschehen, ebenso die Reinigung. Bei zunehmendem Mond würde das Holz feucht bleiben und schädliche Bakterien und Schimmel bekommen eine Chance. Auch verfault das Häuschen schnell, wenn zum falschen Zeitpunkt gearbeitet und verstaut wird. Es genügt ein Dach, also eine nässe- und sonnengeschützte Stelle, dann bleiben Ihnen die kleinen Holzgebäude lange erhalten.

Tannenzweige sind ein beliebter Schneeschutz für die Häuschen. Schneiden Sie die Tannen- oder Fichtenzweige dafür bei zunehmendem Mond, ideal drei Tage vor Vollmond, und befestigen Sie sie bei abnehmendem Mond. Bei zunehmendem Mond geschnitten, nadeln die Zweige nicht. Bei Ihrem Zimmerschmuck können Sie sich ebenfalls viel Arbeit mit Nadelsaugen sparen, wenn alle Zweige bei zunehmendem Mond geschnitten werden.

Weitere Helfer aus der Tierwelt

Im Herbst ist Aufräumzeit. Bäume und Sträucher werden von toten Ästen befreit, Bruch-Astwerk und manches Laub wird zusammengerecht, grobes Häckselgut ist vielleicht noch übrig. Genug Material, um in einer abgelegenen Ecke des Gartens einen eigenen Reisighaufen anzulegen. Für den Winter ist ein Haufen aus totem Holz und Laub das ideale Quartier für Kröten, Molche, Eidechsen, Blindschleichen und Igel.

Wichtig zu wissen: Bei Schlechtwetterperioden nutzen die eifrigen Insekten- und Schneckenvertilger diese Winterquartiere teils noch bis in den Mai hinein. Schlafende Tiere fliehen bei Störungen nicht, deshalb sollten solche Unterschlupfe während des Winterhalbjahres nicht mehr umgesetzt werden. Vorsicht auch beim Beseitigen von Sträuchern! Neben natürlichen Unterschlupfmöglichkeiten kann man im Herbst zusätzlich ein Igelhäuschen aufstellen. Auch Hummelnisthilfen lassen sich jetzt noch in die Erde eingraben. Alte Vogelkästen sollten nach Ende der Brutzeit im Spätsommer gesäubert werden. Siebenschläfer, die Nistkästen gerne belegen, begeben sich nämlich schon im September ins Ruhequartier und rollen sich dort bis ins kommende Frühjahr ein.

Weitere Tipps für eine tierfreundliche Gartengestaltung, um Mitstreiter in der Schädlingsabwehr zu gewinnen: Gestalten Sie Ihren Garten ohne kleinmaschige Zäune, damit sich Igel frei fortbewegen können. Reisighaufen niemals Abbrennen ohne vorheriges vorsichtiges Umsetzen. Kellerschächte, Gruben etc. sind Tierfallen, die abgedeckt werden sollten. Rettungsplanken für Teiche bzw. an Wasserbecken mit steilem, glattem Rand anbringen, damit sich Igel im Notfall selbst retten können. Sorgen Sie regelmäßig für frisches Trinkwasser, zum Beispiel mit einem Vogelbad oder einer Vogeltränke im Garten.

Auch wenn Insekten nicht wie Vögel brüten, werden Quartiere für sie zu den Nisthilfen gezählt. Viele Wildbienen und Wespenarten, die keine Staaten bilden, sind unermüdliche Insektenjäger und benötigen Hohlräume in Holz, Stängeln oder Steinen, um darin Brutkammern anzulegen. Wer diesen Insekten hilft, muss keine Stechattacken befürchten. Die Tiere sind harmlos und friedlich, selbst in Terrassennähe angebrachte Nistkästen, Holunder- oder Schilfbündel stellen keine Gefahr dar. Im Gegenteil: In Ruhe kann man das Treiben beobachten, wenn die Bienen Baumaterial, Nahrung und Lehm zum Verschluss ihrer Brutröhren eintragen. Ein kleines Abenteuer auch für Kinder!

Besonders interessant ist ein Beobachtungskasten, in dem man dank durchsichtiger Glasröhrchen das Brutgeschäft der Insekten mitverfolgen kann. Wer genügend Platz hat, kann eine ganze Mauer mit verschiedenen Nistangeboten für mehrere Arten anlegen. Praktisch alle Nistkastenhersteller haben Insektenhilfen im Angebot, außerdem lassen sich Nisthölzer auch mit begrenztem handwerklichem Geschick problemlos selbst herstellen.

Die Menschen, die im Einklang mit der Natur leben,
zeigen einander Anerkennung und gute Laune.
Sie schenken den Dingen, die ihnen zum Leben helfen,
Grüße und Danksagungen,
und aus den gleichen Gründen grüßen sie einander.
Die Menschen, die auf diese Art leben,
feiern das Leben, denn sie sind glücklich.

Sotsisowah, vom Stamm der Seneca

9. Schlüssel
Der Lohn der Freude – vom richtigen Ernten und Lagern

In dem die Rede ist vom richtigen Zeitpunkt des Erntens und Versorgens von Gemüsen und Früchten und von den Regeln zum Verarbeiten und Lagern, damit erhalten bleibt, was die guten Dinge an Leben für Sie bereithalten.

Manchmal öffnet ein kleiner Schlüssel die Tür zu einem großen Schatz. Auch wenn dieses Kapitel nur wenige Seiten umfasst, ist es von großer Bedeutung. Der lebendige Garten beschenkt Sie mit einer Vielfalt wohlschmeckender Erntefrüchte – von gesundem Gemüse über köstliches Obst bis zu aromatischen und heilenden Kräutern und Gewürzen. Doch was nützt alles Geschick beim Pflanzen, Säen und Pflegen, wenn Schädlinge, Schimmel oder Faulbakterien nach der Ernte alle Mühe zunichte machen? Es wäre traurig, wenn Ernte und Lagerung zum falschen Zeitpunkt diese Gaben verderben würden. Der richtige Zeitpunkt und wenige, aber entscheidende Tricks helfen, diese Fehler zu vermeiden und eine Ernte einzufahren, die Freude macht für lange Zeit.

Schon seit Menschengedenken kamen beim Ernten und Lagern der Früchte aus Garten, Feld und Wald Methoden zur Anwendung, die für Haltbarkeit sorgten und unsere Vorfahren harte Winter und harte Zeiten überdauern ließen – Gärung, Einsalzen, Räuchern, Kochen, Braten, Trocknen und vieles mehr. Vor allem aber: *Das Achten auf den richtigen Zeitpunkt bei der Ernte und bei der Arbeit des Konservierens.*

Nehmen Sie Ihre eigene Erfahrung zu Hilfe: Oftmals führen Lager- und Konservierungsmaßnahmen zu unterschiedlichen Ergebnissen, obwohl stets die gleichen Reinlichkeitsregeln eingehalten wurden. So hat fast jeder schon erlebt, dass selbst gemachte Marmelade (ohne Konservierung!)

manchmal schon kurze Zeit nach dem Öffnen verdirbt, manchmal steht sie wochenlang auf dem Frühstückstisch und schmeckt immer noch wie am ersten Tag. Aber auch geschlossen halten eingeweckte Früchte oder selbst gemachte Marmelade unterschiedlich lange. Sie schneiden einen Apfel auf. Manchmal wird die Schnittstelle faulig, manchmal trocknet sie bloß ab und »konserviert« sich selbst. Geöffnete Milch wird manchmal sauer, manchmal stockt sie. Essensreste verderben manchmal über Nacht, manchmal sind sie noch tagelang gut. Des Rätsels Lösung finden Sie selbst, wenn Sie Ihre Beobachtungen in Beziehung zum Mondkalender setzen.

Ernten zum richtigen Zeitpunkt

- *Der richtige Zeitpunkt der Ernte zum sofortigen Verbrauch:* Bei der Ernte von Obst und Gemüse steht der Mond im Idealfall in Widder, Löwe oder Schütze. Bei sofortigem Verbrauch ist es nicht wichtig, ob der Mond ab- oder zunimmt. Nur: Bei Widder, Löwe und Schütze schmeckt's einfach am besten, besonders, wenn der Mond gerade zunimmt.

- *Der richtige Zeitpunkt der Ernte zur Einlagerung:* Die günstigste Zeit zum Haltbarmachen, Lagern und Einkellern ist hier generell die Zeit des aufsteigenden Mondes (Schütze bis Zwillinge), alternativ dazu die Zeit des abnehmenden Mondes. Obst und Gemüse stehen bei aufsteigendem Mond besser im Saft, er bleibt beim Ernten erhalten und bietet die besten Voraussetzungen für Aroma, Geschmack und Haltbarkeit. Wieder wäre auch hier Widder der ideale Tag. Lagerobst sollte kurz vor der vollen Reife geerntet werden. Die Früchte müssen ganz leicht vom Baum zu pflücken sein, ohne viel zu drehen und zu zerren, und sollten immer mit Stiel geerntet werden.
  Den Baum zu schütteln und das herabfallende Obst aufzulesen, ist bei abnehmendem Mond eine gute Methode, bei zunehmendem Mond dagegen können Druckstellen später leichter faulig werden.

- *Der richtige Zeitpunkt der Ernte zum Einkochen und Einwecken:* Sämtliche Fruchttage (Widder, Löwe, Schütze) bei abnehmendem Mond. Wir tun das immer mit Erfolg, die Erntefrüchte sind zwar nicht so saftig, aber sehr aromatisch und haltbar.
  Günstig ist generell auch der aufsteigende Mond (Schütze bis Zwillinge, mit Ausnahme von Fische). Obst ist saftiger und auch das Aroma besser. Die Haltbarkeit ist um vieles besser, auf künstliche Geliermittel oder ähnliche chemische Zusätze kann man getrost verzichten (gilt auch für das Einkochen und Einmachen anderer Lebensmittel).
  Manchmal kann man wegen der Wetterbedingungen, weil man eine Steige als Geschenk erhalten, oder aus anderen Gründen nicht den richtigen Zeitpunkt einhalten, dann wissen Sie jetzt, dass Sie eben sofort verbrauchen sollten oder dass Eingemachtes oder Eingekochtes nicht so lange haltbar ist. Gekauftes Beerenobst ist übrigens zwangsläufig chemisch haltbar gemacht, weil es Transporte normalerweise nicht verkraftet. Früher verarbeitete man Beerenobst sofort zu Marmelade, Trockenobst usw.

- *Der richtige Zeitpunkt der Ernte zum Trocknen:* Gemüse und Obst (Tomaten, Paprika, Äpfel, Birnen, Zwetschgen usw.), das getrocknet werden soll, sollten Sie stets bei abnehmendem Mond ernten und trocknen. Ideale Tage dafür sind die Löwetage (ab August bis Februar im abnehmenden Mond) oder die Widdertage (ab April bis September im abnehmenden Mond). Die Alternative, wenn diese Zeitpunkte nicht möglich sind, ist der aufsteigende Mond zwischen Schütze und Zwillinge, wobei Sie beim endgültigen Verpacken und Verstauen auf den abnehmenden Mond und einen Fruchttag (Widder, Löwe, Schütze) warten sollten.
  Niemals bei Fische, Krebs und Jungfrau ernten und trocknen, weil die Früchte zum Schimmeln oder Faulen neigen. Bei zunehmendem Mond ziehen obendrein die Früchte Wasser und laugen aus, es dauert lange, bis ein zufrieden stellender Trocknungsgrad erreicht ist – was übrig bleibt, wird fade und zu hart.

- *Der richtige Zeitpunkt der Ernte zum Einfrieren:* Einfrieren sollten Sie frisches Obst und Gemüse sofort, etwa weil es gerade reif ist, weil Überfluss herrscht, weil es ein besonderes Angebot gibt oder es ein Geschenk ist. Die Frische ist hier wichtiger als das Tierkreiszeichen. Auch beim Verkochen und Essen nach dem Auftauen sind Mondphase und Tierkreiszeichen nicht wichtig. Erst wenn Sie auftauen, etwa um Marmelade zu machen, oder wenn Sie vorkochen wollen, um kleinere Portionen davon wieder einzufrieren, dann ist ein Fruchttag (Widder, Löwe oder Schütze) wichtig, unabhängig davon, ob der Mond zu- oder abnimmt.

- *Konservieren und Einkellern von Wurzelgemüse* (etwa Sauerkraut einhobeln) ist bei Steinbock im abnehmendem Mond erfolgreich. Bei zunehmendem Mond würde der Gärungsprozess zu schnell verlaufen. Sauerkraut und Lederäpfel (Boskop) waren früher im Winter das selbstverständliche Mittel gegen Erkältung und Vitamin-C-Mangel. Beide Lebensmittel waren griffbereit und standen immer zur Verfügung. Im Winter aß man zur Vorbeugung täglich mindestens einen Esslöffel voll rohes Sauerkraut. Für Kinder kann man es gut verfeinern, beispielsweise mit süßen Früchten, Nüssen oder Sahne. Man sollte aus dem Fass immer eine ganze Wochenration holen, damit der Deckel nicht täglich gehoben werden muss. Entweder würde das Kraut sonst austrocknen oder zu schnell vergären. Wenn Sie ein solches Fass oder auch nur einen kleinen Steinguttopf zu Hause haben, dann heben Sie den Deckel niemals bei Krebs, Löwe oder Jungfrau.

- *Ungünstige Tierkreiszeichen zum Ernten, Lagern und Konservieren:* Unbedingt meiden sollten Sie generell die Jungfrautage. Eingemachtes beispielsweise fängt sonst leicht zu schimmeln an. Auch der Krebs eignet sich nicht sonderlich gut. Wer auf den aufsteigenden Mond achtet, geht diesen Zeichen ohnehin aus dem Weg. Im aufsteigenden Mond ist Fische kein günstiges Zeichen zum Einlagern, besser wäre, jetzt alles sofort zu verbrauchen.

Weitere Tipps zum Ernten und Lagern

- Der richtige Keller für die Lagerung ist nicht zu feucht und nicht zu trocken, beim richtigen Zeitpunkt der Ernte ist das aber nicht so wichtig.

- Gelagertes Obst verströmt geringe Mengen eines Gases, das direkt daneben gelagertes Gemüse schneller verderben lässt. Im Idealfall lagern Obst und Gemüse also in getrennten Räumen. Ansonsten einfach so weit wie möglich auseinander halten.

- Regale für die Obstlagerung sollten Sie nur bei abnehmendem Mond reinigen (bei einem Luft- oder Feuerzeichen). Das hält sie trocken und verhindert so die Schimmelbildung. Generell sind alle Reinigungsarbeiten im Lager bei abnehmendem Mond sinnvoller.

- Zu allem gekauften Lagerobst sollten Sie einen Strauß Beinwell legen! Gekauftes Lagerobst ist anfälliger, weil das Übermaß an enthaltenem Stickstoff für eine dünne Schale sorgt und damit für geringe Haltbarkeit. Beinwell neutralisiert den Stickstoff.

- Generell sollten Sie den Tagesbedarf an gelagertem Gemüse und Obst vorsichtig aus Steige, Korb oder Kiste entnehmen. Wenn beispielsweise zu einem ungünstigen Zeitpunkt, etwa kurz vor Vollmond, viel entnommen wird und das Lagergut dabei in Bewegung gerät (beispielsweise nachrutschende Kartoffeln), kann sich dieser Impuls auf die La-

Ernten und Verarbeiten zum richtigen Zeitpunkt

Ernten zum sofortigen Verbrauch	Ideal bei Widder, ansonsten bei aufsteigendem Mond und an einem Fruchttag
Ernten zur Einlagerung	Aufsteigender Mond (Schütze bis Zwillinge), alternativ bei abnehmendem Mond. Widder wäre ideal
Ernten zum Einkochen und Einwecken	Ideal sämtliche Fruchttage (Widder, Löwe, Schütze) bei abnehmendem Mond. Jungfrau und Krebs meiden! Fische ist ebenfalls nicht günstig, besser alles sofort verbrauchen
Ernten zum Trocknen	Bei abnehmendem Mond. Ideal ist Löwe oder Widder. Alternativ bei aufsteigendem Mond zwischen Schütze und Zwillinge, dann aber zum endgültigen Abfüllen und Verstauen auf den abnehmenden Mond und Widder, Löwe oder Schütze warten. Niemals bei Fische, Krebs und Jungfrau!
Ernten zum Einfrieren	Sofort frisch einfrieren – unabhängig von Mondphase und Tierkreiszeichen. Zum Marmelade machen, Vorkochen kleiner Portionen oder Wiedereinfrieren sind die Fruchttage (Widder, Löwe, Schütze) wichtig, unabhängig davon, ob der Mond zu- oder abnimmt
Konservieren und Einkellern von Wurzelgemüse (beispielsweise Sauerkraut einhobeln)	Steinbock im abnehmendem Mond. Bei zunehmendem Mond würde der Gärungsprozess zu schnell verlaufen. Dem Fass immer eine ganze Wochenration entnehmen! Deckel nicht bei Krebs, Löwe oder Jungfrau heben
Alle Reinigungsarbeiten, beispielsweise Regale für die Obstlagerung	Bei abnehmendem Mond an Luft- oder Feuerzeichen

gerfähigkeit negativ auswirken. Das gilt übrigens auch umgekehrt: Wenn Sie zu einem ungünstigen Zeitpunkt Obst und Gemüse für die Lagerung gekauft haben, können Sie den negativen Impuls durch Umschichten bei abnehmendem Mond an einem Fruchttag wieder etwas ausgleichen.

Von der Weisheit der alten Pflanzen

Bei der Ernte im lebendigen Garten sollten Sie den Mut aufbringen, einige alte Pflanzen (vielleicht einen Kohlrabi, den Sie nicht ernten) eintrocknen und bis zum Frühjahr stehen zu lassen. Als lebendige Wesen haben diese alten Pflanzen viele Erfahrungen gemacht über die spezielle Situation bei Ihnen: die besonderen Boden- und Klimaverhältnisse, die Tier- und »Menschenwelt« der Umgebung, die »Schädlingssituation«, die Strahlungen. Die Gesamtheit dieser Information geht auf wunderbare Weise in die Erde über und sorgt bei der Nachkommenschaft im nächsten Frühling für ein stabileres Wachstum – selbst dann, wenn diese aus gekauften Samen stammt und nicht direkt von der Pflanze, die die Information weitergibt.

Alte Menschen

Alte Pflanzen

Lehren im Schweigen

Weitergeben

Weiterfühlen

Weitermachen

Weiterwachsen

Lassen Sie Unkraut und alte Pflanzen stehen, bis deren Erfahrung weitergegeben ist. Die Pflanzen sagen Ihnen genau, wann sie damit fertig sind. Lassen Sie ihr Wissen in den Boden einziehen.

Die Natur funktioniert in Zusammenhängen, besitzt Geheimnisse, die wir noch in Jahrhunderten nicht ergründen werden, wenn wir uns ausschließlich auf das Warum beschränken. Wir vertrauen darauf, dass Sie Freude am erfahren einiger dieser Geheimnisse haben, selbst wenn wir die Frage nach dem Warum nicht beantworten können. Es ist ein so wunderbares Abenteuer.

10. Schlüssel
Das Bild von Schönheit

In welchem wir Ihnen nahe bringen wollen, dass sich hinter dem üblichen und modischen Begriff von dem, was »schön« ist, eine zeitlos gültige Schönheit verbirgt. Findet Ihr Gespür Zugang dazu, kann ein lebendiger Garten heranwachsen.

Würden wir gemeinsam einmal durch die Geschichte der Menschheit wandern, wird schnell offenbar, dass der Mensch die unterschiedlichsten Maßstäbe hatte, wenn er etwas als »schön« bezeichnete. Ein Römer der Antike würde sich entsetzt abwenden, wenn er einen Franzosen des Barock mit seinen Perücken und der zentimeterdicken Schminke auf dem Gesicht erblicken würde, während der Franzose den Römer als rau und ungehobelt erleben würde.

Millionenfach ließen sich solche Beispiele in der Geschichte finden, doch wir müssen gar nicht in die Vergangenheit schweifen. Innerhalb unserer Städte, ja innerhalb von Dörfern, Häusern, innerhalb von Familien ist es schon schwer, auch nur zwei Menschen zu finden, die in ihrem Gefühl für das, was schön ist, auf gleicher Linie sind.

»Schönheit liegt im Auge des Betrachters« – das alte Sprichwort spiegelt diese Tatsache wieder. Trotz dieser uralten Weisheit kennt fast jedes Land der Welt sogar geschriebene und mit Polizei- und Gerichtsgewalt durchgesetzte Gebote, die diesen ach so flüchtigen Begriff »Schönheit« mit Wortgewalt festschreiben wollen. Beispielsweise auf dem Gebiet dessen, was im Hausbau »schön« ist und was nicht, oder wie sich ein Beamter oder ein Schüler zu kleiden hat, um in den gestrengen Augen des Vorgesetzten oder Lehrers Wohlgefallen zu finden.

Ein persönliches Gefühl

Der zehnte Schlüssel zum lebendigen Garten verbirgt sich in Ihrem persönlichen Gefühl für Schönheit. Keine Angst: Wir wollen Ihnen hier nicht *unseren* Begriff von Schönheit nahe legen, geschweige denn einreden oder aufzwingen. Wir hoffen nur, dass Sie über die folgenden Gedankenflüge ein wenig nachdenken – dass Sie mit uns gemeinsam den einen oder anderen Gedankengang mitgehen und dann zu Ihren eigenen Schlüssen gelangen. Wie bei unseren anderen Büchern auch ist nämlich eine große Portion Unabhängigkeit und Gedankenfreiheit nötig, um nach und nach dieses alte Wissen wieder anzuwenden.

Mit einem Satz: Letztlich ist es auch Ihr Gefühl dafür, was »schön« ist, was darüber entscheidet, ob lebendige Gärten eine Zukunft haben oder nicht. Überall auf der Welt.

Auf dem Buch- und Kalendermarkt gibt es ganz und gar wunderschöne Werke mit Naturfotos aus aller Welt. Nur selten fehlt in diesen Büchern die Abbildung eines herbstlichen Ahornwaldes der Nordostküste Amerikas. Ein gelbrotgoldenes Flammenmeer, das augenblicklich den Wunsch weckt, durch die herrliche Szenerie zu spazieren, die jede herbstliche Melancholie vertreiben würde.

Nehmen Sie im Geiste zur Hand, was für diesen paradiesischen Anblick verantwortlich ist – ein herbstlich grünrotgelbgoldenfeuriges Ahornblatt.

Die Schönheit des Waldes, des Fotos im Buch, ist einem solchen Blatt zu verdanken. Warum ist es so schön?

Weil es *verwelkt*.

Wie denken Sie über einen Menschen, der das Blatt glatt bügeln und grün lackieren möchte, weil es für ihn ein Symbol für Vergänglichkeit ist, die er nicht ertragen kann? Und wie steht es mit Ihnen?

Ein Rasen ist in den Augen der meisten Menschen ein schöner Anblick. Er kommt zwar nirgends in der Natur vor, aber er ist Symbol für eine Vielfalt unterschiedlicher Dinge: für Hingabe und Ordnungsliebe, für Nachgiebigkeit gegenüber den Wünschen Fußball verliebter Kinder und Golf spielender Erwachsener, für die Angst vor dem kritischen Blick der Nachbarn und Schwiegereltern, für die Gier nach lobender Aufmerksamkeit, oder schlicht für endlos lange ausgeübte, träge Gewohnheit. Die Möglichkeiten für das, worüber »Gras wächst«, sind vielfältig.

Aber ist er immer ein Ausdruck von »Schönheit«? Manchmal ist Bodenleben zerstörende, Grundwasser vergiftende Arbeit und viel Zeitaufwand nötig, um einen englischen Rasen zu gewinnen. Vögel und Insekten finden darin keine Nahrung, der Rasen ist steril wie eine unfruchtbare Wüste. Trotzdem empfinden wir ihn als schön, beispielsweise als Streifen um eine Figur im Garten oder als Park um ein französisches Schloss.

Sie wandern über eine naturbelassene Bergwiese mit ihrer wunderbaren Vielfalt an Blumen und wertvollen Heilkräutern – ein Anblick für Götter, eine Wohltat für alle Sinne. Was würden Sie von einem Menschen halten, der diese Wiese umpflügt, um dort einen »schönen Rasen« anzulegen?

Bedenken Sie: Wenn Sie Sklave der Meinung Ihres Nachbarn oder Besuchs sind, stutzen sie sich die Flügel. Sie leben das Leben anderer Menschen. Nehmen Sie sich die Freiheit, Ihr eigenes Gefühl von Schönheit zu entwickeln.

Wir kennen Leute, die sich alle Absichten realistisch vor Augen geführt haben, die man mit der Anlage eines englischen Rasens verfolgen könnte, Punkt für Punkt. Nach langem Nachdenken haben sie sich für einen wasserdurchlässigen Kunstrasen entschieden.

Inbegriff von Schönheit und deshalb vielfach von den Titelbildern der Magazine herablächelnd sind Fotomodelle und manche Schauspielerinnen und Schauspieler. Erfährt man von der stundenlangen Arbeit der Visagisten und Kosmetiker, ein solche Figur, ein solches Gesicht herzurichten, bevor der Auslöser des Fotografen klickt, denken wir ein paar Sekunden lang anders über diese »Schönheit«. Wenn wir dann noch erfahren, um welchen Preis an Lebensfreude und Gesundheit diese Frauen und Männer das Schönheitsbild der Zeit nähren, dann sind es vielleicht ein paar Sekunden mehr, die uns über »Schönheit« nachdenken lassen.

»Schönheit hat ihren Preis« – wir sind der festen Überzeugung, dass dieses Sprichwort nicht von wahrer Schönheit spricht.

Was ist schön? Ein etwas runzliger Lederapfel, der an einem Apfelbaum reift, den niemand schneidet und pflegt – der aber alle Vitamine und Mineralien, alle Lebenskraft enthält, die der Mensch braucht? Der nur für uns wuchs? Oder der Hochglanz-Delicious aus Neuseeland, der jeden »Schönheitspreis« gewinnen würde, aber ohne jede Lebenskraft für den ist, der ihn isst?

Was ist schön? Das Holzhaus aus unbehandelter, zum richtigen Zeitpunkt geschlagener Lärche, das nach Jahren zu einem Silbergrau verwittert, und allen Stürmen der Jahrhunderte trotzt? Oder das preisgekrönte Haus der Moderne aus Beton, Glas und Stahl, in dem der Architekt selbst freiwillig keine paar Monate wohnen würde (Architekten leben fast ausnahmslos in Einfamilienhäusern mit viel Holz und wenig Chemie und Beton)?

Im Garten wird uns eingetrichtert, was als schön zu gelten hat. Passt die Natur nicht, wird sie angepasst. Wie in der Architektur.

Das Gefühl für Schönheit ist oft verbunden mit der *Information*, die man über ein Objekt oder eine lebendige Bewegung besitzt. Wenn ein junger Mensch zum blauen Himmel hinaufschaut und die Kondensstreifen der Flugzeuge rot leuchtende Muster an den Abendhimmel zaubern, mag er den Anblick als schön empfinden, verbunden mit Sehnsucht und Fernweh.

Ein Greenpeace-Mitglied wird vielleicht bei diesem Anblick eher an Umweltverschmutzung und Ozonloch denken und sein Gefühl für Schönheit anderen Anblicken vorbehalten, beispielsweise einem grafisch gelungenen Plakat, das sich für bedrohte Tierarten einsetzt.

Im sanften Wind wogende goldgelbe Weizenfelder unter dem stahlblauem Himmel des amerikanischen Westens, so weit das Auge reicht, der Himmel gesprenkelt mit weißen Puffwölkchen – ein schönes Bild. Nur ein wenig Information genügt, um das Bild als Symbol für die melancholische Kühle auf einem Friedhof zu erkennen. Tote Erde, die erpresst von Kunstdünger und Gift mit letzter Kraft totes Getreide hervorbringt, bis die letzte dünne Humusschicht fortgeblasen ist.

Ein feuchtbraunes Durcheinander welker abgestorbener Blätter, im Herbstwind schwankende Stängel eines Rhabarberstocks, der Miniaturdschungel eines abgeernteten Beets, dessen Unkräuter liegen bleiben über den Winter – kein Anblick von »Schönheit«. Nur ein Minimum an Information – und schon verwandelt sich das Beet in ein kraftvoll lebendiges Symbol für die zeitlose Schönheit der Kreisläufe in der Natur. Es atmet Sehnsucht, Hoffnung, Optimismus ... Bis hin zur Gewissheit, dass jedem Vergehen in der Natur, in Körper und Seele die Erneuerung folgt.

Folgen muss, denn sonst hat alles keinen Sinn. Nur ein Minimum an Information also, und schon verwandelt sich in zeitlose Schönheit, was auf den ersten Blick abstieß.

Was in unseren Augen schön ist, ist ein Ergebnis von Gewöhnung. Wären wir in andere Zeiten hineingeboren, würden wir Dinge schön finden, die jetzt abgrundtief hässlich »sind«.

Was in unseren Augen schön ist, ist ein Ergebnis von Anpassungswille, Anpassungszwang und Angst. Wir wollen mit unserer Entscheidung für die Schönheit oder Hässlichkeit einer Sache beweisen, dass wir uns einer bestimmten Gruppe zugehörig fühlen. Der Familie, den Nachbarn, den »Fortschrittlichen«, der einen oder anderen Partei, den »Konservativen«, den »Grünen, Gelben, Roten, Blauen, Schwarzen«, der Jugend, den Modernen, den Trendsettern, den Rechtsanwälten, den Ärzten, den Mächtigen, den Außenseitern, dem Verein.

All das – die Gewöhnung, die Anpassung, die Angst – betäubt unser Gespür für die Tatsache, dass es eine wahre Schönheit gibt, eine *zeitlose* Schönheit, die hinter all dem vergänglichen und modischen Vorstellungen von Schönheit verborgen liegt.

Ein lebendiger Garten ist ein Ausdruck dieser Schönheit.

Die Knospe kurz vor dem Aufblühen im Frühling, ein welkes grünrotgoldenes Ahornblatt sind ein Ausdruck dieser Schönheit.

Michelangelos David und das welke Blatt und das Gesicht einer uralten Indianerin, die vom ersten Tag ihres Lebens an in Harmonie mit Mensch und Natur gelebt hat – das ist zeitlose Schönheit.

Wir werden niemals einen lebendigen Garten gestalten und erfahren, wenn wir uns nicht mit dem Gedanken vertraut machen, dass auch die Vergänglichkeit alles Lebendigen ein Ausdruck von wahrer Schönheit sein kann. Beispiel: Das Herbstlaub im Nordosten der USA.

Ist der Rhabarber abgeerntet, lassen Sie den Rest stehen. Und beobachten Sie, was geschieht. Nämlich nichts anderes als das »Vergehen, um zu Werden«. Die Vorbereitung auf die Wiedergeburt im nächsten Frühling. Wann beginnen in Bäumen die Säfte wieder zu steigen? Im Frühling? Nein, sie beginnen genau am 21. Dezember wieder zu steigen.

Warum wir den sichtbaren Ausdruck der Vergänglichkeit aller Dinge, etwa in Form eines faltenreichen Gesichts, als »nicht schön« empfinden, das liegt in erster Linie darin begründet, dass wir das Vertrauen verloren haben. Wir haben das Vertrauen verloren, dass jedem Herbst ein Frühling folgt, dass der Tod alles Lebendigen nur eine Art Winter ist, dem zwangsläufig der Neuanfang in »alter Frische« folgen *muss*.

Wenn es Ihnen gelingt, das Vertrauen darin wiederzugewinnen, dass Vergänglichkeit und ihre äußeren Signale nichts anderes sind als *Symbole* für das feste Versprechen einer Wiedergeburt und eines Neuanfangs, dann steht Ihnen die Kunst, einen lebendigen Garten zu gestalten, offen.

Und nicht nur das: Sie haben einen der Grundpfeiler eines glücklichen Lebens entdeckt. Alles Lebendige bewegt sich wie eine Welle auf dem Meer: Kurze Zeit ist es sichtbar, hat einen Anfang und einen Höhepunkt und eine Abwärtsbewegung. Aber wenn die Welle verschwunden ist, ist sie dann verschwunden? Nein, sie musste verschwinden, um *wiederzukommen*. Das Verschwinden ist geradezu Bedingung für die Erneuerung.

Was bedeutet jetzt, nach all diesen Gedanken und Fragen und Antworten, die Sie sich selbst gegeben haben, beispielsweise das Wort »Ziergarten« für Sie? Was verbirgt sich hinter dem Ausdruck »gepflegter Garten«? Wir sind sicher, jetzt in diesem Augenblick spiegelt Ihr Garten oder Ihr Balkon die Antworten wider, die Sie sich bisher auf diese Fragen gegeben haben.

Denken Sie in Ruhe einmal darüber nach: Wie sähe mein Garten, mein Balkon aus, wenn ihn außer mir niemand betreten dürfte und sehen würde? Wie sähe mein Garten aus, wenn ich nur meinem innersten Gefühl für Schönheit verpflichtet wäre?

Betrachten Sie die verschwenderisch großzügige Fülle der Natur dort, wo man sie schalten und walten lässt, ohne Böden zu vergiften und Monster zu züchten. Wo man der zeitlosen Schönheit, die in ihr wohnt, Raum lässt. Diese zeitlose Schönheit ist der zehnte Schlüssel zum lebendigen Garten.

Drehen Sie ihn um, und öffnen Sie die Tür.

Von der Schönheit

Wo werdet ihr Schönheit suchen und sie finden, wenn sie nicht selber euer Weg und Führer ist? Und wie werdet ihr von ihr sprechen, wenn sie nicht selber die Weberin eurer Reden ist?

Die Gekränkten und Verletzten sagen: »Schönheit ist gütig und sanft. Wie eine junge Mutter, ein wenig schüchtern wegen ihrer eigenen Herrlichkeit, geht sie unter uns.«

Und die Leidenschaftlichen sagen: »Nein, Schönheit ist ein machtvolles und Furcht erregendes Wesen. Wie der Sturm schüttelt sie die Erde unter uns und den Himmel über uns.«

Die Müden und die Erschöpften sagen: »Schönheit ist sanftes Geflüster. Sie spricht in unserem Geist. Ihre Stimme fügt sich unserer Stille wie ein schwaches Licht, das in Angst vor dem Schatten zittert.«

Doch die Ruhelosen sagen: »Wir haben sie in den Bergen rufen hören, und mit ihren Rufen kamen Hufgeräusche und Flügelschlagen und Löwengebrüll.«

Bei Nacht sagen die Wächter der Stadt: »Schönheit wird sich mit der Morgenröte aus dem Osten erheben.«

Und zur Mittagszeit sagen die Arbeiter und Wanderer: »Wir haben gesehen, wie sie sich aus den Fenstern der Abendröte über die Erde neigte.«

Im Winter sagen die Eingeschneiten: »Sie wird mit dem Frühling über die Hügel gesprungen kommen.«

Und in der Sommerhitze sagen die Schnitter: »Wir haben sie mit den Herbstblättern tanzen sehen, einen Schneestreif im Haar.«

All das habt ihr von der Schönheit gesagt.

Doch in Wahrheit spracht ihr nicht von ihr, sondern von unbefriedigten Bedürfnissen, und Schönheit ist kein Bedürfnis, sondern eine Verzückung.

Sie ist weder ein dürstender Mund, noch eine leere ausgestreckte Hand, sondern ein entflammtes Herz und eine verzauberte Seele. Sie ist weder das Bild, das ihr sehen möchtet, noch das Lied, das ihr hören möchtet, sondern ein Bild, das ihr seht, obwohl ihr eure Augen zumacht, und ein Lied, das ihr hört, obwohl ihr eure Ohren verschließt.

Sie ist weder der Saft in der schrundigen Rinde noch ein Flügel an einer Klaue, sondern ein Garten in ständiger Blüte und eine Engelschar in stetigem Flug.

Leute von Orphalese, Schönheit ist Leben, wenn das Leben sein heiliges Gesicht entschleiert. Aber ihr seid das Leben, und ihr seid der Schleier.

Schönheit ist Ewigkeit, die sich in einem Spiegel anschaut.

Aber ihr seid die Ewigkeit, und ihr seid der Spiegel.

Khalil Gibran

II. Teil

Ein bunter Gartenkorb

Zehn Schlüssel haben wir Ihnen in die Hand gegeben, um das Tor zum lebendigen Garten aufzuschließen. Sie haben nun die Chance, ein kleines Paradies entstehen zu lassen, eine Oase für Körper, Geist und Seele. Dieses Kapitel soll Ihnen als kleine Inspiration dienen, als ein Geschenkkorb mit guten Sachen, die vielleicht schon bald Ihren Garten zieren.

Nur wenn Sie selbst anpflanzen, können Sie ganz sicher sein, auch wirklich biologische, gesunde Kräuter und Gemüse auf den Tisch zu bekommen. Unbelastete Erde hält alle lebenswichtigen Mineralien und Spurenelemente für uns bereit; nur natürlich aufwachsende Pflanzen können sie aufnehmen und in einer Form an uns weiterreichen, die unser Körper verarbeiten kann. In handelsüblichem Gemüse sind diese kaum noch enthalten, sogar in manchem Bio-Gemüse nicht, weil ein industriell vergewaltigter Boden mindestens sieben Jahre braucht, um sich zu regenerieren.

Ein Automobil wandelt Benzin um, damit der Motor läuft und uns ans Ziel bringt. Dieser Stoffwechsel kann nur so und nicht anders ablaufen, Diesel würde den Benzin-Motor zerstören. Die Feldfrüchte der Agrarindustrie, gespritzt und gedüngt, schädigen unsere Körpermotoren und höhlen unseren Geist aus. Das geschieht nur so langsam, dass wir die Zusammenhänge erst durchschauen, wenn es fast zu spät ist.

Pflanzliche Bio-Kost ist unser »Benzin«. Sie ist das von Anfang an für uns gedachte Bindeglied zur Natur. Nahrung tierischer Herkunft ist durch die »Zwischenverarbeitung« der Pflanzen im Tierkörper weniger wertvoll geworden und im Wesentlichen von unserer Verdauung nur als Notprogramm geduldet. »Fleisch ist gesund« – sagt die Werbung. Das ist eine schlichte Lüge – eine Lüge, die vielleicht mehr Schaden auf unserem Planeten anrichtet als viele, viele Kriege zusammengenommen.

Nahrung tierischer Herkunft wird langfristig nicht mehr auf unserem Speisezettel stehen, auch wenn im Augenblick vieles dagegen spricht. Echte Entwicklungsschritte des Menschen bestehen in einer Verfeinerung seiner Gefühlswelt und Wahrnehmungskraft. Nahrung tierischer Herkunft würde diese Entwicklung blockieren. Nehmen Sie uns hier nicht beim Wort, sondern sammeln Sie selbst Erfahrungen. Menschen, die sich vegetarisch oder gar vegan* ernähren, erfreuen sich wachsender Gesundheit und Sensibilität im Alltag. Ihre Abwehrkraft ist wesentlich höher, ihre Sinne sind viel wacher und ausgeprägter. Sie sind zu Indianern geworden im Dschungel des Alltags.

Sie haben mit einem chronischen Problem im Körper zu kämpfen? Wählen Sie gezielt aus der Liste von Gemüsen und Obst auf den folgenden Seiten beziehungsweise der Kräuterliste auf Seite 138ff., was den Mangel ausgleicht. Jede chronische Störung ist vergleichbar einem »ausgelaugten Boden«, der nach Ausgleich und Gleichgewicht ruft. Wenn wir beispielsweise die Glatzenbildung, die sich heute bei vielen jungen Männern schon beobachten lässt, zum Anlass nehmen, geschorene Häupter und Glatzen für »cool« zu erklären, nur um diese Mangelerscheinung nicht erkennen und beseitigen zu müssen, dann ist das keine Lösung. Das wäre dasselbe, wie wenn Frauenzeitschriften Orangenhaut zum letzten modischen Schrei erklären, denn Zellulite entsteht aus genau dem gleichen Grund wie Männer eine Glatze bekommen – aus Mineralmangel. Die Lösung besteht darin, den Mineralmangel zu beheben – und das geht nur mit Obst, Gemüse und Kräutern, die natürlich gezogen und gereift sind.

* »Vegan« lebt ein Vegetarier, der zusätzlich auch noch auf tierisches Eiweiß jeglicher Herkunft verzichtet, also auch auf Ei, Milch und Milchprodukte jeglicher Art. Zu den berühmtesten Veganern zählt übrigens Carl Lewis, der vielfache Olympiasieger. Auch zu Zeiten seiner größten Erfolge rührte er niemals Fleisch und Milchprodukte an.

Beispiel Kalziummangel

Lassen Sie uns kurz an einem Beispiel verdeutlichen, wie ungeheuer wichtig es ist, im Laufe der Zeit auf Bio-Gemüse oder Selbstgezogenes umzusteigen, einmal abgesehen von dem riesigen Schritt auf eine gesunde, lebenswerte Umwelt hin, den das bedeuten würde.

Angenommen, Sie leiden unter Kalziummangel. Sie glauben, das sei nicht Ihr Problem? Das Heimtückische an Kalziummangel ist, dass man ihn unter Umständen jahrelang nicht bemerkt. Der Körper bedient sich einfach aus seinen Depots, wenn er keinen Nachschub durch gesunde Ernährung bekommt – Haarboden, Knochen usw. Erst wenn allmählich Schäden erkennbar werden (Knochenschwund, Allergien, chronische Migräne usw.) beginnt man nachzudenken. Kalziummangel können nur Sie selbst und sonst niemand direkt fühlen. Beobachten Sie sich gut, und horchen Sie auf Signale, wie: feuchte Hände und Füße, Neigung zu Krämpfen, Zähneknirschen, Kreislaufstörungen, Nervenschwäche, Herzjagen, Allergien, veränderte Haut, Probleme mit Nägeln und Haaren. Bei einem oder mehreren dieser Signale sollten Sie an den nächsten Schritt denken, nämlich Antwort auf die Frage finden: Wie bekommt mein Körper, was er braucht?

Sie glauben nun vielleicht, Sie könnten den Mangel durch Kalziumtabletten oder beispielsweise durch Milchtrinken beheben. Das geht nicht. Milchtrinken führt zu einer erhöhten Phosphorausscheidung und damit oftmals zu Phosphormangel.

Andererseits, um überschüssiges Phosphor (durch Süßigkeiten beispielsweise) auszuscheiden, braucht der Körper wiederum viel mehr Kalzium als ihm durch die Milch zugeführt wird. So gesehen ist Milch ein erstklassiger Kalziumräuber. Besonders auch deshalb, weil Milch häufig in Verbindung mit Zuckerhaltigem »genossen« wird und Zucker Kalziumräuber Nummer Eins ist.

Weltweit existieren heute zahllose wissenschaftliche Beweise für diesen Zusammenhang. Trotzdem wird gerade Kindern und Frauen die Milch eingeredet, mit katastrophalen Folgen, besonders für Frauen in den Wechseljahren, weil nunmehr die monatliche Entgiftung durch die Periode wegfällt. Gleichzeitig werden den Frauen dann Hormontherapien nahe gelegt, was nachweislich die Krebsrate erhöht und den natürlichen Hormonhaushalt gründlich durcheinander bringt. Vollwertige, biologische Ernährung wäre die richtige »Medizin«. Die meisten Frauen würden dann die Wechseljahre ohne besondere Symptome überstehen.

Kalziummangel kann nun neben einer Mangelernährung viele tiefer liegende Ursachen haben: Vitamin-D-Mangel, Schilddrüsen- oder Nebennieren-Fehlfunktion, Leberstörungen usw. In erster Linie beruhen diese Störungen wiederum auf einer falschen Ernährung, zu deren Entstehung schon unsere Normalkost genügt (Kantinenkost, zu viel Fleisch, Zucker, weißes Mehl usw.). Die Medizin gegen diese Störungen ist wieder nicht eine Pille oder eine Operation, weil nur die Symptome bekämpft werden. Die Medizin besteht in gesunder, natürlicher, menschgerechter Bio-Kost. Der Körper erkennt die positive Information darin, beginnt langsam mit der Reparatur der Störungen und kann – *erst dann!* – auch den Kalziummangel beheben, am besten über kalziumreiches Gemüse. Das dauert natürlich länger als die Symptombekämpfung. Nichts spricht dagegen, wenn die symptomatische Therapie nur begleitend oder kurzfristig erfolgt, um den Übergang zur echten Therapie zu erleichtern. Alles andere aber ist Selbstbetrug.

Kalziummangel mit Kalziumtabletten bekämpfen ist also gleichbedeutend mit dem Versuch, einem ruckelnd dahinfahrenden Traktor Flugzeugbenzin in den Tank zu schütten statt die Handbremse zu lösen. Langfristig kommt das teuer, oder? Natürlich ist der Griff zur Tablette eine Sache von Sekunden oder Minuten, während das geduldige Erforschen von Ursachen und Zusammenhängen viel mehr Zeit in Anspruch nimmt. Unsere Aufgabe ist es nicht, Ihnen zu predigen, was hier richtig und falsch ist. Unsere Arbeit besteht darin, Wege zu zeigen, wenn Ihre Entscheidung schon feststeht. Mit anderen Worten: Wenn Ihre Selbstliebe größer ist als Ihre Bequemlichkeit.

Ein Wort zur Kostenwahrheit

Biologisch gezogene Produkte sind Ihnen zu teuer? Lassen Sie uns einige Worte zum Thema »Preis-Würdigkeit« und Kostenwahrheit verlieren, und werfen wir einen Blick auf den Preisunterschied zwischen einer biologisch, im Einklang mit den natürlichen Rhythmen der Erde gezogenen Tomate und einer »normalen« Tomate aus dem Supermarkt.

Angenommen, die Bio-Tomate kostet 50 Cents, die normale kostet 40 Cents. Normale Tomaten stammen meist aus Treibhäusern, wo sie in steriler und vergifteter Atmosphäre aufwachsen, künstlich hochgepäppelt von chemischen Düngemitteln und Pestiziden, in einer *Nährlösung*, nicht in Erde. Mehrkosten für die Beseitigung der Umweltschäden bei Herstellung und Entsorgung der Chemikalien (über Steuern zu bezahlen): 20 Cents.

Meist haben die normalen Tomaten längere Transportwege hinter sich als die Bio-Tomaten vom Bauern in Ihrer Nähe. Addieren wir die Kosten für die Umweltbelastung durch den Transport, durch Straßenabnutzung, Luftverpestung: 10 Cents.

»Normale« Tomaten geben nicht Lebenskraft, sie *kosten* Kraft. Herkömmliches, gespritztes und gedüngtes Gemüse und Obst führt zu Mangelerscheinungen und sind letztlich verantwortlich für eine Unzahl von Krankheiten und Allergien. Mehrkosten für die Gesundheit, zu entrichten über Versicherungsbeiträge usw. 10 Cents.

Somit kostet Sie die »normale« Tomate insgesamt 80 Cents, nicht gerechnet der Verlust an Lebensfreude und guten Gefühlen, der sich ja auch irgendwie »rechnet«. Sie glauben, diese Rechnung sei übertrieben? Die normale Tomate würde noch viel mehr kosten. Wir haben längst nicht alles addiert – wenn jedoch diese wenigen Beispiele nicht überzeugen, dann wäre es sinnlos, noch genauer zu rechnen.

Das Wichtigste in dieser Rechnung: Sie könnten nur halb so viel essen wie gewohnt, wenn Sie auf Naturkost umsteigen, und würden dennoch *mehr* Saft und Lebenskraft daraus gewinnen als aus der doppelten Menge von Nicht-Bio-Produkten. Die innere Kraft von Naturkost steht in keinem Verhältnis zu ihrem Preis. Natürlich gezogene Tomaten leuchten von innen, sie geben Ihnen Kraft, Farbe und Freude für Stunden. Zwangsgereifte grünlich-rötliche Treibhaus-Plastikbälle mit der Aufschrift »Tomaten« decken Ihren Flüssigkeitsbedarf für eine halbe Stunde und kosten die Leber eine schlaflose Nacht beim Versuch, die chemischen Spritzmittel wieder loszuwerden.

Behalten Sie diese Dinge im Auge, wenn Sie Preise vergleichen.

Wundermittel frisch im Angebot

»Ein wahres Wundermittel!« denken Sie vielleicht manchmal, wenn Sie auf den folgenden Seiten von den Wirkungen unserer alltäglichen Nahrungspflanzen für Heilung und Vorbeugung erfahren. Sie denken richtig. Eine solche Breite von guten Wirkungen ist ja nichts Neues bei biologisch gezogenen Gemüsen und Früchten, geschweige denn bei Wildkräutern. Es steckt fast alles drin, was wir brauchen.

Wir möchten bekräftigen: Wir könnten ohne tierisches Eiweiß wunderbar leben und als Folge die Kosten im Gesundheitswesen auf die Hälfte zurückschrauben und wirksamsten Umweltschutz betreiben. Das ist eine Tatsache, die sogar die Wissenschaft längst jenseits allen Zweifels bewiesen hat. Leider hat eine einzige Schnellfutter-Handelskette hundertmal mehr Geld für Werbung zur Verfügung als die Wissenschaft zur Information über ihre Erkenntnisse.

Aber das ist nicht schlimm, denn: Der Einzelne ist es, der das System am Leben erhält – oder auch nicht. Wer sich für Bio-Produkte entscheidet, beteiligt sich an Aufbau und Erhaltung, an Miteinander und Liebe zur Natur, zum eigenen Körper und zur ganzen Welt. Er ist Teil der Entfaltung, Verschönerung und Gesundung dieser Erde. Wer gedüngte und gespritzte Agrar-Industrie-Produkte kauft, beteiligt sich an Abbau und Zerstörung, am eigenen Körper und weltweit – ob er es glaubt oder nicht. Er ist Teil der Zerstörung.

So einfach ist das also. Da wird auch verständlich, dass viele Menschen sich so schlecht fühlen, obwohl sie der Meinung sind, sich gesund zu ernähren, wenn sie viel Gemüse und Obst essen. Ein einziger gespritzter Apfel kann einem den ganzen Tag verderben.

Bevor wir uns nun den einzelnen Gemüse- und Obstsorten zuwenden noch ein kleiner Hinweis: Wir können nur unsere persönlichen Erlebnisse im Umgang mit der Natur weitergeben und Ihnen vermitteln, was wir selbst erfahren haben. Und wir wollen Ihnen keine belanglosen Dinge erzählen, wie z. B. dass sich Geerntetes mit Druckstellen nicht so für eine lange Lagerung eignet, sondern eher schnell verbraucht oder eingemacht werden sollte. Daher wundern Sie sich also nicht, wenn nicht zu jedem Gemüse oder zu jeder Frucht ein Tipp steht oder wenn nicht jedes Nahrungsmittel einem Ernährungstyp zugeordnet werden kann – manche sind einfach neutral.

Allerdings gibt es einige grundsätzliche Informationen, die nahezu jedes Gemüse oder jede Frucht betreffen: Natürliche Geschenke der Natur haben einen wunderbaren Eigenduft. Ist dieser nicht mehr wahrzunehmen, dann ist die Nährqualität auch nicht mehr vorhanden. Und auch was Obstbäume oder Sträucher anbelangt: Hier gibt es keine wirkliche Nachbarschaft mit anderen Pflanzen. Generell kann Tagetes oder Topinambur in der Nähe pflanzen, um Wühlmäuse, die die Wurzeln schädigen können, fern zu halten; doch ansonsten geben Sie der Natur einfach genügend Platz um sich zu entfalten.

Vergessen Sie nicht: Alles wirklich Schöne, Lebendige und Funktionierende ist einfach. Ergreifen Sie diese Chance zum einfachen Leben, und handeln und schwimmen Sie gegen den Strom. Nicht in seiner Mitte, sondern am friedlichen Rand.

Ein wichtiger Hinweis zum richtigen Zeitpunkt

Die vielen Kästchen im folgenden Kapitel und auch in den bisherigen Kapiteln erleichtern Ihnen das Auffinden des richtigen Zeitpunkts vieler Tätigkeiten. Wir wissen aus Erfahrung, dass die Versuchung nahe liegt, sich übergenau an diese Regeln zu halten. Das kann Ihnen den Spaß verderben und ist nicht in unserem Sinne. Zu viel des Guten ist immer schlecht.

Wenn beispielsweise angegeben ist: »Säen bei zunehmendem Mond an Fruchttagen«, so bedeutet das, dass sich der zunehmende Mond am besten eignet und dass im Idealfall auch noch ein Fruchttag herrscht. Sie haben also schon das Beste getan, wenn Sie auf den zunehmenden Mond achten. Wenn dann ein Fruchttag nicht möglich ist, ist das nicht so schlimm.

Sie sollten nur den negativen Einflüssen aus dem Weg gehen, und das wäre in diesem Fall ein abnehmender Mond und beispielsweise auch noch ein Blatttag. Ob der Mond gerade zu- oder abnimmt, ist fast immer wichtiger als die Wahl des richtigen Tierkreiszeichens.

Salat und Gemüse

SALAT

Zu jedem Essen gehört ein Salat! Das ist eine altüberlieferte Weisheit und auch heute noch kann man sich davon überzeugen, dass die Regel fast überall auf der Welt Beachtung findet, in fast allen Kulturen. Trotzdem müssen Kinder und auch viele Erwachsene immer wieder erst dazu ermuntert, um nicht zu sagen, zu ihrem Glück gezwungen werden. Ist überhaupt was dran an dieser Weisheit oder folgen wir nur einfach einer sinnleeren Gewohnheit, so eingefleischt wie für manche Menschen der Griff zur Zigarette am Morgen? Nein, es ist was dran und zwar sehr viel!

Salat erhöht die Sauerstoffzufuhr zu den Körperzellen und verbessert die Eiweißverwertung. Die Zellatmung kommt in Schwung und das eigentlich schwer verdauliche Eiweiß wird leichter der Energiegewinnung zugänglich gemacht. Als ob Salat Normalbenzin in Super verwandelt und unseren Motor kräftiger durchziehen lässt. Salat entlastet die Bauchspeicheldrüse und den Cholesterinspiegel. Er stärkt generell das Immunsystem, schützt vor Zellschädigung, kräftigt Herztätigkeit und das Nervensystem.

Damit haben wir nur die guten Wirkungen benannt, die von *allen* Salatsorten ausgehen. Im Einzelnen kommen dann noch weitere positive Effekte hinzu, rote Salate beispielsweise (Radicchio usw.) haben einen Blut bildenden Effekt.

So stark ist die gesund erhaltende Wirkung von Salat, dass sie alleine schon genügen würde, um zu verstehen, dass Salat beim Essen beinahe unverzichtbar ist. Leider kümmern wir uns in der Regel zu wenig um solche Zusammenhänge und so bleibt in unseren Köpfen nur hängen: Salat ist gesund. Dass wir uns wohler fühlen, wenn wir Salat zum Essen reichen, ist bekannt, das Warum aber schon nicht mehr. Hier verbirgt sich der Hauptgrund, warum wir dann oft einmal den Salat weglassen: Bequemlichkeit, keine Zeit, keine Lust, das Dressing anzumischen, Geschäfte haben schon zu, wenn ich nach Hause komme usw.

Wenn Sie aber erst einmal erfahren haben, warum Salat so gesund ist, werden Sie Zeit dazu finden. Die Zeit, die Sie sonst später bei Ärzten zubringen, ist ein Vielfaches von den wenigen Minuten Salat herrichten.

In guter Nachbarschaft

- *Salat verträgt sich gut mit:* Radieschen, Tomaten, Stangenbohnen, Buschbohnen, Rettich, Dill, Erbsen, Gurken, Erdbeeren, Karotten, Kohlarten, Lauch, Fenchel, Radieschen, Rote Bete, Schwarzwurzeln.

- *Salat gedeiht nicht gut in der Nachbarschaft von:* Petersilie, Sellerie.

Tipps und Tricks

- Manche Salatsorten sind kälteverträglich und können deshalb schon Anfang März gesetzt werden (beispielsweise Maikönig). Am besten locker mit Vlies abdecken. Einige Bekannte kaufen Ende März, Anfang April Salatpflänzchen, legen Vlies drüber, decken die Ecken gut ab und lassen alles in Ruhe bis zum Ernten.

- *Zuckerhut-Salat* am besten erst Anfang Juni säen und nährstoffreiche Erde anbieten. Als Vorgänger im Beet wären Radieschen ideal. *Chinakohl*, der sich prima zum Kochen eignet, ebenfalls nicht früher aussäen, dann wachsen kräftige Pflänzchen heran. Beim Setzen dann mindestens 20 cm Abstand halten. Kümmel und Ringelblumen als Schutzpflanzen sind eine gute Idee. *Endiviensalat* ebenfalls Anfang Juni säen. Sommer-Endivie ist nicht so bitter. Schön dünn säen und später im Abstand 15 mal 15 cm setzen. Dann haben die Köpfe automatisch Halt aneinander und müssen nicht zusammengebunden werden. Alle Salatbeete beglücken wir mit Zwiebelchen, die wir im Sommer nach Bedarf herausnehmen. Das eigentliche Zwiebelbeet lassen wir in Ruhe.

- Verlängern können Sie die Salatsaison so: Wenn es längere Zeit nicht geregnet hat, nehmen Sie den Salat mitsamt der Wurzel aus der Erde und klopfen die meiste Erde ab. Nun wickeln Sie die Pflanzen mitsamt der Wurzel in Backpapier, und legen Sie sie eine neben der anderen in ein Kistchen. Zusammen mit Lauchstangen, die Sie dazulegen können, können Sie lange Zeit auf etwas Frisches zurückgreifen. Beim Lauch können Sie allerdings alles Überflüssige abschneiden und auf den Kompost legen.

Salat zum richtigen Zeitpunkt

Pflanzen	An Blatttagen (Krebs, Skorpion oder Fische) bei zunehmendem oder abnehmendem Mond. Salate, die zum Schießen neigen, bei abnehmendem Mond an Blatttagen. Zeitverschoben pflanzen, damit längere Zeit geerntet werden kann
Ernten	Manche Sorten lassen sich lagern, dann am besten bei abnehmendem Mond ernten, eventuell an einem Wurzeltag (Stier, Jungfrau, Steinbock)

KOHLRABI

Kohlrabi ist eines jener Gemüse, die uns heil und bei guten Kräften über den Winter bringen. Seine Lagerfähigkeit ist sehr hoch und die großen Mengen des enthaltenen Vitamins C gehen auch durchs Lagern nicht ganz verloren. Trotzdem sollte Kohlrabi auch in der Zeit von Mai bis Oktober oft auf Ihrem Speisezettel stehen. Öfters mal auch roh genießen, zumindest schmeckt er uns roh fast am besten! Wie die Salate verbessert Kohlrabi die Zellatmung und Sauerstoffversorgung aller Körperregionen und beugt Infektionen vor, die gerade im Sommer durch die Hitze lauern. Haut und Haare werden der Schönheit zuliebe oft strapaziert, Kohlrabi wäre da eine wirksame Medizin, denn er kräftigt beides.

Kohlrabigemüse fördert die Konzentrationsfähigkeit (deshalb haben wir beim Schreiben dieses Buches öfters Ausflüge zum Kohlrabibeet gemacht) und hilft, an Körper, Geist und Seele frisch zu bleiben. Der ansehnliche Anteil an Mineralien hilft mit, dass Schwermetalle gar nicht erst vom Magen-Darm-Apparat aufgenommen werden. Obendrein ist Kohlrabi eine gute Hilfe beim Entwässern.

In guter Nachbarschaft

- *Kohlrabi verträgt sich gut mit:* Tomaten, Sellerie, Zwiebeln, Kartoffeln, Gurken, Spinat.

- *Kohlrabi gedeiht nicht gut in der Nachbarschaft von:* Erbsen.

Tipps und Tricks

- Kohlrabi muss zwar bei zunehmendem Mond gesät und pikiert werden, aber bei abnehmendem Mond an einem Fruchttag ins Freiland kommen. Die Kohlrabi würden sonst zu hoch auswachsen und Gefahr laufen, umzukippen.

- Etwa Mitte April die ersten Pflänzchen setzen, sie vertragen Kälte um 0 bis 1 Grad gut. Ist Frost zu erwarten (dauert in der Regel ja nur ein bis zwei Tage), dann einfach kurz ein Vlies drauflegen. Gegen Anfang Mai haben Sie schon die eigenen jungen Kohlrabi.

- Beim Einkauf von Kohlrabi beachten: Das Kraut sollte noch dran sein, und wenn Sie kleine weiße Flecken außen entdecken, dann ist er innen schon holzig oder kurz davor.

Kohlrabi zum richtigen Zeitpunkt	
Säen	Bei zunehmendem Mond Löwe oder bei abnehmendem Mond Widder
Setzen	Bei zunehmendem Mond Löwe oder bei abnehmendem Mond Widder. Bei Fruchttag Schütze besteht die Gefahr des Schießens, beim Wurzeltag Stier oder Jungfrau wird er holzig
Ernten	Nach Belieben, wenn die Knolle in Ihren Augen groß genug ist. Wir ernten nur frisch bis in den Winter und lagern nicht ein. Eignet sich aber gut zum Lagern
Ernten zum Lagern	Bei abnehmendem Mond Fruchttag, bis September Widder, ab August Löwe

BOHNEN

Erbsen, Bohnen, Linsen und ihre Verwandtschaft sind Träger von wertvollstem pflanzlichen Eiweiß, wertvoller und viel besser verdaulich als das Eiweiß tierischer Herkunft. Diese Kraftspender werden häufig allein deshalb gemieden oder gar ganz aus dem Speiseplan gestrichen, weil sie Blähungen verursachen. Die Folgen davon sind in vielen Fällen verheerend für unseren Stoffwechsel. Besonders im Bereich des Eiweißhaushalts kommt es häufig zu Störungen, ja sogar zu schweren Krankheiten. Eiweißmangel wird leider immer noch unterschätzt oder man versucht uns tierisches Eiweiß als gleichwertigen Ersatz einzureden (Fleisch, Fisch, Milch und Milchprodukte wie Joghurt, Käse, Quark und besonders Eier). Das ist eine Katastrophe für Mensch und Tier! Die verheerenden Folgen dieser »Ernährungspolitik« sind für jedermann erkennbar, der erkennen will, aber sie bleiben so lange uninteressant, solange viel daran zu verdienen ist.

Klagen und predigen sind jedoch die falschen Wege, um zurück zur menschenwürdigen, natürlichen Ernährungsweise zu finden. Der einzige Weg ist die Selbstverantwortung und die Liebe zu sich selbst. Nur dann werden Sie Entscheidungen von Tragkraft und Dauer fällen.

Wir geben nur Anregung und Gedächtnisstützen, beispielsweise so: Wenn Sie gesund werden, gesund bleiben wollen, dann wechseln Sie heute noch von tierischem zu pflanzlichem Eiweiß als Nahrungsquelle. Vorschläge für das Wie gibt es heute glücklicherweise genug, beispielsweise in Kochbüchern für die vegane Küche.

Eine kleine Warnung allerdings: Viele Kochbücher für die vegane Küche erlauben Butter, Sahne oder Crème fraîche als Zutaten. Grundsätzlich ist deren Anteil an Eiweiß zwar gering, aber sie haben einen Nebeneffekt: Sie helfen mit, die Abhängigkeit von Milch, die Sucht nach Milch zu zementieren. Das macht es sehr schwer, auf vegane Kost umzusteigen. Da wäre es Erfolg versprechender, einmal eine Woche lang streng vegan zu leben und dann wieder ein paar Wochen lang sich »normal« ernähren. Dadurch stellt sich der Körper langsam um, entwöhnt sich allmählich und gewinnt seinen Urinstinkt zurück. Er spürt, wie es ihm immer besser geht nach den veganen Wochen und beginnt langsam, sich vor der »normalen« Kost zu fürchten. Bis Sie eines Tages ein klares Gefühl dafür gewinnen, wie geradezu grausig Eiweiß tierischer Herkunft ist. Etwas, das Sie sich jetzt vielleicht beim allerbesten Willen nicht vorstellen können, wird geschehen: Das geliebte Glas Milch am Abend, der leckere Käse, der köstliche Braten, der ach so »gesunde« Joghurt – Ihr Körper wird aufwachen und Ihnen ein klares Nein signalisieren. Bis der Augenblick kommt, an dem Sie sich Ihrer Fitness erfreuen und zurückblicken, sich umschauen und sich aus tiefstem Herzen fragen, wie die Menschheit so weit kommen konnte, Fleisch und Milchprodukte zum »Grundnahrungsmittel« zu erklären. Es wird ein glücklicher Moment sein, für Sie und für uns alle.

Doch zurück zu den Bohnen: Alle Sorten liefern uns wertvollstes Eiweiß, aber auch viele wertvolle Vitamine und Mineralstoffe, wie beispielsweise Vitamin C, Kalium, Kalzium und Eisen. Von den Ballaststoffen für die gesunde Darmtätigkeit einmal abgesehen, ist die Bohne ein wichtiges Lebensmittel für Leber (besonders grüne Bohnen), Nieren und Blase (besonders dunklere Bohnen). Zudem wirken Bohnen entwässernd und verjüngend. Nach ein paar Wochen oder manchmal schon nach ein paar Tagen mit häufigeren Bohnengerichten fühlen Sie sich richtig fit, weil auch Herz und Kreislauf von den Bohnen profitieren.

Und wie steht's mit dem »Nachteil« der Hülsenfrüchte – den Blähungen? Die Bohne unterstützt sogar bei Verdauungsproblemen und ist nur anfangs gewöhnungsbedürftig und führt zu Blähungen, wenn man schon lange keine Bohnen mehr gegessen hat. Doch da gibt's Tricks: Überbrühen Sie die Bohnen nach dem Waschen mit kochendem Wasser, und lassen Sie sie ein paar Stunden stehen. Vor dem Kochen dann abseihen und mit frischem Wasser etwa 10 Minuten lang oder manchmal auch weniger kochen, bis sie bissfest sind.

Und natürlich gibt's die guten Gewürze, die beim Mitkochen Blähungen von vornherein verhindern: Kümmel, Fenchel, Koriander und Bohnenkraut. Verwenden Sie jedoch nicht alle dieser Gewürze auf einmal, denn sonst könnte sich die Wirkung aufheben und ins Gegenteil umschlagen. Grundsätzlich sollte man Gemüse niemals ohne Gewürze kochen. Es ist eine neumodische Erscheinung, nur mit Salz zu kochen. Mit gutem Meersalz oder Himalaya-Salz nachwürzen, das ist eine andere Sache.

In guter Nachbarschaft

- *Bohnen vertragen sich gut mit:* Gurken, Kohlarten, Mangold, Rettich, Radieschen, Rote Bete, Salat, Sellerie, Tomaten.

- *Bohnen gedeihen nicht gut in der Nachbarschaft von:* Zwiebeln, Erbsen, Fenchel, Knoblauch, Lauch.

Tipps und Tricks

- *Stangenbohnen setzen:* Etwa eine Woche vor den Eisheiligen die Stangen setzen und die Bohnen legen. Gut angießen! Die Triebe dürfen erst nach dem letzten Frost aus der Erde kommen. Je nach Klima muss jeder für sich den richtigen Zeitpunkt finden.

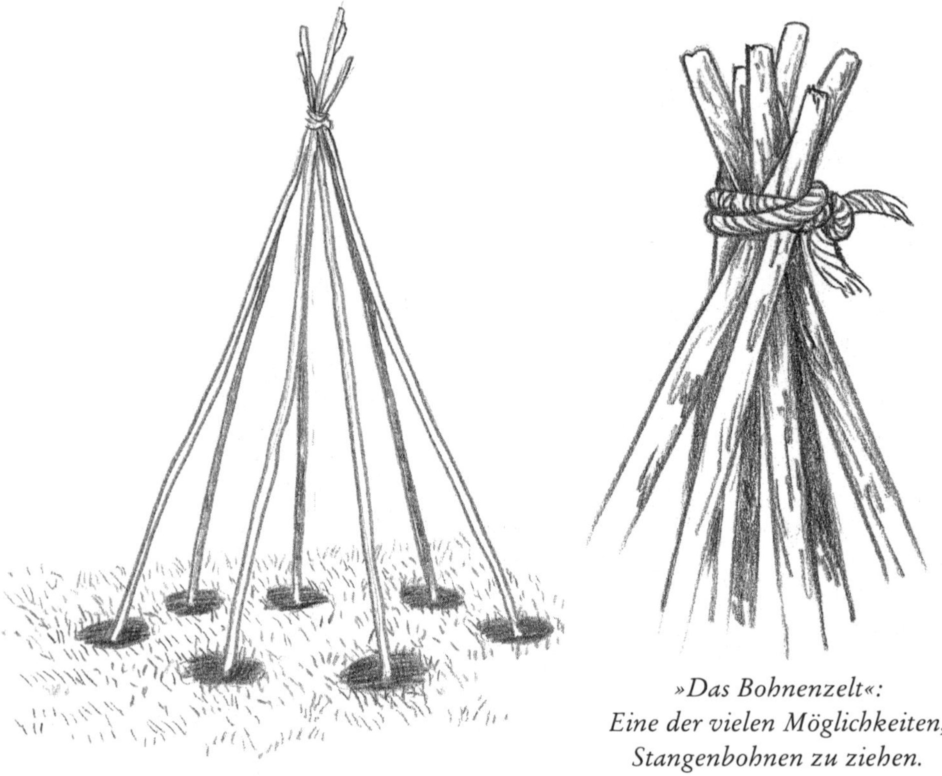

»Das Bohnenzelt«: Eine der vielen Möglichkeiten, Stangenbohnen zu ziehen.

- *Buschbohnen setzen:* Die ersten etwa Anfang bis Mitte Mai legen und gut angießen. Ist ein schöner Herbst zu erwarten, können Sie eine zweite Partie Ende Juli, Anfang August auf den Weg bringen.

- *Stangenbohnen ernten:* Im Spätherbst die trockenen Hülsen.

- *Buschbohnen ernten:* Laufende Ernte möglich. Lassen Sie einige Bohnen ausreifen und verwenden Sie die Samen im nächsten Jahr. Der richtige Zeitpunkt zum Ernten siehe Kasten unten. Für den sofortigen Gebrauch ist der Mondstand gleichgültig, außer Sie wollen einmal einen besonderen »Mondtest« machen: Ernten Sie dann einmal an einem Fruchttag (Widder, Löwe, Schütze) und gleich darauf an einem Blatttag (Krebs, Skorpion, Fische). Der Geschmacksunterschied spricht für sich.

Bohnen zum richtigen Zeitpunkt

Säen und Setzen	Bei zunehmendem Mond, ideal an Fruchttagen (Widder, Löwe, Schütze)
Ernten	Zu jeder Zeit nach der Reife. Schnittbohnen früher, ausgereifte Hülsen später
Ernten zum Lagern	Bei abnehmendem Mond an Fruchttagen oder in der Zeit zwischen Zwillinge und Schütze (absteigender Mond), jedoch nie an Fische

TOMATEN

Was können echte (Bio-)Tomaten für uns tun, außer unseren Zungen Freude zu machen? Die Liste der guten Taten ist lang: Dem Körper helfen sie beim Bau von neuem Bindegewebe, sie heben die Stimmung und wirken unzweifelhaft körperlich und seelisch verjüngend. Tomaten beugen Infektionen vor, stärken die Zellstruktur, fördern den Zellstoffwechsel, schützen und stärken die Schleimhäute, sind gut für Gehirn und Nerven, helfen bei chronischer Müdigkeit, wirken harntreibend und entwässernd, beseitigen Verdauungsstörungen und Verstopfung, bauen gesunde Haut auf. Die Fähigkeit der Tomate, ihre eigenen Zellen zu schützen, ist einmalig. Diese Fähigkeit gibt sie an uns weiter.

Manch wertvolle Substanz in der Tomate löst sich ähnlich wie bei Karotten erst durch Erhitzen und Zugabe von Fett (Butterschmalz für Alpha-Typen oder pflanzliche Fette und Öle für Omega-Typen). Sie sollten deshalb Tomaten nicht ausschließlich roh essen, sondern auch gekocht, beispielsweise als Tomatensuppe, in Spaghetti-Soßen usw.

In guter Nachbarschaft

- *Tomaten vertragen sich gut mit:* Zwiebeln, Bohnen, Knoblauch, Lauch, Karotten, Rettich, Radieschen, Salate, Sellerie, Spinat, Kohlrabi, Kohlarten, Petersilie.

- *Tomaten gedeihen nicht gut in der Nachbarschaft von:* Erbsen, Fenchel, Gurken, Kartoffeln.

Tipps und Tricks

- Tomaten sind ein Gemüse für Omega-Typen. Was Wirkung und Inhaltsstoffe betrifft, ist die Tomate für den Omega-Typ das die Karotte für den Alpha-Typ ist. Das heißt nun nicht, dass Alpha-Typen völlig auf den köstlichen Tomatensalat, auf Mozzarella mit Tomaten und Basilikum oder auf Pizza verzichten sollen. Es bedeutet nur, dass Tomaten als Dauerkost den Organismus des Alpha-Typen belasten würden. Viele Tomaten-Allergiker finden sich genau aus diesem Grund unter den Alpha-Typen.

- Tomaten brauchen viel Sonne, um deren Kraft in ihre Früchte einzubauen. Deshalb gehören sie an eine Stelle im Süden, beziehungsweise dorthin, wo sie die meisten Sonnenstunden Ihres Gartens erhalten. An die Erde stellen sie keine Ansprüche, wenn Sie beim Säen, Setzen und Pflanzen auf den richtigen Zeitpunkt achten. Bei uns zu Hause setzen

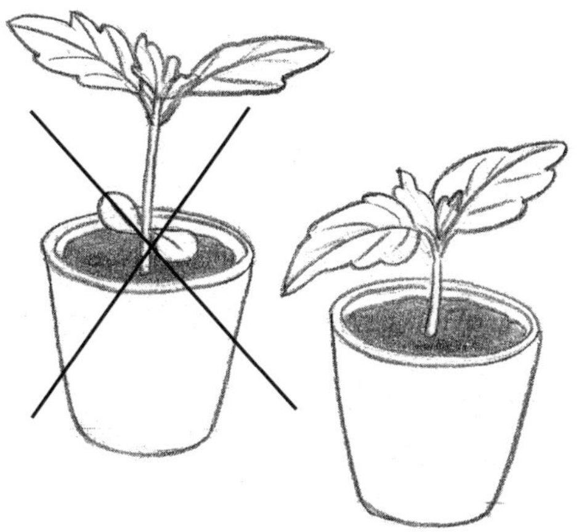

Der Weg zu robusten Tomatenpflanzen

wir zwischen die Tomaten immer Kopfsalat, während Zwiebeln wie ein Zaun den Rand bilden. Wenn die Tomate im Laufe des Wachstums mehr Licht braucht, ist der Kopfsalat ohnehin schon abgeerntet.

- Beim Auspflanzen ins Freie im Mai zupfen wir gegen alle »Vorschrift« auch die zweiten Blätter von unten ab und graben Sie so ein, dass der Ansatz der zweiten Blätter auch nicht mehr sichtbar ist. Einfach rein in die Erde zum richtigen Zeitpunkt, nämlich an den Fruchttagen Widder, Löwe oder Schütze – gleichgültig, ob zu- oder abnehmender Mond herrscht. Das macht die Pflanze robust, stabil, und sie entwickelt mehr Wurzeln.
  Generell wäre es eine gute Idee, bei Gemüsepflanzen öfters aufs Pikieren zu verzichten. Das neuerliche Anwachsen kostet einfach viel Zeit. Am besten dünn ansäen, dann erhalten Sie schöne Erstlingspflanzen. Sie ersparen sich auch selbst viel Arbeit. Anders ist es bei Blumenpflänzchen: Sie werden durch das Pikieren viel dichter, buschiger und auch widerstandsfähiger. Das ist von Frühjahr bis Herbst machbar.
  Bilden Sie beim Pflanzen mit den Knöcheln der Hand einen kleinen Gießring mit etwa 10 cm Durchmesser um den Stängel, gießen Sie reichlich Wasser hinein – fertig! Vergessen Sie jetzt bitte um Gottes willen alle Vorschriften und guten Ratschläge, die Sie jemals zum Thema »To-

maten anpflanzen« gelesen haben, und gießen Sie die Tomaten nach dem Angießen nur noch ein paar Tage lang, dann nicht mehr! Es sei denn, Sie ziehen Kübel- und Balkonpflanzen. Dann müssen Sie natürlich gießen, aber ausschließlich an Krebs, Skorpion und Fische, beziehungsweise im Hochsommer noch zusätzlich an Widder, Löwe und Schütze.

- Revolutionär wird vielleicht in Ihren Ohren klingen, dass Sie Tomaten nicht einmal an Stäben befestigen müssen, wenn Eigengewicht und Wind sie zu Fall bringen wollen. Tomaten können ganz friedlich am Boden entlangwachsen, vielleicht gebettet in ein wenig Stroh.
  Nach den ersten rauen Winden werden größere Tomatenpflanzen gewöhnlich ohnehin umgepustet. Wollen Sie diese natürliche Methode verwenden und ist Ihnen das Urteil Ihrer Gäste und Nachbarn gleichgültig ob des etwas chaotischen Anblicks (wir beglückwünschen Sie!), dann lassen Sie einfach etwas Raum für die Pflanze im Osten (beziehungsweise dort, wohin der Wind bei Ihnen vorwiegend weht) und setzen und pflanzen dort nichts, damit die Pflanze Platz hat. Sie kann sich dann in Frieden niederlegen, wächst und gedeiht, schenkt Ihnen die schönsten Tomaten und kann obendrein von der Erdwärme profitieren, so dass sich noch mehr Tomaten röten und reifen als in luftiger, aber kühlerer Höhe. In windigen Gebieten wie bei uns ist diese Methode sogar empfehlenswert.
  Entscheiden Sie sich dennoch für die gewohnte Ran-an-den-Stab-Methode, dann verwenden Sie nur unbehandelte Bambusstäbe. Manches Gartenbuch legt uns chemisch imprägnierte Holzstäbe nahe. Keine gute Idee, weil Sie das Imprägniermittel über die Wurzeln der Früchte auf ihren Tisch bringen. Am besten, Sie binden die Tomaten bei abnehmendem Mond im Tierkreiszeichen Widder an. Wenn Sie die Stäbe gleich nach dem Setzen der Pflänzchen anbringen wollen, lassen Sie 10 cm Abstand. Viel mehr ist nicht zu tun bis zur Ernte.

- Etwa mit Ende des Hochsommers können Sie alle neu aufgegangenen Blüten an Fruchttagen bei abnehmendem Mond abzwicken (also bis Juli an Widder, ab August an Löwe), weil dann alle Kräfte der Pflanze ins Nachreifen wandern können. Neue heranwachsende Früchte würden sonst nicht mehr »fertig« werden und sich zudem auf Kosten der schon heranwachsenden grünen Tomaten entwickeln.

- Vielleicht hatten Sie bisher nicht den Mut, Tomaten zu pflanzen, weil sie als so pflegebedürftig gelten. Wir können Sie verstehen, denn wenn man Gartenbücher liest, wundert man sich, dass in manchen Gärten dennoch dieses schöne Grün, Gelb und Rot leuchtet. Dabei ist es so einfach: Hören Sie mit dem Gießen auf!
  Tomaten auf dem Balkon oder in Gefäßen unter Vordächern müssen Sie allerdings oft gießen, jedoch immer am Stamm, niemals aufs Blatt, aus den schon genannten Gründen. Schocks lieben Pflanzen ebenso wenig wie Sie. Hier kommt es nur auf den richtigen Zeitpunkt an: An Widder, Löwe, Schütze und Krebs, Skorpion, Fische gießen, niemals jedoch an Zwillinge, Waage, Wassermann, sonst bekommt die Tomatenpflanze Läuse.

- Die Früchte, die im Spätherbst an den Stauden hängen, reißen Sie einfach bei abnehmendem Mond im Tierkreiszeichen Löwe mit der ganzen Pflanze aus, schütteln Sie die Erde ein wenig ab, und hängen Sie sie kopfüber auf an einem geschützten Ort.

- Noch schnell ein Einkaufstipp: Wie erkennt man eigentlich eine frische Tomate? Betrachten Sie den Rispenansatz, wo der Stängel in die Frucht übergeht. Je flacher diese Stelle ist, desto frischer ist die Frucht. Je tiefer die Einbuchtung, desto länger ist die Ernte schon vergangen. Ebenso gilt: Je dunkler diese Stelle, desto länger schon geerntet. Das ist wichtig zu wissen, wenn die Rispe fehlt. Generell sollten Sie sich auf Tomaten konzentrieren, die noch an der Rispe hängen. Sie können noch ein wenig nachreifen, falls nötig.

Tomaten zum richtigen Zeitpunkt

Alpha oder Omega?	Omega
Säen, Setzen, Pflanzen, Pikieren	Bei zunehmendem Mond und bei abnehmendem Mond an Fruchttagen (Widder, Löwe, Schütze)
Säen im Jahreslauf	Ab etwa Februar/März
Pikieren im Jahreslauf	Ab etwa April
Ins Freie Setzen im Jahreslauf	Ab etwa Mai (nach den Eisheiligen)
Gießen der Jungpflanzen	Wasser- und/oder Fruchttage
Gießen der Kübelpflanzen	Wasser- und/oder Fruchttage
Kompost oder abgelagerten Kuhmist ausbringen	Bei abnehmendem Mond
Ausgeizen (wenn Sie nicht darauf verzichten wollen)	Widder und Schütze bei abnehmendem Mond
Blüten abzwicken (ab Ende August)	Bei abnehmendem Mond Löwe
Ernten	Jeweils nach Bedarf
Staude kopfunter aufhängen zur Nachreifung am Ende der Reifeperiode ca. Oktober	Bei abnehmendem Mond Löwe

LINSEN

Wer sich die Mühe macht und wieder auf den Geschmack von Linsen kommt, wird belohnt und will ihn nicht so schnell wieder missen, nicht nur wegen der Erfahrungen, die die Zunge macht. Von größtem Nutzen heutzutage ist die körperlich und seelisch ausgleichende Wirkung, die vom hohen Gehalt an Eiweiß, Aminosäuren und Spurenelementen ausgeht. Spätestens bei Schwierigkeiten mit dem Bindegewebe und bei Hormonstörungen kehren viele »reumütig« zu den Linsen zurück. Sie stärken Nerven und Konzentrationsfähigkeit, regulieren den Blutzuckerspiegel (was Müdigkeit und Lustlosigkeit vertreibt) und versorgen das Blut mit Sauerstoff. Auch für die Blutbildung sind Linsen von großer Bedeutung. Nicht zuletzt gehören Linsen zu den allerbesten Eiweißlieferanten bei gleichzeitig geringem Kaloriengehalt.

Die gute Nachricht: In Regionen, wo man viel Linsen isst, hört man nur sehr selten von Potenzstörungen oder weiblichen Hormonproblemen. Ein weiterer Grund dafür ist allerdings auch die Tatsache, dass in diesen Ländern kein Mensch an das Märchen glaubt, die Sexualität nehme spätestens ab dem vierzigsten Lebensjahr ab. Hier kennt und befolgt man schlicht noch das Naturgesetz: Was ich nicht gebrauche, verkommt.

Tipps und Tricks

- Ein Tipp zur Verarbeitung: Am sinnvollsten weichen Sie Linsen über Nacht in kaltem Wasser ein, und bringen Sie sie dann mit dem Einweichwasser zum Kochen. Nach Belieben würzen mit wenig Salz (höchstens 1 Esslöffel), Essig, Lorbeerblatt usw. Mit gerösteten Zwiebeln, eventuell Karotten weiterverarbeiten. Linsen bauen wir persönlich nicht an, sondern kaufen sie im Bio-Laden. Nachdem wir nur eigene Erfahrung weitergeben, können wir Ihnen deshalb keine Ratschläge zum Setzen und Säen geben. Fruchttage bei zunehmendem Mond sind aber sicher nicht verkehrt.

BLUMENKOHL

Im Spätherbst und im Winter, wenn der Blumenkohl fast überall zu kaufen ist, entfaltet er auch seine größte Heilkraft. Er stärkt generell unsere Abwehrkräfte, beugt Infektionen vor und ist damit das ideale Wintergemüse.

Wichtig beim Ernten und Kauf ist das frische Weiß und die feste Konsistenz, sonst sind durch lange Transportwege und falsche Lagerung schon zu viele Vitamine verloren gegangen.

Beliebt ist Blumenkohl auch, weil er überflüssige Pfunde schmelzen lässt, nicht nur, weil er gut entwässernd wirkt und schnell satt macht. Auch die positive, belebende Wirkung auf unseren Darm ist nicht zu verachten: Die Darmschleimhaut kann sich regenerieren, die Nährstoffe gelangen optimal an ihren Bestimmungsort. Der Blumenkohl schafft sich gleichsam selbst die Autobahn in den Körper.

In guter Nachbarschaft

- *Blumenkohl verträgt sich gut mit:* Bohnen, Erbsen, Erdbeeren, Gurken, Kartoffeln, Lauch, Mangold, Karotten, Rettich, Radieschen, Rhabarber, Salat, Sellerie, Spinat, Tomaten.

- *Blumenkohl gedeiht nicht gut in der Nachbarschaft von:* Knoblauch, Zwiebeln.

Tipps und Tricks

- Blumenkohl braucht viel Platz und viele Nährstoffe. Am besten in Reihen setzen und dazwischen Radieschen pflanzen. Nach dem letzten Frost setzen. Blumenkohl sollte keine direkte Sonnenbestrahlung bekommen, weil er sich sonst verfärbt. Man kann ruhig die äußersten Blätter als Sonnenschutz zur Mitte hin knicken.

- Wenn man Blumenkohl kochen möchte, dann verzichtet man oft darauf, weil man den »Kohlduft«, der noch stundenlang in der Wohnung hängt, vermeiden möchte. Wussten Sie, dass Bio-Blumenkohl diesen Geruch gar nicht erst entwickelt? Bio-Gemüse stinkt nicht, weder in frischem Zustand noch während des Kochens.

Blumenkohl zum richtigen Zeitpunkt

Setzen	Ende Mai, bei zunehmendem Mond an Fruchttagen
Ernten	Etwa acht Wochen später im Juli/August
Ernten zum Lagern	Bei abnehmendem Mond an Fruchttagen. Blumenkohl lagern wir nicht, aber wenn Sie es tun wollen, dann unbedingt die Blätter über den Kopf schlagen, damit er weiß bleibt

SELLERIE

Wie man am angegriffenen Nervenkostüm so vieler Zeitgenossen ablesen kann, ist Vitamin-B-Mangel heute schon fast trauriger Normalzustand. Wenn auch Sie hin und wieder damit zu kämpfen haben, versuchen Sie einmal, Sellerie über längere Zeit in Ihrem Speiseplan willkommen zu heißen. Wohlbefinden und erhöhte Widerstandkraft werden Ihnen dann schon den Weg zeigen. Sellerie hat zudem die Fähigkeit, Pilze im Körper in Schach zu halten, allerdings nur dann, wenn Sie es schaffen, ihn roh schätzen zu lernen. Uns gelingt das am besten in Form eines *Apfel-Sellerie-Salates*: Sellerie gut waschen und von den braunen Stellen befreien. Roh raspeln und mit Apfelstückchen mischen. Mit etwas Zitronensaft oder Essig, Salz und Rosinen abschmecken.

Als harntreibendes Mittel hilft er bei Nieren- und Blasenproblemen. Besonders der frisch gepresste Saft wirkt stark entwässernd und bakterientötend. Daneben verbessert Sellerie die Darmbewegung und hilft bei

Verdauungsstörungen wie Blähungen und Durchfall. Er aktiviert den Kohlenhydratstoffwechsel, hilft auch bei einer besseren Eiweißverwertung und sorgt für schöne Haut, Haare und Nägel. Nicht zuletzt ist Sellerie seit alters her bekannt dafür, das Liebesleben anzuregen.

In guter Nachbarschaft

- *Sellerie verträgt sich gut mit:* Buschbohnen, Spinat, Zwiebeln, Stangenbohnen, Tomaten, Lauch, Kohlrabi, Kohlarten, Gurken.
- *Sellerie gedeiht nicht gut in der Nachbarschaft von:* Kartoffeln, Salat, Mais.

Lauch und Sellerie vertragen sich gut.

Tipps und Tricks

- Zwischen den Sellerie ein paar Senfkörner streuen. Ist gut für den Boden. Wenn der Senf zu groß wird, entweder bei abnehmendem Mond als Mulch liegen lassen oder ausreißen und auf den Kompost werfen.

- Sellerie sollte kein weiteres Wurzelgemüse in seine Nähe haben. Einfach dort setzen, wo Platz ist, er ist sehr pflegeleicht.

Sellerie zum richtigen Zeitpunkt

Setzen	Bei abnehmendem Mond, am besten an einem Wurzeltag oder an einem Fruchttag
Ernten zum Lagern	An Stiertagen

ZWIEBELN

Aus unseren Speiseplänen ist die Zwiebel kaum wegzudenken, und doch gibt es immer wieder Menschen, vor allem viele Kinder, die Zwiebeln nicht mögen. Manchmal bekommen sie sie dann püriert »untergejubelt«. Jeder muss selbst entscheiden, ob er solche Kinderwünsche respektiert. Wir zumindest tun es bei einem unserer Kinder und ersetzen bei ihm Zwiebeln mit Knoblauch. Sie wissen ja jetzt, warum: Zwiebeln sind ein Alpha-Gemüse, Knoblauch ein Omega-Gemüse.

Es ist ein heikles Thema, denn Tausende von Kochbüchern empfehlen Knoblauch *und* Zwiebeln in einem Rezept, weil das Wissen um den Alpha- und Omega-Typ verloren gegangen ist. Dabei achteten viele Kulturen darauf, verschiedene Zwiebelpflanzen nicht auf einen Teller zu bringen. Sie wissen ja: Was sich im Garten nicht verträgt, verträgt sich auch in unserem Magen nicht. Probieren Sie es einfach mal einige Zeit lang aus, und verzichten Sie auf diese Kombination.

Die Zwiebel ist eine wahre Wundermedizin. Sie wirkt nicht nur desinfizierend für Mund, Nasen- und Rachenraum, sondern auch kräftigend für alle Schleimhäute in Magen und Darm. Bei Durchblutungsstörungen, Bluthochdruck, bei zu hohen Blutfettwerten und sogar bei der Blutbildung leistet sie hervorragende Dienste. Nieren- und Blasenbeschwerden bessern sich, Infektionen wird vorgebeugt. Krankhafte Gefäßveränderungen (Venenleiden, Hämorrhoiden) können durch die Zwiebel gelindert werden. Generell bei allen Entzündungen der Venen und bei Störungen des Blutbildes ist die Zwiebel ein bessere Medizin als viele andere. Sollten Sie nach einem Wespenstich keinen Spitzwegerich zur Hand haben, legen Sie ein Stück frische Zwiebel auf. Bei einem Wespenstich im Mund kann eine Zwiebel lebensrettend sein. Einfach ein Stück rohe Zwiebel kauen.

In guter Nachbarschaft

- *Zwiebeln vertragen sich gut mit:* Tomaten, Erdbeeren, Gurken, Petersilie, Kopfsalat, Kohlrabi, Karotten, Salat, Schwarzwurzeln, Rote Bete, Zucchini.

- *Zwiebeln gedeihen nicht gut in der Nachbarschaft von:* Bohnen, Kohlarten, Knoblauch.

Tipps und Tricks

- *Ernte:* Wenn die Zwiebel schon den Ansatz einer braunen Schale hat und die Stiele ausgereift sind, dann die Stiele an Löwe abknicken (etwa im August). Dadurch erhält die Zwiebel einen schönen Reifungsschub. Danach möglichst bei Stier oder Widder mit einer Grabegabel die Zwiebeln lockern und zum Trocknen liegen lassen. Beim nächsten abnehmenden Mond und Löwe ernten, vielleicht zusammenbinden oder lose in Kistchen legen. Kühl und trocken lagern.

Zwiebeln zum richtigen Zeitpunkt	
Alpha oder Omega?	Alpha (Knoblauch ist das entsprechende »Gemüse« für Omega-Typen)
Setzen, Stecken	Abnehmender Mond genügt. Bei zunehmendem Mond wächst die Zwiebel zu sehr aus der Erde und kippt um. Meist folgt dann die Fäule
Ernten zum Lagern	Bei abnehmendem Mond Löwe

ROTE BETE

Wer aus beruflichen Gründen vielen Umweltgiften ausgesetzt ist (beispielsweise als Taxifahrer) oder wer in der Stadt wohnt, sollte Rote Bete besonders häufig, wenn nicht gar täglich, auf Einkaufszettel und Speisekarte haben.

Kaum ein Gemüse ist so sehr darauf spezialisiert, Giftstoffe aus dem Gehirn abzutransportieren. Sie reparieren sogar Zellkerne und fördern das Zellwachstum. Gefäßwände erfahren Stärkung, Knochen werden gekräftigt, Bindegewebe aufgebaut, rote Blutkörperchen aktiviert und die Haut gefestigt. Haare werden geschmeidiger, Haut und Nägel schöner. Da sie auch den Darm entgiften, hilft Rote Bete gut gegen Verstopfung. Mit Rote Bete lässt sich eine regelrechte Verjüngungskur machen!

Sollten Sie noch Amalgam in Ihren Zähnen tragen, dann unterstützt Rote Bete beim Entgiften. Wie gesagt, bei Bindegewebsschwäche jeglicher Art und Herkunft hilft sie sehr gut, aber natürlich sollten Sie eine generelle Ernähungsumstellung nicht aus den Augen verlieren. Nach einer Zeit der Schwäche und Krankheit können Rote Bete als Gemüse und als Saft wieder aufs Pferd helfen und die optimistische Stimmung zurückbringen. Schüchternen Menschen könnte Rote Bete zu mehr Mut und Gelassenheit verhelfen.

In guter Nachbarschaft

- *Rote Bete verträgt sich gut mit:* Bohnen, Gurken, Knoblauch, Salat, Zucchini, Zwiebeln.
- *Rote Bete verträgt sich nicht gut mit:* Tomaten, Kartoffeln, Lauch, Mais.

Tipps und Tricks

- Bei den Roten Bete gibt es ebenfalls verschiedene Sorten. Es bleibt nur das Selbstausprobieren, welche am besten schmeckt und am besten vertragen wird. Die besten sind meist die kugeligen, dunkelroten Rüben.

Rote Bete zum richtigen Zeitpunkt

Setzen	Bei abnehmendem Mond an Fruchttagen (Widder, Löwe, Schütze)
Ernten	Bei abnehmendem Mond an einem Fruchttag (Widder, Löwe, Schütze). An Wurzeltagen schmecken sie etwas erdiger
Ernten zum Lagern	Bei abnehmendem Mond an Stier oder ebenfalls an einem Fruchttag

RHABARBER

Wer den seltsam säuerlichen Geschmack von Rhabarber überwinden und schätzen lernt (kommt von der Apfel- und Zitronensäure), der gewinnt einen mächtigen Mitstreiter für gute Gesundheit. Rhabarber räumt wie kein anderes Gemüse mit unerwünschten Magen- und Darmbakterien auf. Der Dickdarm mit seiner schweren Arbeit dankt es uns.

Rhabarber ist ein wahrer Jungbrunnen, seine Wirkstoffe erreichen besonders leicht und wirksam alle Körperzellen. Auch kräftiges, glänzendes Haar stellt sich wieder ein. Doch Vorsicht mit Dauerkuren! Rhabarber ist nichts für eine tägliche »Diät«. Ein Zuviel der enthaltenen Säuren (beispielsweise Oxalsäure) würde uns schaden. In der Rhabarberzeit vom zeitigen Frühjahr bis Ende Juli ist es in Ordnung, ihn zwei- oder dreimal in der Woche auf den Tisch zu bringen, wenn Sie es wünschen. Ab August sollte der Rhabarber jedoch Ruhe haben – und Sie vor ihm. Wie bei allen Naturheilmitteln gilt auch hier »viel hilft nicht immer viel«. In der Dosis liegt die Medizin.

Rhabarber enthält zudem viele Vitamin-B-Anteile und beruhigt so die Nerven. Sein hoher Kalziumanteil ist ebenfalls ein Geschenk für unsere Nerven, aber auch für unser Knochen. Besonders für Frauen in den Wechseljahren ist er ein Segen und geradezu unverzichtbar als Vorbeugung gegen Knochenschwund (wieder ein Grund mehr, auf Milch zu verzichten). Auch bei Muskelschwäche und Lustlosigkeit leistet er gute Dienste, zudem wirkt er entgiftend und ist ein guter Fettverbrenner – eine gute Nachricht für alle, die ein paar Pfunde loswerden wollen.

In guter Nachbarschaft

- *Rhabarber verträgt sich generell gut mit:* Kohlarten, steht aber gerne irgendwo alleine.

Tipps und Tricks

- Wollen Sie Rhabarber versetzen oder vermehren (am besten durch Teilen), dann am besten, sobald der letzte Bodenfrost vorüber ist und bei zunehmendem Mond an Jungfrautagen.

- Rhabarber kann man schon sehr früh ernten, wenn die Stänglein erst 10 cm hoch sind. Das wird keine große Ernte, schmeckt aber wunderbar als Kompott. Im August sollten Sie zum letzten Mal ernten. Er ist dann ohnehin nicht mehr so schmackhaft.

- Rhabarber und Äpfel ergeben ein gutes Kompott, das nicht mehr so sauer schmeckt und auch Kinder begeistern kann.

Rhabarber zum richtigen Zeitpunkt

Setzen	Bei zunehmendem Mond, er kommt dann jedes Jahr
Ernten	Laufend bis Ende Juli

KAROTTEN

Viel Vitamin A in den Karotten? Das weiß heute jedes Kind. Denn deshalb werden die Kleinen ja regelrecht voll gestopft. Auch deshalb weil das eine »schöne Hautfarbe« abgibt. Grundsätzlich haben Karotten den guten Ruf verdient, dennoch: Nicht jeder verträgt sie. Karotten sind nämlich ein typisches Alpha-Gemüse. Das hat zur Folge, dass manche Menschen von Karotten Magendrücken bekommen. Besonders Omega-Kinder werden geschädigt von Karotten in Fertiggläschen.

Wer sie verträgt, für den sind Bio-Karotten eine wahre Vitaminbombe, nicht nur reich an Vitamin A, sondern auch an dem wertvollen Spurenelement Selen. Kunstdünger und Pestizide haben es aus unseren Böden vertrieben. Für Herz und Kreislauf ist es aber lebensnotwendig. Sehschärfe und Zeugungskraft lassen sichtlich nach, wenn Selen fehlt. Brillen und Potenzprobleme sind heute schon so selbstverständlich geworden, dass man kaum noch über Mangelerscheinungen als Ursache nachdenkt. Der Potenzmittelumsatz würde stark sinken, wenn es auf dem Markt nur Bio-Karotten gäbe und sie auch in ausreichendem Maß auf den Tisch kämen. Selenpräparate können den Mangel nicht ausgleichen, weil erst das harmonische Zusammenspiel von Zink, Vitamin E und Eisen die Aufnahme und Verwertung von Selen ermöglicht. Eine weitere Antwort auf die Frage, warum viele pharmazeutische Firmen gleichzeitig die Landwirtschaft mit ihren Produkten und Giften beliefern. Nichts wirkt für unseren Körper so perfekt wie die gesunde Natur.

Karotten stärken das Immunsystem, kräftigen die Schleimhäute, sorgen für schöne Haut, Haare und Nägel und verlangsamen den Alterungsprozess. Auch gegen Nachtblindheit sind Karotten ein hervorragendes Mittel.

In guter Nachbarschaft

- *Karotten vertragen sich gut mit:* Zwiebeln, Erbsen, Knoblauch, Kohl, Lauch, Mangold, Radieschen, Salat, Tomaten, Spinat.

Tipps und Tricks

- Karotten zum Einlagern sollten Sie ausschließlich am 8. Juni säen, am St.-Medardus-Tag, gleichgültig, wie der Mond an diesem Tag steht.

- Zum Verbrauch für die erste Gemüsesuppe säen Sie Mitte Mai die erste Lage. Zwischen und neben die Karotten setzen wir meist Ringelblumen als vorbeugende »Medizin«.

- Karotten sind nicht nur unempfindlich, sondern wirklich pflegeleicht. Das Aussäen ist ebenso unproblematisch wie das Ernten und Lagern. Nur ein Tipp noch: Bei zunehmendem Mond sowie in den Tierkreiszeichen Fische und Jungfrau sollten Sie Lagervorräte möglichst nicht stark bewegen oder gar umschichten.

Karotten zum richtigen Zeitpunkt	
Alpha oder Omega?	Alpha
Säen	Je nach Sorte von Frühjahr bis Spätsommer, aber immer bei abnehmendem Mond an Fruchttagen (Widder, Löwe, Schütze)
Säen zum Einlagern	Ausschließlich am 8. Juni, gleichgültig wie der Mond steht. Nicht erschrecken, einfach ausprobieren!
Auszupfen, verdünnen	An Fruchttage Widder, Löwe, Schütze, gleichgültig in welcher Mondphase
Ernten zum sofortigen Verbrauch	Wenn das Kraut bräunlich wird, aber auch schon früher
Ernten zum Lagern	Bei abnehmendem Mond an Widder, Löwe, Schütze, wenn das Kraut schon beginnt, braun zu werden

KARTOFFELN

Kartoffeln sind beste Kaliumlieferanten. Schwindel und Muskelkrämpfe sind nur einige der Begleiterscheinungen von Kaliummangel, ebenso Muskelschwäche in den Beinen, Juckreiz, Ödemneigung, Schwellungen, Kribbeln an Händen und Füßen.

Kalium reguliert zudem den Kalziumverbrauch. Deshalb bekommt man nach Süßigkeiten, dem schlimmsten Kalziumräuber, oftmals so müde Beine, weil sich das indirekt wiederum auf den Kaliumhaushalt auswirkt. Zappeligen Kindern mit Hautproblemen könnte mit dieser Einsicht schon in wenigen Tagen geholfen sein.

Wenn Sie Fleisch essen, ist eine Kartoffelbeilage ideal, weil sie mithilft, die Harnsäure abzubauen, die uns in die Knochen fahren möchte. Auch als Wintergemüse sind Kartoffeln bestens geeignet, weil sie viel Vitamin C enthalten. Insgesamt ist die Kartoffel ein Universalgemüse mit einer Vielzahl positiver Wirkungen: Vom Knochenaufbau über die Regulation des Wasserhaushalts bis zur allgemein entsäuernden Wirkung – wir verdanken ihr viel.

Bei keinem Gemüse wäre es deshalb so wichtig, auf Bio-Qualität zu achten. Weil größere Kartoffeln leichter mechanisch zu verarbeiten sind, wird in der Agrar-Industrie intensiv mit »Giften« gearbeitet. Nach der Ernte gibt man dem Boden dann den Rest. Es werden Unkraut- und Insektenkiller eingearbeitet, und wir nehmen das dann mit den Kartoffeln wieder auf. Das muss Ihnen aber nicht den Appetit verderben, meiden Sie einfach die »normalen« Kartoffeln und kaufen Sie beim Bio-Bauern oder in Bio-Qualität. Man schmeckt den Unterschied!

Kartoffeln mit grünen Stellen sollten Sie vollständig wegwerfen, die grünen Stellen mit ihrem hohen Giftgehalt auszuschneiden, nützt fast nichts. Solche Kartoffeln sind nicht »unreif«, sondern dem Licht ausgesetzt gewesen, was die Kartoffel zur Produktion von Solanin anregt – ein Gift, das Migräne, Halsschmerzen, Bauchschmerzen und Durchfall auslösen kann.

Zum Schluss: Verwenden Sie beim Kartoffelkochen nur wenig Wasser (gerade bedeckt!), dann bleiben all die guten Dinge in der Kartoffel optimal erhalten. Also nur dämpfen und nicht im Wasser »auskochen«. Kartoffeln wirken übrigens in unserem Körper stark basisch, sind also ein guter Ausgleich bei oder nach zu üppigem Essen.

In guter Nachbarschaft

- *Kartoffeln vertragen sich gut mit:* Kohlarten, Spinat, Buschbohnen, Kohlrabi, Dill, Meerrettich.

- *Kartoffeln gedeihen nicht gut in der Nachbarschaft von:* Zwiebeln, Erbsen, Rote Bete, Sellerie, Tomaten.

Tipps und Tricks

- Wenn das Kartoffelkraut dürr wird, können Sie sich ans Ernten machen. Mit einer Grabegabel (Erntegabel) an den Kartoffelzeilen entlang tief abstechen (graben) und vorsichtig ausheben, damit die Gesellen nicht gespalten werden. Zum Trocknen einige Zeit liegen lassen und dann erst aufsammeln. In Kisten verstauen und dunkel und kühl lagern. Die Dunkelheit ist wichtig, damit die Kartoffeln nicht zu früh auskeimen. Gekaufte Kartoffeln werden oftmals vorher abgekeimt, was zu den schwarzen Stellen beim Kochen führt. Fürs ungeübte Auge ist das schwer erkennbar und zu Hause ist es schon zu spät.
  Im Frühjahr holen Sie die restlichen oder die kleinen Kartoffeln aus der Steige, lassen sie ins Licht und nach Beginn der Keimung (etwa Mitte Mai) legen sie die Kartoffeln erneut in die Erde. Der Kreislauf schließt sich – und öffnet sich. Echte Frühkartoffeln können Sie Mitte April setzen. In der Regel sollten Sie jedoch einen Termin ab Mitte Mai wählen und möglichst gleich nach Vollmond.

Kartoffeln zum richtigen Zeitpunkt

Setzen	Bei abnehmendem Mond an Fruchttagen Widder, Löwe, Schütze (bald nach Vollmond) oder drei Tage nach Vollmond, wenn gerade Fisch herrscht (kommt selten vor)
1. Anhäufeln	Bei abnehmendem Mond Fruchttag
2. Anhäufeln	Bei zunehmendem Mond Fruchttag
Ernten	Bei abnehmendem Mond Fruchttag, zum sofortigen Verbrauch und zum Einlagern

ERBSEN

Wenn Sie gute Nerven brauchen, machen Sie einen Bogen um die Apotheke, und zaubern Sie lieber ein Erbsengericht auf den Tisch. Kaum ein Gemüse enthält mehr Vitamin B1. Früher wusste man sicherlich nichts von »Vitamin B1«, dafür aber umso mehr über Zusammenhänge und Wirkungen. Wieso und warum zählte weniger, sondern mehr die Frage: »Was hilft?« – die persönliche Erfahrung eben. So wusste man beispielsweise seit jeher, dass »Erbsen schön machen«. Dass es an den enthaltenen Nukleinsäuren liegt, die zellverjüngend und gewebestraffend wirken, haben wir erst heute entdeckt.

Erbsen sind auch stark beteiligt an Muskelaufbau, Zellstoffwechsel und an geistiger Frische. Sie kräftigen das Bindegewebe, sorgen für schöne Haare, und das alles ganz rezeptfrei. Wenn Sie mit dem Fleischkonsum aufhören wollen, erstens unser Glückwunsch! Und zweitens der Rat, Erbsen verstärkt in Ihre Rezeptsammlung aufzunehmen, weil sie ein wunderbarer Eiweißlieferant sind. Übrigens: Aus pürierten Erbsen als Grundstoff lassen sich die herrlichsten Brotaufstriche zaubern.

In guter Nachbarschaft

- *Erbsen vertragen sich gut mit:* Kopfsalat, Fenchel, Kohl, Karotten, Radieschen, Rettich.

- *Erbsen gedeihen nicht gut in der Nachbarschaft von:* Bohnen, Kohlrabi, Zwiebeln, Kartoffeln, Knoblauch, Lauch.

	Erbsen zum richtigen Zeitpunkt
Säen	Bei zunehmendem Mond, am besten Fruchttag
Ernten zum sofortigen Verbrauch	Nach Bedarf
Ernten zum Lagern	Fruchttag, etwa zum Einfrieren

WEISSKOHL

Weißkohl versorgt uns mit vielen Mineralien, belebt die Nerven und das Gehirn, sorgt für gute Stimmung und macht fit. Das Immunsystem freut sich besonders über ein Weißkohlgericht, die Zellatmung wird angeregt, das Zellwachstum angekurbelt. Das besondere Zusammenspiel seiner verschiedensten Spurenelemente und Mineralien machen aus ihm ein geniales Gemüse. Wo sonst in der Natur oder in der Apotheke gibt es ein Mittel, das gleichzeitig fit macht und die Nerven beruhigt?

Weißkohl versorgt Gehirn- und Nervenzellen, ist gut für die Aktivität der Schilddrüse und sorgt für gesunden Schlaf. Er aktiviert den Kohlenhydratstoffwechsel, fördert die Konzentrationsfähigkeit und wirkt sanft entschlackend. Um wirklich bestens verdaulich zu sein, sollten bei einem Weißkohlgericht Kümmel und ein Esslöffel Essig niemals fehlen.

In guter Nachbarschaft

- *Weißkohl verträgt sich gut mit:* Tomaten, Spinat, Sellerie, Salat, Rhabarber, Rettich, Radieschen, Bohnen, Erbsen, Erdbeeren, Gurken, Kartoffeln, Mangold, Lauch, Karotten.

- *Weißkohl gedeiht nicht gut in der Nachbarschaft von:* Zwiebeln, Knoblauch.

Weißkohl zum richtigen Zeitpunkt

Säen	Bei zunehmendem Mond, am besten an Krebs und Skorpion
Ernten zum Lagern	Bei aufsteigendem Mond, jedoch nicht an Fische Als Alternative bei abnehmendem Mond, jedoch nicht an Blatttag
Ernten für Sauerkraut	Bei abnehmendem Mond, kein Blatttag. Stier wäre ebenfalls gut geeignet, obwohl zur Erntezeit im zunehmendem Mond
Sauerkraut einhobeln	Bei abnehmendem Mond im Steinbock (ab Dezember). Es entsteht ein optimaler Gärungsprozess, nicht zu schnell und nicht zu trocken. Niemals an Jungfrau einhobeln!

GURKEN

Im Salat und im Gesicht – das sind wohl die bekanntesten »Begegnungsstätten« zwischen Mensch und Gurke. Wenn Sie vor die Wahl gestellt werden, dann seien Sie versichert, dass Gurken »inwendig« die wertvolleren Dienste leisten.

Sie enthalten viel Kieselsäure für straffes Bindegewebe und viel Vitamin E. Gurken reinigen den Darm gründlich, so gründlich, dass sogar Würmer das Weite suchen. Gurken verweilen nur kurz im Magen und erreichen in optimaler Geschwindigkeit den Darm. Sie enthalten viel Wasser, wirken unterstützend bei Nieren- und Blasenstörungen und helfen, die schlanke Linie zu halten oder zu bekommen. Gurkensaft wirkt übrigens gut bei Sonnenbrand. Wenn im Sommer doch einmal ein Grillfeuer brennt, helfen Gurken gut, tierisches Eiweiß zu verwerten und die unvermeidlichen Schwellungen an Händen und Füßen als Resultat des Fleischkonsums zu lindern.

Wenn Sie zu trockenen Augen neigen, tun Gurkenscheiben auf den Augen gute vorbeugende Dienste, am besten im Tierkreiszeichen Widder. Gurken sind ein optimales Gemüse für Alpha-Typen, Omega-Typen bekommen durch Gurken öfters Blähungen oder der Gurkensalat stößt noch lange auf.

In guter Nachbarschaft

- *Gurken vertragen sich gut mit:* Zwiebeln, Stangenbohnen, Sellerie, Roten Rüben, Petersilie, Kopfsalat, Kohlrabi, Kohlarten, Buschbohnen, Dill, Fenchel, Knoblauch.

- *Gurken gedeihen nicht gut in der Nachbarschaft von:* Tomaten.

Tipps und Tricks

- Gurkenpflänzchen in zeitlichen Abständen von etwa 14 Tagen bei zunehmendem Mond setzen, dann können Sie über längere Zeit immer Gurken ernten.

- Gurken sind stark zehrende Pflanzen und brauchen nahrhafte Erde. Deshalb werden sie vielfach in der Nähe von abgelagerten Kompost- oder Misthaufen gepflanzt.

- Wenn kein Mulchmaterial zur Verfügung steht, lassen sich Gurken auch an Stangen binden.

Gurken zum richtigen Zeitpunkt	
Alpha oder Omega?	Alpha
Säen	Bei zunehmendem Mond, unbedingt nach dem letzten Frost, am besten an Fruchttagen
Ernten zum sofortigen Verbrauch	Jederzeit
Mulchen mit Stroh oder trockenem Material	Bei abnehmendem Mond, damit bei Regen die Gurken nicht auf nasser Erde liegen
Ernten zum Lagern	Bei abnehmendem Mond

SPINAT

Zählten Sie auch zu den »Opfern« der Spinat-Manie? Früher ging das Märchen um, Spinat sei gut für Kinder, und man stopfte die Kleinen damit voll, oftmals bis buchstäblich zum Erbrechen. Heute setzt sich allmählich die Einsicht durch, dass Spinat wohl nicht das eingetrichterte Wundermittel ist. Ab und zu ist in Ordnung, aber nicht in der gewohnten Häufigkeit der letzten Jahrzehnte. Für Erwachsene dagegen ist Spinat ausgesprochen gesund. Er stärkt Zahnfleisch und Zähne, aktiviert die Knochenbildung, entwässert den Körper und hilft bei der Blutbildung. Außerdem hilft er bei erschöpften Augen und Nachtblindheit.

Kupfer, Eisen, Kalium, Vitamin B, C und E und viele gute Dinge mehr verwandeln den Spinat in eine wahre Energiebombe. Trotzdem sollte er nicht allzu oft auf den Tisch kommen, denn zu hohe Dosen lösen gleichsam einen Machtkampf im Körper aus, mit der Folge, dass viele wertvolle Substanzen gar nicht aufgenommen werden. Mit dem Motto »Weniger ist mehr« sind Sie beim Spinat genau richtig aufgehoben. Eine der wichtigsten Eigenschaften ist der Schleimhaut schützende Faktor. Spinat sollten Sie immer in Bio-Qualität zu sich nehmen, da er ein wahrer Magnet für Schadstoffe ist, besonders für Nitrate.

In guter Nachbarschaft

- *Spinat verträgt sich gut mit:* Tomaten, Stangenbohnen, Erdbeeren, Kohlrabi, Karotten, Kartoffeln, Kohlarten, Rettich, Radieschen.

Tipps und Tricks

- Spinat können Sie auch im Herbst säen, zwischen August und Oktober, ansonsten im zeitigen Frühjahr.

	Spinat zum richtigen Zeitpunkt
Säen	Bei zunehmendem Mond, am besten Blatttag
Ernten zum sofortigen Verbrauch	Nach Bedarf
Ernten zum Einfrieren	Eventuell Blatttag

Obst

Bevor wir uns den wichtigsten Obstbäumen und Beerensträuchern zuwenden, möchten wir Ihnen einige allgemeine Tipps nahe bringen, die für alle Obstgehölze Gültigkeit haben:

- Bei einer Neuanlage eines Obstgartens pflanzen Sie am besten zuerst Steinfrüchte, weil sie die Sonne mehr benötigen und vertragen. Erst wenn einige dieser Bäume, beispielsweise Kirschen, Aprikosen, Zwetschgen usw. stehen und etwas Schatten liefern, kommen Kernfrüchte wie Äpfel und Birnen dran.

- Ein Pflanztipp für alle Obstbäume: Bei magerem Boden graben Sie am gewählten Platz ein sehr tiefes Loch, füllen es mit organischen Bio-Abfällen fast auf und schütten Erde drauf. Jetzt setzen Sie den Baum hinein und füllen ganz mit Erde zu. Ideal wäre jetzt, gleich noch einige Kaiserkronen oder Topinambur dazuzusetzen.

- Kern- oder Steinfrüchte: Nirgends ist der Unterschied in der Verträglichkeit für unser Verdauungssystem so stark spürbar wie hier. Zur Erinnerung: Der Alpha-Typ verträgt Kernobst, der Omega-Typ Steinobst.

- Lassen Sie beim Mähen die Baumscheibe in Ruhe, weil dort genau jene Tierchen leben, die sich von den Schädlingen droben am Baum ernähren. Besser dort was hinlegen, umgedrehte Blumentöpfe mit Stroh drin für die Ohrwürmer usw. Die Gewohnheit mancher Obstbauern, genau diesen Bereich völlig »unkrautfrei« zu spritzen, ist schierer Wahnsinn.

- Sollte zur Blütezeit Frostgefahr herrschen, dann füllen Sie einen Eimer mit Wasser und stellen ihn unter den Baum. Der Frost wandert zuerst zum Wasser und erst wenn mehrere Tage hintereinander Frost herrscht, schadet das dem Baum.

- Wenn ein Ast am Obstbaum keine Frucht trägt, dann binden Sie an Fruchttagen Widder, Löwe oder Schütze eine stabile Hanfschnur am Ende des Astes fest und ziehen den Ast in Richtung Boden. Vorsichtig, damit er nicht abbricht! Nun befestigen Sie die Schnur am Boden (eventuell vorher außerhalb des Wurzelbereichs einen Pfosten einschlagen; der Wurzelbereich ist so groß wie die Ausdehnung der Krone). Im nächsten Jahr wird der Ast Früchte tragen.

- Knoblauch um die Baumscheibe herumgesetzt vertreibt Mäuse. Setzen sollten Sie die Knollen etwa fünf Zentimeter tief und bei absteigendem Mond zwischen Zwillinge und Schütze.

- Kaufen Sie nur heimisches Obst in Bio-Qualität! Zumindest nur Früchte, die noch duften. Das gilt für fast alle Obstsorten: Wenn das Obst nicht mehr den Eigenduft besitzt, ist auch das Leben daraus verschwunden.

ZWETSCHGEN UND PFLAUMEN

Wie bei jedem Obst gibt es auch bei Zwetschgen und Pflaumen die verschiedensten Sorten. Am besten Sie verlassen sich da auf Ihren Geschmackssinn. Alle Sorten haben ähnliche Wirkungen. Pflaumen wirken generell verdauungsfördernd und Blut reinigend. Über Nacht eingeweichte, getrocknete Pflaumen sind allemal eine der besten Arzneien gegen Verstopfung. Frische Pflaumen wirken zudem immunstärkend und Stoffwechsel anregend. Schulkinder wissen nicht nur den Geschmack, sondern auch die konzentrationsfördernde Wirkung und den besänftigenden Effekt in Stresssituationen zu schätzen.

Pflaumen sind herzstärkend und wirken ausgleichend auf den Kohlenhydratstoffwechsel. Mit anderen Worten: Nach einer üppigen Pizza oder einem Berg Spaghetti würden sich ein paar Pflaumen (auch getrocknet!) als gute Verdauungshilfe anbieten. Zwetschgen und Pflaumen binden zudem Fettstoffe im Darm, deshalb kommt es nicht so leicht zur unnötigen Fettspeicherung.

Wenn Sie die Früchte selbst trocknen, dann verlegen Sie dieses wertvolle Tun auf den abnehmenden Mond, ideal an einem Fruchttag Widder, Löwe oder Schütze. Bei zunehmendem Mond getrocknet, ziehen sie nur Wasser, und alle wertvollen Vitamine gehen verloren.

Die Pflaume und Zwetschge ist als Steinobst eine Frucht für Omega-Typen (siehe Seite 117). Das heißt wiederum nicht, dass Alpha-Typen die guten blauen Kugeln nicht essen dürfen. Es ist nur möglich, dass dann Sie oder Ihr Alpha-Kind Zwetschgen und Pflaumen nicht so gut vertragen wie manch anderer, und beispielsweise auf einen Zwetschgenkuchen mit Sodbrennen reagieren.

Zwetschgen und Pflaumen zum richtigen Zeitpunkt

Alpha oder Omega?	Omega
Pflanzen	Bei zunehmendem Mond Fruchttag Widder, Löwe, Schütze oder an Jungfrau
Schneiden	Niemals. Wenn doch einmal notwendig, dann bei abnehmendem Mond an einem Fruchttag, am besten im Winter nach dem 6. Januar
Ernten	Bei abnehmendem Mond an Fruchttagen zum Lagern, ansonsten nach Bedarf
Veredeln	Bei zunehmendem Mond, am besten am letzten Fruchttag vor Vollmond
Trocknen	Bei abnehmendem Mond an Widder, Löwe, Schütze, niemals an Fische und Jungfrau. Auch das Abfüllen getrockneter Früchte bei abnehmendem Mond an Fruchttagen

APRIKOSEN

Ein Haus ohne Aprikosenbaum an der Wand war für mich als Kind ein trauriger Anblick. Links und rechts vor unserer Haustür standen prächtige Aprikosenbäume, die weit über den ersten Stock hinausragten. Frei stehende Bäume hätten bei unseren Wintern, die nicht selten sechs Monate dauerten und bis zu zwei Meter Schnee direkt zur Haustür brachten, kaum eine Chance. Ein kräftiger Ast ragte auf den unteren Balkon und sorgte für einen schönen Anblick im Sommer – goldene Kugeln zwischen tiefroten Geranien. Für uns Kinder war das zum Naschen sehr praktisch und oft ein Grund für nächtliche Auf- und Abstiege.

Aprikosen sind nicht nur eine Köstlichkeit, sondern es gibt fast keine Obstsorte, die so frisch, jung und schön hält und so kräftigend wirkt. Auch kleinen Kindern lässt sich daraus eine leckere Aprikosensauce machen. Dabei wäre es allerdings sehr hilfreich zu wissen, ob Ihr Kind ein Alpha- oder Omega-Typ ist. Für Omega-Typen sind Aprikosen »das Obst schlechthin«, während Alpha-Kinder oftmals davon Bauchweh bekommen, beziehungsweise sogar Durchfall.

Aprikosen wirken bei Asthma lindernd, eine Information, die sich noch nicht allzu weit herumgesprochen hat. Raucher könnten die Lungentätigkeit kräftigen, obendrein wirkt die Frucht wohltuend für den Hals und bei trockenem Rachen. Sie kräftigt Haut, Haare, Nägel und stärkt die Schleimhäute. Konzentration und Stimmungslage verbessern sich, ebenso im Körper das Blutbild und Zellneubildung.

Da die meisten Vitamine in der Schale und im reifen Fruchtfleisch enthalten sind, ist es besonders wichtig, sich während der Saison satt zu essen. Weit gereiste Aprikosen weisen nur noch einen schwachen bis gar keinen Anteil der »guten Dinge« auf. Zudem werden sie im Ausland kräftig vergiftet und unreif geerntet.

Tipps und Tricks

- Aprikosen sind zwar sehr Wärme liebend, aber sie vertragen auch kühleres Klima. Der Baum braucht einfach eine südliche Hauswand zum »Anlehnen« und Wärmen. Bitte unter allen Umständen aufs Gießen verzichten, sonst erfriert er im Winter, oder trägt keine Früchte, weil im Frühjahr im späten Frost alle Blüten erfrieren.

- Ausnahme beim Gießen: Während der Reifezeit manchmal an Fruchttagen oder Blatttagen, dann aber bitte jeweils viel Gießen.

Aprikosen zum richtigen Zeitpunkt

Alpha oder Omega?	Omega! Aprikosen sind für Omega-Typen ein idealer Ersatz für Karotten wegen des hohen Karotin-Anteils
Pflanzen	Bei zunehmendem Mond Fruchttag Widder, Löwe, Schütze oder an Jungfrau
Schneiden	Niemals. Wenn doch einmal notwendig, etwa weil ein Fenster frei bleiben soll, dann bei abnehmendem Mond an einem Fruchttag, am besten im Winter nach dem 6. Januar
Gießen	Niemals, weil der Baum sonst erfriert!
Ernten	Bei abnehmendem Mond an Fruchttagen zum Lagern, ansonsten nach Bedarf
Veredeln	Bei zunehmendem Mond, am besten am letzten Fruchttag vor Vollmond
Trocknen	Bei abnehmendem Mond an Widder, Löwe, Schütze, niemals an Fische und Jungfrau. Auch das Abfüllen getrockneter Früchte bei abnehmendem Mond an Fruchttagen

KIRSCHEN

Der Vitamingehalt von Kirschen ist ähnlich hoch wie bei Äpfeln, sie sind jedoch zusätzlich reich an Kalzium, Kalium und Phosphor. Wenn Sie als Omega-Typ mit unreiner Haut oder Rheuma zu kämpfen haben, dann ist die Kirsche »Ihre« Frucht. Kaum eine Frucht senkt den Harnsäurespiegel im Blut so schnell. Fahle und faltige Haut wird sichtbar schöner. Natürlich ist schöne Haut immer Ergebnis einer grundsätzlichen Ernährungsumstellung oder einer von vorne herein gesunden Ernährung.

Hier wie auch sonst gilt: Nur in Bio-Kirschen ist enthalten, was Kirschen gesund macht. Riesengroße, importierte Hochglanzkirschen sind völlig wertlos. Sie wachsen auf verseuchten Böden, und werden vor dem Transport mit Schimmelhemmern und Lack besprüht. Die gute Nachricht, wenn Sie sich für Bio entscheiden oder die eigenen Kirschen ernten: Sie wirken entzündungshemmend, schützen vor Parodontose und stärken das Bindegewebe. Vielleicht ihr größtes Plus ist, dass sie helfen, Gewicht zu reduzieren und zu halten.

Tipps und Tricks

- Die Süßkirsche ist nicht selbst befruchtend, deshalb sollte irgendwo in der Nachbarschaft ebenfalls ein Kirschbaum wachsen, wobei es gleichgültig ist, ob Süß- oder Sauerkirsche. Sie können natürlich Ihrem Kirschbaum einen Gefährten dazukaufen, aber dann sollten Sie bedenken, dass Kirschen viel Platz brauchen (80 m^2 wäre ideal).

- Sauerkirsch-Bäume sind viel unkomplizierter und wachsen auf fast jedem Boden. Sie werden nicht so hoch und brauchen wenig Raum und nur frisch vom Baum schmecken sie »nicht so gut«. Aber das ist im wahrsten Sinne des Wortes Geschmackssache und viele Menschen lassen sich gerne von »sauer lustig« machen. Eingemacht oder als Marmelade übertreffen Sauerkirschen die Süßkirschen bei weitem. Zudem ist die Sauerkirsche meist selbst befruchtend. (Nicht alle Sorten. Bitte beim Kauf fragen.)

- Kirschblüten sind wunderschön, aber sehr frostempfindlich. Wenn Frostgefahr besteht, dann erinnern Sie sich an den Trick: Stellen Sie einen großen Eimer mit Wasser unter den Baum nahe am Stamm, beziehungsweise eine Wanne mit Wasser (Kinder- oder Wäschewanne). Das hält den Frost von den Zweigen ab. Diese Regel funktioniert nur dann nicht, wenn es mehrere Tage hintereinander friert.

Kirschen zum richtigen Zeitpunkt

Alpha oder Omega?	Omega
Pflanzen	Bei zunehmendem Mond Fruchttag Widder, Löwe, Schütze oder an Jungfrau
Schneiden	Niemals! Wenn doch einmal notwendig, etwa weil der Baum kränkelt, dann bei abnehmendem Mond an einem Fruchttag, am besten im Winter nach dem 6. Januar
Ernten zum Lagern	Bei abnehmendem Mond an Fruchttagen zum Lagern, ansonsten nach Bedarf
Veredeln	Bei zunehmendem Mond, am besten am letzten Fruchttag vor Vollmond
Kirschkerne trocknen	Bei abnehmendem Mond an Widder, Löwe, Schütze, niemals an Fische und Jungfrau

ÄPFEL

Der eigene Apfelbaum ist Gold wert, denn Äpfel in Bio-Qualität sind die pure Medizin. Normale Äpfel dagegen können Sie fast vergessen, denn sie werden wie fast kein anderes Obst durch die Landwirtschaft ihrer Qualitäten beraubt, und dies nur des Aussehens willen. Kaufen Sie nur heimische Äpfel in Bio-Qualität! Zumindest nur Früchte, die noch duften. Das gilt übrigens für fast alle Obstsorten: Wenn das Obst nicht mehr den Eigenduft besitzt, ist auch das Leben daraus verschwunden.

Im alten englischen Sprichwort »An apple a day keeps the doctor away« (»Ein Apfel täglich halt den Arzt fern«) steckt Wahrheit. Äpfel wirken blutdrucksenkend, reinigen den Darm, kräftigen das Zahnfleisch und sind speziell bei schwachen Venen ein wichtiges Lebensmittel. Äpfel stabili-

Äpfel zum richtigen Zeitpunkt

Alpha oder Omega?	Alpha
Pflanzen	Bei zunehmendem Mond Fruchttag Widder, Löwe, Schütze oder an Jungfrau
Schneiden	Niemals. Wenn doch einmal notwendig, dann bei abnehmendem Mond an einem Fruchttag, am besten im Winter nach dem 6. Januar
Ernten	Bei abnehmendem Mond an Fruchttagen zum Lagern, ansonsten nach Bedarf. Mit Äpfeln nicht grob umgehen, nicht werfen!
Veredeln	Bei zunehmendem Mond, am besten am letzten Fruchttag vor Vollmond
Trocknen	Bei abnehmendem Mond an Widder, Löwe, Schütze, niemals an Fische und Jungfrau. Auch Füllen getrockneter Früchte in geeignete Gefäße bei abnehmendem Mond an Fruchttagen

sieren den Blutzuckerspiegel und senken die Blutfettwerte. Und obendrein lassen sich aus Äpfeln die wunderbarsten Köstlichkeiten zubereiten, ohne dass sie durchs Verarbeiten viel von ihrer Wirkkraft verlieren würden.

Äpfel sind als Kernobst ein Obst für Alpha-Typen (siehe Seite 117). Das bedeutet nun nicht, dass Omega-Typen keine Äpfel essen dürfen. Es kann nur sein, dass dann Sie oder Ihr Kind Äpfel nicht so gut vertragen wie manch anderer.

Tipps und Tricks

- Wenn Sie Äpfel im Schlafzimmer lagern, haben Sie immer gute Luft, und es hält die Äpfel länger lagerfähig.

BIRNEN

Auf Birnen sollte man das gleiche Loblied singen wie den Äpfeln. Da sie viel weniger Säure als Äpfel enthalten, werden sie gerne von empfindlichen Menschen und auch von Kindern bevorzugt. Birnen fördern das Wachstum, helfen den Wasserhaushalt regulieren und sind blutbildend. Wie die Äpfel auch entschlacken sie den Darm. Schwangere sollten nicht zu viele Birnen essen, weil das beim Baby zu Vitaminmangel führen kann. Birnen enthalten Stoffe, die bei einem Übermaß bei Erwachsenen »nur« zu Durchfall führen können, während bei einem Ungeborenen dadurch ein Mangelzustand eintreten kann.

Die tägliche Birne zur Reifezeit wäre für alle Menschen, die zu wenig trinken, eine Lösung. Allerdings ist zu bedenken, dass Birnen ein Obst für Alpha-Typen sind (als Kernobst, siehe Seite 117).

Birnen sollten Sie unbedingt nur in Bio-Qualität oder aus dem eigenen Garten beziehen. Sie sind nicht sehr lagerfähig, deshalb werden sie besonders stark mit Chemie behandelt (gegen Schimmel usw.). Waschen hilft nicht immer und Schälen ist auch keine Lösung, weil gerade in oder unterhalb der Schale wertvolle Vitamine, Mineralien und Eiweißbausteine enthalten sind.

Nachspeisen mit Birnen schmecken wunderbar, durch das Kochen allerdings gehen viele wertvolle Vitamine verloren.

Birnen zum richtigen Zeitpunkt

Alpha oder Omega?	Alpha
Pflanzen	Bei zunehmendem Mond Fruchttag Widder, Löwe, Schütze oder an Jungfrau
Schneiden	Niemals. Wenn doch einmal notwendig, dann bei abnehmendem Mond an einem Fruchttag, am besten im Winter nach dem 6. Januar
Ernten	Bei abnehmendem Mond an Fruchttagen zum Lagern, ansonsten nach Bedarf. Birnen keinesfalls werfen!
Veredeln	Bei zunehmendem Mond, am besten am letzten Fruchttag vor Vollmond
Trocknen	Bei abnehmendem Mond an Widder, Löwe, Schütze, niemals an Fische und Jungfrau. Auch das Abfüllen getrockneter Früchte bei abnehmendem Mond an Fruchttagen

HIMBEEREN

Wie so oft schmecken Himbeeren direkt vom Strauch am besten und haben dann auch die beste Gesundheitswirkung. Bio-Himbeeren sind meist etwas teurer, weil der Aufwand bei der Ernte viel höher ist, aber es lohnt sich. Sie verhelfen nicht nur zu optimaler Sehkraft, sondern können sogar Nachtblindheit auf Dauer lindern.

Bei häufigerem Nasen- oder Zahnfleischbluten wirken sie als gute Medizin. Glanz und Fülle von schönen Haaren sind nicht nur das Resultat des Schneidens zum richtigen Zeitpunkt (bei Löwe oder Jungfrau), sondern selbstverständlich auch der optimalen Versorgung »von innen«. Hier leistet die Himbeere ganze Arbeit.

Viele Himbeeren sollten immer dann gegessen werden, wenn Saison ist, besonders bei Blasen- und Nierenstörungen, bei zu starker Menstruation und bei allgemeiner Immunschwäche. Wenn Sie Himbeeren als Sauce verwenden wollen, dann bitte nicht kochen! Einfach durch ein Sieb streichen, und alle Vitamine und der volle Geschmack bleiben erhalten.

Tipps und Tricks

- Wer im Garten einige Stauden Himbeeren besitzt, kann bestätigen, wie pflegeleicht sie sind. Es genügt, sie in Frieden zu lassen, und sofort nach der Ernte die abgeernteten Ruten bis in Bodenhöhe zurückzuschneiden. Die neuen Triebe lassen Sie wieder in Ruhe – bis zur nächsten Ernte.

Himbeeren zum richtigen Zeitpunkt

Pflanzen	Bei zunehmendem Mond Fruchttag
Zurückschneiden	Nach der Ernte an Fruchttagen Widder, Löwe, Schütze
Ernten	Nach Lust und Laune
Ernten zum Weiterverarbeiten	Bei abnehmendem Mond an Fruchttagen

ERDBEEREN

Um eine Frühjahrsmüdigkeit zu verjagen, lädt uns kaum eine Frucht so herzlich und herzhaft ein wie die Erdbeere. Sie sorgt nicht nur für Gaumenfreuden, sondern stärkt auch Knochen, Haare, Haut und Zähne.

Eine Erdbeerallergie gehört heute schon fast zu den Alltagserscheinungen, aber wir sollten bedenken, dass nicht Erdbeeren die Allergie auslösen, sondern die Unmengen an Giftstoffen, die der Industriebauer auf sie herabregnet. Greifen Sie zu Bio-Produkten oder zu den kleinen Walderdbeeren im eigenen Garten, dann liegen Sie auf der sicheren Seite, und oftmals vergeht dann sogar eine schon bestehende Allergie, weil der Körper wieder Vertrauen fasst.

Sollten Sie Erdbeeren partout nicht vertragen, kann es am hohen Anteil von Gerbstoffen liegen, auf die manche Menschen einfach empfindlich reagieren.

Ein Tipp: Kinder essen ja manchmal Unmengen von Erdbeeren auf einmal. Da kann es passieren, dass sie Ohrenschmerzen bekommen – ein we-

Erdbeeren zum richtigen Zeitpunkt

Pflanzen	An Fruchttagen, gleichgültig, ob der Mond zu- oder abnimmt
Vermehren	An Fruchttagen Widder, Löwe, Schütze, ebenfalls gleichgültig, ob der Mond zu- oder abnimmt
Ernten	Nach Lust und Laune
Ernten zum Weiterverarbeiten	Bei abnehmendem Mond an Fruchttagen
Blätter sammeln für den Tee	Im Frühjahr
Mulchen	Bei abnehmendem Mond

nig bekannter Zusammenhang. Keine Sorge, diese Schmerzen vergehen normalerweise recht schnell wieder.

Erdbeeren wirken wie fast alle roten Früchte und Gemüse blutbildend, fördern das Zellwachstum und binden Schwermetalle im Darm. Junge, hellgrüne Erdbeerblätter eignen sich auch sehr gut als Tee, vielleicht gemischt mit Himbeer- und Zitronenmelisse-Blättern.

In guter Nachbarschaft

- *Erdbeeren vertragen sich gut mit:* Dill, Karotten, Lauch, Kohlarten, Rettich, Radieschen, Kopfsalat, Spinat, Zwiebeln, Knoblauch.

Tipps und Tricks

- Bei Erdbeeren wäre es sinnvoll bei abnehmendem Mond mit Stroh den Boden unter den Pflanzen zu bedecken. Dabei nicht sparen, denn zu wenig Stroh bewirkt oft Grauschimmel. Wenn Sie neue Triebe nehmen, dann nur von ganz gesunden Pflänzchen. Die Triebe immer nur an Fruchttagen Widder, Löwe und Schütze verpflanzen oder an Jungfrau.

- Ist ein Teil der Blätter im Sommer rot gefärbt, dann besteht Wurzelfäule. Das ist der Zeitpunkt, für die Erdbeeren ein neues Plätzchen zu suchen.

- Für Marmelade, Kompott usw. sollten Sie Erdbeeren möglichst an Fruchttagen (Widder, Löwe, Schütze) pflücken und noch am gleichen Tag verarbeiten.

BROMBEEREN

Brombeeren haben einen hohen Vitamin-A-Gehalt (Karotin). Eine ideale »Medizin« bei Magen- und Darmbeschwerden, sie können auch als heilende Diät bei Magenleiden eingesetzt werden. Ihr Eiweiß- und Zuckergehalt ist niedrig, sie sind dadurch ideal für Nieren, Magen und bei Zuckerkrankheit und rheumatischen Störungen.

Brombeeren zum richtigen Zeitpunkt

Setzen und Pflanzen	Im Frühjahr bei Jungfrau oder an Fruchttagen bei zunehmendem Mond
Mulchen	Bei abnehmendem Mond
Zurückschneiden	Von Sommer bis Spätherbst bei abnehmendem Mond an Löwe
Unkraut jäten	Nicht unbedingt nötig. Gut mulchen im Herbst mit Stroh bei abnehmendem Mond genügt
Düngen	In der Regel überflüssig, eventuell im Herbst bei abnehmendem Mond gereiften Kompost dazugeben
Vermehren	Gezielt an Jungfrau Triebspitzen auf den Boden legen und mit Erde bedecken. Ist aber nicht unbedingt nötig, weil Brombeeren das ganz allein tun
Ernte	Ab Sommer bis Herbst, wenn die Früchte nicht mehr stark glänzen und leicht matt werden. Zum Marmelade herstellen am besten bei abnehmendem Mond in Löwe pflücken

Tipps und Tricks

- Wie fast alle Strauchbeeren sind Brombeeren unempfindlich und unkompliziert zu halten. Sie sollten sie erst im Frühjahr pflanzen, es sei denn, Sie können ihnen viel Raum bieten zum Wuchern. Über Winter würden sich nämlich viele Jungtriebe bilden.

- Wie bei allen Strauchbeeren sollte der Rückschnitt nach der Ernte erfolgen, aber man kann sie auch bis in den Herbst hinein ständig stutzen. Wenn man Brombeeren sich selbst überlässt, entsteht ein ziemliches Wirrwarr.

- Eine der größten Köstlichkeiten ist selbst gemachte Brombeermarmelade!

JOHANNISBEEREN

Schwarze Johannisbeeren sind etwas herb im Geschmack, aber die besten Vitamin-C-Träger, die es in unseren Breiten gibt. Weiße Sorten sind etwas süßer und werden gerne »roh« schnabuliert, rote Sorten sind etwas saurer.

Tipps und Tricks

- Johannisbeeren sind sehr pflegeleicht und als Randbepflanzung von Rasen, als Hecken und an Rändern von Gemüse- und Blumenbeeten gut geeignet. Je sonniger der Standort, desto süßer schmecken sie. Im Halbschatten gedeihen sie auch gut, doch dann werden die guten Früchtchen wohl häufiger im Marmeladetopf landen als direkt im Magen. Der höhere Säuregehalt hat dabei den Vorteil, beim Kochen die Vitamine besser zu erhalten.

- Wenn Sie Sträucher neu setzen, dann am besten im Herbst (bei Jungfrau) und in etwa 2 m Abstand. Schneiden Sie jetzt zurück auf etwa sieben Triebe (unbedingt auf einen Fruchttag warten – Widder, Löwe, Schütze!) und dann erst wieder im Sommer gleich nach der Ernte, ebenfalls an einem Fruchttag. Starke Triebe können Sie immer im Herbst (aber auch schon im Sommer) schräg abschneiden und in die Erde stecken zur Vermehrung, am besten bei Jungfrau.

- Johannisbeeren sind Flachwurzler, deshalb wäre Unkraut jäten durchaus von Vorteil, am besten bei abnehmendem Mond im Steinbock. Der Boden sollte nicht geharkt werden, weil die Wurzeln sofort verletzt werden.

- Mulchen am besten mit Stroh oder Rindenmulch. Die Düngung geschieht am besten im Herbst mit abgelagertem Kuhmist, im Frühjahr mit Kompost.

- Johannisbeeren sollten Sie wie Stachelbeeren nach der Ernte immer gut auslichten. Schauen Sie im Winter schon nach, ob kugelig angeschwollene Knospen vorhanden sind. Diese Behausungen der Gallmilbe sollten Sie alle abschneiden und in den Restmüll werfen (nicht auf den Kompost!). Alle anderen Johannisbeerkrankheiten entstehen meist gar nicht erst, wenn Sie auf den richtigen Zeitpunkt achten.

Als wir Kinder waren und bei der Ernte mithalfen, schnitt uns die Mutter oft die schönsten Zweige raus, und wir haben sie im Schatten in Ruhe abgezupft. Diese Sträucher kamen im nächsten Jahr besonders schön, und der Rückschnitt war auch gleich erledigt. Höchstens ein paar alte, nicht tragende Triebe mussten dann noch herausgeschnitten werden. Die jungen Triebe blieben stehen. Uns wurde übrigens eingeredet, dass Johannisbeeren unbedingt Kalium im Boden brauchen. Ich fragte mich, wie unsere Oma das Kalium in den Boden brachte und wie Johannisbeeren zu jenen Zeiten gediehen als es noch keine Bücher gab.

Johannisbeeren zum richtigen Zeitpunkt	
Setzen und Pflanzen	Im Herbst bei Jungfrau
Anschließend zurückschneiden	Bei abnehmendem Mond an Fruchttagen Widder und Löwe
Mulchen im Herbst	Bei abnehmendem Mond
Unkraut jäten	Bei abnehmendem Mond, wenn möglich bei Jungfrau
Düngen mit Kompost	Im Frühjahr bei abnehmendem Mond, an einem Fruchttag Widder und Schütze
Ernte	Im Sommer nach Bedarf und Reifegrad, anschließend zurückschneiden an Widder und Löwe

STACHELBEEREN

Stachelbeeren enthalten wertvollen Fruchtzucker, Zitronensäure und Vitamin C, sind für kräftiges Bindegewebe und Gefäße fast ein Naturwunder. Leider sind sie nicht so beliebt, weil sie bis kurz vor der vollen Reife sehr sauer sein können. Warten Sie es doch einfach ab! Vollreife Stachelbeeren sind sehr süß, die Geduld lohnt sich. Die Früchte im Handel sind meist unreif, weil dann die Schale noch halbwegs zart ist und die Weiterverarbeitung leichter fällt.

Frische Stachelbeeren vom Strauch sind ein Gedicht und jeden Tag werden neue reif. Sie fühlen sich gestärkt, Ihre Haut wird schöner, die Haare glänzender, der Allgemeinzustand bessert sich von Tag zu Tag. Gehirn- und Nerventätigkeit werden angeregt, Schwermetalle auf natürliche Weise ausgeleitet, Ballaststoffe reinigen den Darm. Die Stachelbeere holt sich viel Magnesium, Mangan, Kalium und Zink aus dem Boden und sammelt die guten Dinge in der Frucht.

Tipps und Tricks

- Die Pflege der Stachelbeeren erfolgt wie bei den Johannisbeeren, ebenso die Vermehrung. Zusätzlich kann die Stachelbeere auch noch durch das Herunterbiegen von Trieben vermehrt werden. Einfach im Frühjahr an einem Jungfrautag einen Trieb herunterbiegen und mit U-Haken in der Erde befestigen. Erde drüber und warten, bis er austreibt. Im Herbst trennen Sie dann den gebogenen Trieb ab – und haben einen neuen Strauch. Sie können ihn dort lassen oder an einen anderen Ort verpflanzen.

- Auslichten sollten Sie Stachelbeeren immer bei abnehmendem Mond an den Fruchttagen Widder, Löwe oder Schütze, sonst bekommen die Blätter braune Flecken und fallen zu früh ab.

Stachelbeeren zum richtigen Zeitpunkt

Setzen und Pflanzen	Im Herbst bei Jungfrau
Mulchen im Herbst	Bei abnehmendem Mond
Unkraut jäten	Bei abnehmendem Mond, wenn möglich bei Jungfrau
Düngen mit Kompost	Im Frühjahr bei abnehmendem Mond, an einem Fruchttag Widder oder Schütze
Düngen mit Stallmist	Im Herbst bei abnehmendem Mond, an einem Widder- oder Löwetag
Ernte	Zum Vorkochen kann auch grün geerntet werden, sonst nach Reifung im Sommer

Vom Essen und Trinken

Ach, könntet ihr leben vom Duft der Erde und wie eine Luftpflanze vom Licht erhalten werden!

Euren Tisch lasst einen Altar sein, auf dem das Reine und Unschuldige des Waldes und des Feldes geopfert wird für das, was im Menschen noch reiner und unschuldiger ist.

Und wenn ihr mit den Zähnen einen Apfel kaut, sagt in eurem Herzen zu ihm:

»Deine Samen werden in meinem Körper leben, und die Knospen deines Morgens werden in meinem Herzen blühen, und dein Duft wird mein Atem sein, und zusammen werden wir uns aller Jahreszeiten erfreuen.«

Und im Herbst, wenn ihr die Trauben eurer Weinberge für die Kelter lest, sagt in eurem Herzen:

»Auch ich bin ein Weinberg, und meine Frucht wird für die Kelter gelesen werden, und wie neuer Wein werde ich in ewigen Gefäßen bewahrt werden.«

Und im Winter, wenn ihr den Wein zapft, lasst für jeden Becher ein Lied in eurem Herzen sein; und in dem Lied lasst eine Erinnerung an die Herbsttage und den Weinberg und die Kelter sein.

Khalil Gibran, *Der Prophet*

Blumen und Zierpflanzen

Ein lebendiger Garten ist für uns eine Möglichkeit, sich ein kleines Paradies zu schaffen. Hier schenkt uns die Natur alles, was wir zum Leben brauchen: gesunde Früchte und nahrhaftes Gemüse, heilende Kräuter, wohlschmeckende Gewürze – und einen Platz, um uns zu entspannen, neue Energie zu schöpfen und unserer Seele etwas Gutes zu tun.

Wie schon gesagt: Wir können und wollen nicht alle Gartenbücher oder Zeitschriften ersetzen, die sich mit der Gestaltung eines Blumengartens befassen. Und deshalb haben wir uns entschlossen, hier nur die wichtigsten Regeln für Blumen und Zierpflanzen aufzuschreiben und ein paar Beispiele und Anregungen zu geben. Einige Pflanzen wie beispielsweise Tagetes oder Ringelblume sollten in keinem Garten fehlen. Und natürlich sind ein paar Pflanzen richtige »Klassiker« für einen blühenden Garten oder einen bunten Balkon.

Denn wie ein Blumenbeet, der Balkon oder die Terrasse aussieht – eher mit Stauden wie Sonnenhut und Rittersporn bepflanzt, mit mehrjährigen Blühpflanzen wie Geranien oder immer wieder abwechselnd mit saisonalen Blühern wie Tulpen oder Herbststern –, das ist letztlich immer eine Frage des eigenen Geschmacks und der Kreativität. Was die bunten Farbtupfen anbelangt, so sind die Möglichkeiten schier unerschöpflich.

Aber bevor wir uns einigen wichtigen Zierpflanzen zuwenden, noch ein paar Grundregeln:

- Generell sollten Sie alle Blühpflanzen willkommen heißen, die von alleine zu Ihnen kommen und sich wohl fühlen. Der Boden oder andere Pflanzen im Garten brauchen vielleicht diesen neuen Nachbarn. Oft sind sie eine ideale Ergänzung – und viele, wie beispielsweise die Echte Schafgarbe – könnten Sie nie gezielt einpflanzen.

- Viele Zierpflanzen haben in einem Nutzgarten schwächende Einflüsse. So geben beispielsweise Tulpenzwiebeln Stoffe in den Boden ab, die für beinahe alle Salat- oder Gemüsepflanzen nicht förderlich sind. Das heißt aber nicht, dass man nun streng danach trennen muss, ob man etwas essen oder nur anschauen will. Zum einen bilden viele schöne Kräuter auch bunte Blüten, und zum anderen kann man viele Zierpflanzen trotzdem einsetzen – nur eben nicht mitten in das Gemüsebeet hinein. Wenn Sie beispielsweise Tulpenzwiebeln pflanzen, dann am besten am Rand des Gartens oder in einer bislang ungenutzten Ecke.

- Wenn Sie Zierpflanzen in Schalen oder Kübeln setzen, dann können Sie diese in den Behältern jederzeit auch direkt zu den Gemüsepflanzen oder den Beerensträuchern stellen. Das sieht wunderschön aus, aber beeinträchtigt die Energie im Boden nicht. Allerdings muss man diese Pflanzen natürlich gießen, anders als sonst im Garten.

Wer gerne mit blühenden Pflanzen experimentiert, findet in jeder Gärtnerei eine große Auswahl. Und dort hilft man Ihnen auch, wenn es um gezielte Fragen der Gestaltung und des Pflanzens geht. Lassen Sie sich inspirieren und versuchen Sie es einfach einmal.

ASTERN

Die bunten Herbstblumen sind ideal, um in der zweiten Hälfte des Jahres noch Farbe in den Garten zu zaubern. Die Samen lassen sich ohne großen Aufwand einsäen und schon nach kurzer Zeit können Sie die Keimlinge erkennen. Astern brauchen es warm und haben auch nichts gegen Sonne – nur zu heiß darf es nicht werden und sie sollten etwas Platz haben, um sich auszubreiten.

In guter Nachbarschaft

- *Astern vertragen sich besonders gut mit:* Wildblumen, Getreide, Kornblumen, Sonnenblumen, Gänseblümchen, Chrysanthemen.
- *Astern gedeihen nicht gut in der Nachbarschaft von:* großen Büschen oder Stauden, die ihnen das Licht zum Wachsen nehmen.

Tipps und Tricks

- Wenn Astern nah an eine Lichtquelle gepflanzt werden (zum Beispiel eine Straßenlaterne) kann sich das Blühen um einige Wochen verzögern.
- Wo die Aster sich wohl fühlt, neigt sie dazu sich stark auszubreiten. Beim Aussäen – das ist übrigens bis zum ersten Frost möglich – sollten Sie also nicht zu viele Pflanzen in ein kleines Beet setzen.

CLEMATIS

Wer eine Mauer oder eine Laube besitzt, kann diese auch von einer Clematis umranken lassen. Natürlich kann man auch ein Spalier aufstellen, an der sich die Pflanze mit den bunten, üppigen Blüten empor winden kann. Clematis brauchen nur etwas Sonnenschein und ansonsten nicht viel Pflege. Sie kommen jedes Jahr wieder, schon zu Beginn des Frühlings treiben sie schnell aus und auch ein bisschen Nachtfrost schadet ihnen nicht sonderlich.

Wem die Clematis zu viel Platz einnimmt, der kann sie im Winter, wenn die Ranken abtrocknen, problemlos bei abnehmendem Mond zurückschneiden.

In guter Nachbarschaft

- *Clematis vertragen sich besonders gut mit:* Erdbeeren, Efeu.
- *Clematis gedeihen nicht gut in der Nachbarschaft von:* Wicken und anderen Rankpflanzen.

Tipps und Tricks

- Clematis braucht unbedingt einen schattigen Fuß, sonst aber viel Sonne. Kleine Monatserdbeeren, etwas Klee oder Vergissmeinnicht gefallen ihr gut – Hauptsache sie hat eine Mauer oder ein Spalier, an dem sie nach oben klettern kann.
- Ist die Clematis auf dem Balkon oder der Terrasse in einem Kübel, empfiehlt es sich, sie im Winter mit Tannenzweigen abzudecken, um ihren Wurzeln Frostschäden zu ersparen. Auch der Topf sollte umwickelt werden, beispielsweise mit viel Stroh, oder wenn nicht anders möglich, mit Styropor.

DAHLIEN

Dahlien kann man sehr einfach auch selbst aus Samen ziehen. Sowohl Sonne, aber auch lichte Schattenplätze sind für die Dahlie geeignet. Sie sollten jedoch windgeschützt und keinesfalls zu feucht in Balkonblumenerde oder im Garten gehalten werden. Gute Nachbarschaften gibt es bei den Dahlien keine, sie wirken für sich allein sehr schön und mögen das auch.

Tipps und Tricks

- Dahlien graben wir im Herbst niemals aus, weil wir ohnehin nie gießen. Wenn Sie das auch tun, genügt es, sie im Herbst mit vielen Zweigen abzudecken. Sie kommen unfehlbar jedes Jahr wieder, schöner als zuvor. Während eines der letzten Winter hat sie sogar einmal versehentlich im Schnee ein Lastwagen platt gefahren. Wir haben uns sehr gefreut, als sie auch diese »Behandlung« unbeschadet überstanden hat.

- Wer allerdings künstlich bewässert, *muss* die Dahlien ausgraben und frostsicher überwintern. Schneiden Sie dazu die Pflanzen zurück und graben Sie die Knollen wieder aus. Zur Überwinterung kommen die angetrockneten Knollen in eine Kiste mit Sand-Torf-Gemisch und in den trockenen Keller oder das Gartenhäuschen.

FINGERHUT

Wenn ein Fingerhut von sich aus den Weg in ihren Garten gefunden hat und er Sie nicht stört, dann sollten Sie ihn willkommen heißen. Allerdings muss man immer bedenken, dass die Pflanze giftig und gerade in Gärten, in den Kinder spielen, deshalb nicht ganz ungefährlich ist. Am besten die Kinder mit dem neuen Familienmitglied gleich vertraut machen.

Der Fingerhut wächst hoch und braucht darum auch Platz nach oben, zum Beispiel an einer Hecke oder einem Busch. Und wegen seiner Giftstoffe gehört er nicht in die Nähe von Nutzpflanzen. In der Natur wächst der Fingerhut auf Waldlichtungen, an Kahlschlägen sowie an Waldrändern.

HORTENSIEN

In weiß, pink oder blau leuchten die großen Blüten der Hortensienbüsche. Und wer seine Hortensien eine Zeit lang im Garten hat, kann beobachten, das sich manchmal die Farbe verändert. Das hängt mit den Mineralien im Boden zusammen.

Wie alle Büsche mögen Hortensien es am Liebsten, wenn sie einen Platz für sich haben.

Tipps und Tricks

- Wem die Hortensienblüten gut gefallen, der kann sie auch trocknen. Einfach kurz vor dem Verblühen abschneiden und kopfüber aufhängen. Das muss allerdings bei zunehmendem Mond geschehen, sonst brechen die Blüten. Sie eignen sich für Gestecke oder einfach als kleine Verschönerung.

- Hortensien sind auch gut für Balkon oder Terrasse geeignet. In einem großen Topf blühen sie oft mehrere Wochen lang und auch ihre großen grünen Blätter sind ein dekorativer Blickfang. Aber Achtung: Sie sind sehr frostempfindlich.

KORNBLUMEN

Ihre Samen werden häufig mit dem Wind in den Garten getragen. Sie brauchen nicht viel, um sich an einem Ort wohl zu fühlen. Sie bringen Farbe in jeden Garten und vertragen auch Hitze.

In guter Nachbarschaft

- *Kornblumen vertragen sich besonders gut mit:* Astern, Getreide, Wildblumen.

- *Kornblumen gedeihen nicht gut in der Nachbarschaft von:* großen Büschen oder Stauden, die ihnen das Licht zum Wachsen nehmen.

FLEISSIGES LIESCHEN

Ideal für Blumenkästen, Schalen und Kübel, kann man das Fleißige Lieschen mit den roten, rosa und weißen Blüten für den Balkon auf jeden Fall empfehlen. Starke Sonne mag es nicht besonders, im Schatten fühlt es sich sehr wohl. Obwohl eher klein, belohnt es jeden Gärtner mit einer langen Blütezeit und einem satten Grün der Blätter.

Tipps und Tricks

- Wenn Sie beim fleißigen Lieschen die vertrockneten Blüten abschütteln und abknipsen, dann kommen neue Knospen schneller nach.

GERANIEN

Sie sind sehr beliebt als Kasten- oder Schalenpflanzen. Mit der Vielfalt an Rottönen bereichern sie jeden Balkon. Sie brauchen wenig Pflege und lassen sich auch mehrere Jahre hintereinander immer wieder verwenden. Durch ihre fleischigen Stiele und Blätter können diese Blumen auch längere Zeit ohne Gießen auskommen – dann allerdings gehen die Blüten zurück. Bei den als Balkonpflanzen im Handel erhältlichen Sorten unterscheidet man zwischen stehenden und hängenden Pelargonien, so der botanische Fachbegriff. Geranien mögen es sehr gerne warm und sonnig.

Tipps und Tricks

- Wenn man die verwelkten Blüten abknipst, treiben Geranien schneller wieder aus.

- Geranien kann man prima überwintern. Dazu nur den Blumenkasten im Herbst an Jungfrautagen in einen kühlen, nicht zu hellen Raum (Hausflur oder Gartenschuppen) stellen. Im Frühjahr dann entweder an Jungfrau umtopfen oder nur neuen Kompost auflegen und wieder anfangen zu gießen. Immer mehr an die Sonne gewöhnen, tagsüber auch schon mal rausstellen, aber immer vor Frost schützen. Nach den Eisheiligen Mitte Mai ins Freie stellen und nur an Wassertagen Krebs, Skorpion, Fische gießen.

MARGERITE

Margeriten gehören zu den Chrysanthemenarten und sind sehr beliebte Staudenpflanzen für Balkon und Garten. Nach zwei bis drei Jahren kann man die Stauden teilen. Es gibt Margeriten als Wiesenblumen, Balkonpflanzen, Stauden oder als Zierbäumchen. Hier gilt: Je verzüchteter, desto anfälliger.

Tipps und Tricks

- Margeriten sind anfällig bei Frost. Darum sollte man ihnen im Garten oder in großen Kübeln einen Winterschutz aus locker aufgelegtem Tannenreisig geben.

PETUNIEN

Die Petunien sind ebenfalls Klassiker für die Balkon und Terrassenbepflanzung. Zum einen ist ihre reiche Farbpalette – von Rot über Lila bis hin zu Weiß, gestreift und mehrfarbig – ein Grund für die ungebrochene Liebe zu diesen Pflanzen; zum anderen sorgen sie dafür, dass Schädlinge Ihre Pflanzen in Ruhe lassen. Ihr Duft und ihre klebrige Oberfläche verleiden den meisten Läusen und anderen Tieren die Lust an Ihren schönen Pflanzen.

In guter Nachbarschaft

- *Petunien vertragen sich gut mit:* Geranien, Myrrhe.

Tipps und Tricks

- Hängepetunien sind ideal für eine überquellende Balkonbepflanzung und für Blumenampeln.

- Wenn man nach der ersten Blüte die Pflanzen zurück schneidet, hat man schon vierzehn Tage später wieder ein buschiges Wachstum und neue Blüten.

RINGELBLUME

Die Ringelblume ist ein Muss in jedem Garten. Sie ist eine wunderbare Naturmedizin und kann für Umschläge, Tinkturen und Salben verwendet werden. Zugleich aber hilft sie auch dabei, Schädlinge abzuwehren und das Klima in Ihrem Garten harmonisch zu gestalten.

In der Regel sucht sich die Ringelblume ihren Platz von alleine – und wenn sie nicht zu stark wuchert, sollten Sie sie auch dort belassen.

Tipps und Tricks

- Ringelblumentee ist ein Segen für alle Menschen, aber besonders für Frauen. Viele könnten sich manches Leiden ersparen, wenn sie öfters zu diesem Elixier greifen würden.

- Wenn Sie einen Obstbaum oder einen Strauch gepflanzt haben, können Sie eine Ringelblume dazu setzen. Sie wird Ihrem neuen Gartenmitglied das Anwachsen erleichtern und es stärken. Dazu kann man eine Pflanze ausbuddeln und sie einfach neben den Baum oder den Strauch setzen, noch kurz angießen, fertig.

RITTERSPORN

Die leuchtend blauen Blüten des Rittersporns sind auffällig und prägen viele Gärten. Wer sich einen Rittersporn pflanzt, sollte ihm Platz geben, um sich auszubreiten. Einmal im Garten heimisch, kommt er jedes Jahr wieder – und das immer kräftiger und üppiger. Wer es lieber etwas kleiner mag, kann beim Gärtner auch Elfen- und andere Spornarten kaufen. Auch sie blühen viele Wochen und eignen sich hervorragend für Balkon und Terrasse. Allerdings sind viele davon nur einjährig und überleben die Winter nicht.

In guter Nachbarschaft

- *Rittersporn verträgt sich gut mit:* anderen Stauden, wenn ausreichend Platz dazwischen ist, zum Besipiel Lavendel, Sonnenhut.

- *Rittersporn gedeiht nicht gut in der Nachbarschaft von:* Nutzpflanzen, da er sich sehr ausbreitet und auch dem Boden wertvolle Mineralien entzieht.

Tipps und Tricks

- Im April sollte man die Pflanzen anbinden. Nach der Blüte kann man die Pflanze bis auf zehn Zentimeter über dem Boden abschneiden, so dass von August bis Oktober eine zweite Blüte erscheint. Alle Stängel schneidet man im Herbst in Bodenhöhe ab.

ROSEN

In unzähligen Variationen, Farben und Duftrichtungen gibt es die Rose. Als Kletterrose, Buschrose, Rosenstrauch oder Rosenstock. Fühlt sie sich wohl in Ihrem Garten, dann blüht sie üppig vom Sommer bis in den Herbst hinein.

In guter Nachbarschaft

- *Rosen vertragen sich gut mit:* Erdbeeren, Lavendel, Vergissmeinnicht.

- *Rosen gedeihen nicht gut in der Nachbarschaft von:* anderen Sträuchern und Büschen.

Tipps und Tricks

- Rosen gelten immer noch als sehr anfällig für Schädlinge. Dabei gilt auch hier: Einfach nicht gießen. Und sollten doch einmal Blattläuse Ihre Rosen heimsuchen, dann helfen am besten ein paar Marienkäfer oder eine Gießkanne voller Brennnesseljauche (dazu Brennnesseln vierundzwanzig Stunden im Gießwasser einweichen).

- Rosen brauchen Platz für sich. Sie eignen sich hervorragend für Mauern oder Lauben, da sie sich dort gerne anlehnen.

SONNENBLUME

Kinder haben viel Spaß daran, eine Sonnenblume zu pflanzen und ihr beim Wachsen zuzuschauen. Die Samen kann man früh setzen, oft werden aus verstreutem Vogelfutter im Frühling Triebe. Auch wenn die Sonnenblume große Hitze verträgt, so mag sie doch auch Feuchtigkeit. Sie hat daher gerne einen schattigen Fuß bzw. zarte Bodenpflänzchen wie Vergissmeinnicht.

In guter Nachbarschaft

- *Sonnenblumen vertragen sich gut mit:* Rittersporn, Dahlien, Gänseblümchen, Astern. Auch mit vielen Gemüsepflanzen, aber Sonnenblumen brauchen viel Energie und das geht manchmal auf Kosten des Gemüses.

- *Sonnenblumen gedeihen nicht gut in der Nachbarschaft von:* Lauch, Zwiebeln.

Tipps und Tricks

- Sonnenblumen sollten nicht zu dicht aufeinander wachsen. Die jungen Triebe versuchen sonst zu sehr, in die Höhe zu schießen und die Stiele sind dann oft nicht kräftig genug, um einem Windstoß Stand zu halten.

SONNENHUT

Der üppige Sonnenhut mit seinen gelben Blüten und der dunklen Mitte ist eine sehr beliebte Staudenpflanze. Und das heißt: Er braucht sehr viel Platz und sollte nicht zu nahe an Nutzpflanzen stehen. Auch ist er nicht ganz ungiftig, weshalb man ihn nicht unbedingt dahin pflanzen sollte, wo Kinder immer wieder spielen oder sich verstecken.

In guter Nachbarschaft

- *Sonnenhut verträgt sich gut mit:* anderen Stauden, wenn ausreichend Platz dazwischen ist, zum Beispiel Rittersporn.

- *Sonnenhut gedeiht nicht gut in der Nachbarschaft von:* Nutzpflanzen, da er sich sehr ausbreitet und dem Boden wertvolle Mineralien entzieht.

TAGETES

Wer Tagetes in seinem Garten hat, kann sich freuen. Man kann die Pflanzen immer wieder ganz unproblematisch teilen, wenn man sie noch an einem anderen Ort vermisst. Einfach vorsichtig an den Wurzeln abtrennen und neu einpflanzen. Sie sind ideal, um Schädlingen wie Wühlmäusen die Lust auf Wurzeln zu verderben.

In guter Nachbarschaft

- *Tagetes vertragen sich gut mit:* fast allen Pflanzen, besonders wenn die Wurzeln von Schädlingen bedroht sind, so zum Beispiel häufig bei Obstbäumen etc.

TULPEN

Tulpen sind Zwiebelpflanzen, die in Gärten auch mehrere Jahre wachsen können. Sie blühen ab März und sind kleine Frühlingsboten, die neben Krokussen und Schneeglöckchen, für die ersten bunten Farbtupfen im Garten oder auf dem Balkon sorgen.

Es gibt sie in verschiedenen Formen und Farben. Sowohl Zwiebeln als auch erste Triebe im Frühjahr können Sie in Gärtnereien kaufen. Tulpen selbst gehören zu den Liliengewächsen. Da ihre Zwiebel Stoffe an den Boden abgibt, sollte sie allenfalls am Beetrand, nie zwischen Nutzpflanzen gesetzt werden.

In guter Nachbarschaft

- *Tulpen vertragen sich gut mit:* Gänseblümchen, Astern.

- *Tulpen gedeihen nicht gut in der Nachbarschaft von:* Zwiebeln, Lauch, Knoblauch.

Tipps und Tricks

- Tulpen sollten nie mit anderen Zwiebelpflanzen zusammen gepflanzt werden. In gehäufter Form schaden sie dem Boden. Ganz Allgemein gilt, dass weder unsere Speisezwiebel noch Krokusse in Mengen gepflanzt dem Boden gut tun. Die Tulpenzwiebel im Speziellen gibt einige Stoffe an den Boden ab, die für Nutzpflanzen störend sind.

- Tulpen gehören auch nicht in Beete oder Bereiche, die öfter einmal umgegraben werden. Die Zwiebeln stören bei den Grabarbeiten und werden schnell beschädigt.

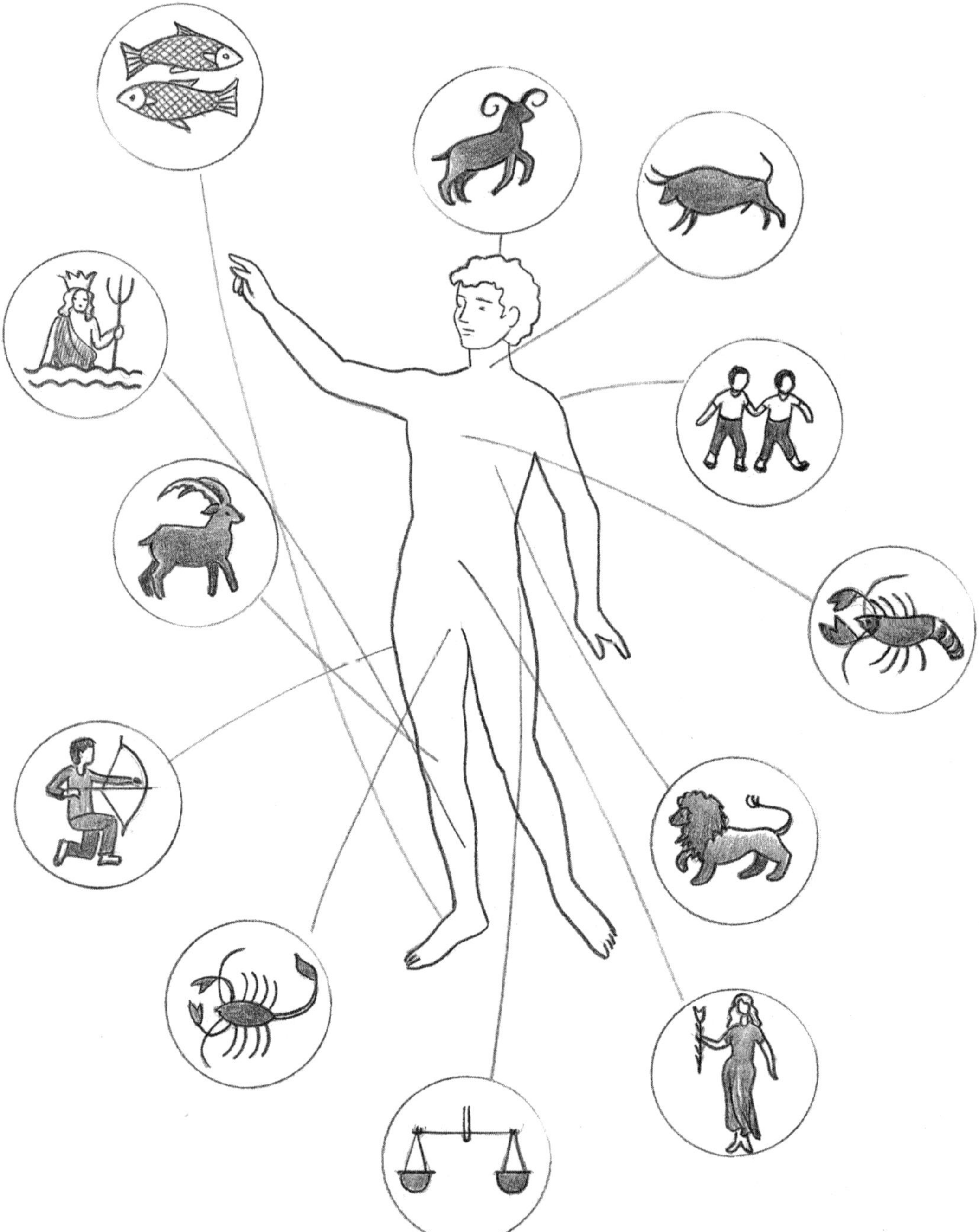

III. Teil
Der richtige Zeitpunkt in den Tierkreiszeichen

Das wissen Sie nun: Jedes Tierkreiszeichen wirkt mit seinen Impulsen auf einen anderen Teil einer Pflanze – auf Wurzel, Blatt, Frucht oder Blüte. Mit der Berücksichtigung der günstigsten Zeiten für die jeweilige Arbeit in Garten und Feld gehen Sie vielen negativen Einflüssen aus dem Weg und das gute Gelingen wird zur Quelle der Freude. Auf den folgenden Seiten haben wir noch einmal zusammengefasst, wie Sie besonders den Mondstand im Tierkreis nützen können, um erfolgreich zu garteln. Das erleichtert die Aufstellung eines Monats- oder Jahresgartenplanes, der sich im Laufe der Zeit als unentbehrlich erweisen wird.

WIDDER

Fruchttag
Im abnehmenden Mond von April bis Oktober
Im zunehmenden Mond von Oktober bis April

Widdertage sind Fruchttage mit aufsteigender Kraft. Wenn der Mond im Tierkreiszeichen Widder steht (ebenso in Löwe und Schütze), herrschen »Wärmetage«. Oftmals sind das schöne Ausflugstage, die auch dann als angenehm empfunden werden, wenn der Himmel bewölkt ist. Manchmal kann man am Verhalten der Verkehrsteilnehmer ablesen, dass Widder herrscht. Es wäre jedenfalls weise, an Widder mit einem größerem Vorrat an Geduld aus dem Haus zu gehen.

Sehr günstig

- Veredeln von Obstbäumen (bei zunehmendem Mond)
- Ernten und einlagern von Getreide
- Säen und pflanzen von allem, was rasch wachsen soll und zur sofortigen Verwendung bestimmt ist
- Pikieren von Frucht tragenden Pflanzen (bei zunehmendem Mond)
- Pflanzen, setzen und säen von unterirdisch gedeihenden Pflanzen (bei abnehmendem Mond)
- Einkochen von Früchten und Gemüse (bei abnehmendem Mond)

Günstig

- Setzen und säen von Frucht tragenden Bäumen und Sträuchern
- Schneiden von Obstgehölzen (bei abnehmendem Mond)
- Düngen von Getreide, Gemüse und Obst (unbedingt bei abnehmendem Mond oder kurz nach Vollmond, April bis September)
- Aufrichten von Gartenhäuschen (bei abnehmendem Mond)
- Malerarbeiten im Freien (bei abnehmendem Mond)
- Anbauen von Getreide (bei zunehmendem Mond)
- Pfosten und Zaun setzen (bei abnehmendem Mond)

STIER

Wurzeltag
Im abnehmenden Mond von Mai bis November
Im zunehmenden Mond von November bis Mai

Stiertage sind Wurzeltage mit aufsteigender Kraft. Die Tagesqualität ist kühl, erdig und fast greifbar »realistisch«. Auch wer sonst nicht sonderlich um seine materielle Sicherheit besorgt ist, könnte in den Stiertagen schon eher einmal inspiriert sein, an einem soliden, materiellen Lebensfundament zu bauen. Gedanken und Reaktionen werden behäbiger, beharrlich zu sein fällt etwas leichter. Eigentlich ideal für etwas schwierigere Arbeiten im Garten, die Durchhaltevermögen erfordern.

Sehr günstig

- Säen und pflanzen von Bäumen, Büschen, Hecken (bei zunehmendem Mond) und Wurzelgemüse (bei abnehmendem Mond). Alles wächst kräftig und langsam, wird robust und dauerhaft
- Erntefrüchte sind meist gut zur Vorratshaltung geeignet

Günstig

- Konservieren und einkellern von Wurzelgemüse, zum Beispiel Kartoffeln, Karotten usw.
- Ansetzen eines Mist- oder Komposthaufens (bei abnehmendem Mond, Mai bis Oktober)
- Gelegentlich düngen bei Blumen mit schwacher Wurzelbildung
- Abwehr von Ungeziefer, das in der Erde vorkommt
- Aufrichten von Gartenhäuschen (bei abnehmendem Mond)
- Malerarbeiten im Freien (bei abnehmendem Mond)
- Pfosten und Zaun setzen (bei abnehmendem Mond)

ZWILLINGE

Blütentag
Im abnehmenden Mond von Juni bis Dezember
Im zunehmenden Mond von Dezember bis Juni

Zwillingetage sind Blütentage und Knotenpunkt zwischen auf- und absteigender Kraft. Licht- oder Lufttage herrschen, wenn der Mond in Zwillinge, Waage oder Wassermann steht. Die Erde und die Pflanzen holen sich in dieser Zeit mehr Licht als sonst.

Sehr günstig

- Setzen, pflanzen und säen von allem, was ranken soll

Günstig

- Blumen setzen und säen
- Abwehr von Schädlingen
- Gelegentlich düngen bei Blumen, die nicht mehr recht blühen wollen, jedoch nicht zu oft, weil sonst die Gefahr von Läusebefall droht.
- Aufrichten von Gartenhäuschen (bei abnehmendem Mond)
- Malerarbeiten im Freien (bei abnehmendem Mond)
- Pfosten und Zaun setzen (bei abnehmendem Mond)

Ungünstig

- Gießen von Zimmer- und Kübelpflanzen

KREBS

Blatttag
Im abnehmenden Mond von Juli bis Januar
Im zunehmenden Mond von Januar bis Juli

Krebstage sind Blatttage mit absteigender Kraft. Die Feuchte- oder Wassertage Krebs, Skorpion, Fische lassen die Erde selten ganz austrocknen. Auch die Neigung zu Niederschlägen ist größer. Wenn Sie vorhaben, sich zum Picknick auf die Erde niederzulassen, gehen Sie nicht ohne Decke aus dem Haus und vergessen Sie auch nicht Regenkleidung oder Regenschirm.

Sehr günstig

- Setzen und säen von Blattgemüse
- Pflanzen, setzen und säen von Kopfsalat und anderen, zum Schießen neigenden Pflanzen (bei abnehmendem Mond)

- Abwehr von oberirdischen Schädlingen
- Pikieren von Pflanzen, die reiches Blattwerk tragen sollen (bei zunehmendem Mond)

Günstig

- Rasen mähen (bei zunehmendem Mond noch besser)
- Gießen von Zimmer- und Kübelpflanzen
- Blumen düngen
- Quellen fassen und Brunnensuche (bei zunehmendem Mond)

Ungünstig

- Pflanzen setzen und säen, die in die Höhe wachsen sollen
- Schneiden von Obstgehölzen (bei zunehmendem Mond, besonders im Frühjahr. Krebs im Vollmond ist besonders ungünstig!)
- Einkellern, lagern und konservieren ist ebenfalls ungünstig
- Aufrichten von Gartenhäuschen
- Malerarbeiten im Freien
- Pfosten und Zaun setzen (bei abnehmendem Mond)

LÖWE

Fruchttag
Im abnehmenden Mond von August bis Februar
Im zunehmenden Mond von Februar bis August

Löwetage sind Fruchttage mit absteigender Kraft. Löwe ist das »feurigste«, austrocknendste Zeichen im ganzen Tierkreis. An Löwe besteht manchmal im Sommer die Gefahr schnell heraufziehender Gewitter, die besonders nach längeren Hitzeperioden schlimme Folgen haben können (Hagelschlag!). Auch an Löwe liegt viel Ungeduld in der Luft, aber wenn Sie das bei Ihrem Tun berücksichtigen, können Sie Ärger aus dem Weg gehen.

Sehr günstig

- Sammeln von herzstärkenden Kräutern
- Schneiden von Obstgehölzen (bei abnehmendem Mond, für den Winterschnitt geeignete Tage)
- Bester Tag zum Getreideanbau (bei zunehmendem Mond) auf feuchten Äckern!
- Pikieren von Frucht tragenden Pflanzen (bei zunehmendem Mond)
- Pflanzen, setzen und säen von unterirdisch gedeihenden Pflanzen (bei abnehmendem Mond)
- Einkochen von Früchten und Gemüse (bei abnehmendem Mond)

Günstig

- Rasen ansäen (bei zunehmendem Mond)
- Setzen und säen von Frucht tragenden Bäumen und Sträuchern, jedoch nichts, was viel Wasser braucht (Tomaten)
- Setzen von leicht verderblichem Gemüse
- Setzen von Bäumen und Sträuchern
- Veredeln von Obstbäumen (bei zunehmendem Mond im Frühjahr)
- Pfosten und Zaun setzen (bei abnehmendem Mond)

Ungünstig

- Verwenden von Kunstdünger
- Unkraut jäten
- Sauerkraut einhobeln (trocknet aus)
- Aufrichten von Gartenhäuschen
- Malerarbeiten im Freien

JUNGFRAU

Wurzeltag
Im abnehmenden Mond von September bis März
Im zunehmenden Mond von März bis September

Jungfrautage sind Wurzeltage mit absteigender Kraft. Sie sind die besten Tage für fast alle Arbeiten in Garten, Feld und Wald, die mit setzen, umsetzen und neu pflanzen zu tun haben. Stier, Jungfrau und Steinbock bringen Kältetage. Auch wenn das Thermometer höhere Temperaturen anzeigt, fühlt sich die Erde kühl an und manchmal bekommt man schon bei der kleinsten Schäfchenwolke eine Gänsehaut. Besonders bei bedecktem Himmel wirkt der Boden kühl, die Gefahr von Erkältungen ist größer.

Sehr günstig

- Alle Setz-, Pflanz- und Säarbeiten. Die Erde lässt alles schön aufgehen
- Pflanzen von Einzelbäumen, die sehr hoch werden sollen
- Pflanzen von Sträuchern und Hecken, die schnell wachsen sollen
- Verpflanzen alter Bäume (Frühjahr oder Herbst)
- Umtopfen und neu einsetzen von Kübel- und Zimmerpflanzen
- Ansäen von Rasen (bei zunehmendem Mond)
- Setzen von Stecklingen (bei zunehmendem Mond, im Herbst bei abnehmendem Mond)

Günstig

- Ansetzen eines Mist- oder Komposthaufens (bei abnehmendem Mond)
- Jede Art von Düngung
- Abwehr von Ungeziefer, das in der Erde vorkommt
- Gelegentlich düngen bei Blumen mit schwacher Wurzelbildung
- Zaunsäulen setzen (bei abnehmendem Mond!)
- Mist ausfahren (bei abnehmendem Mond)

- Aufrichten von Gartenhäuschen (bei abnehmendem Mond)
- Malerarbeiten im Freien (bei abnehmendem Mond)
- Pfosten und Zaun setzen (bei abnehmendem Mond)

Ungünstig

- Kopfsalat pflanzen (schießt ins Kraut)
- Einmachen, einkochen und lagern

WAAGE

Blütentag
Im abnehmenden Mond von Oktober bis April
Im zunehmenden Mond von April bis Oktober

Waagetage sind Blütentage mit absteigender Kraft. Es ist ein neutrales Zeichen, kaum eine Arbeit im Garten wirkt sich an diesem Tag besonders ungünstig oder besonders positiv aus. Die Waagetage veranlassen oft zu der Frage: »Welches Zeichen herrscht eigentlich heute?« – auch bei Menschen, deren Gespür für die Einflüsse der zwölf Mondimpulse gut entwickelt ist. Die Waage-Energie ist so neutral ausgleichend und manchmal federleicht, dass sie eben kein deutliches Zeichen gibt.

Günstig

- Säen und setzen von Blumen und Blütenheilkräutern
- Gelegentlich düngen bei Blumen, die nicht mehr recht blühen wollen
- Aufrichten von Gartenhäuschen (bei abnehmendem Mond)
- Malerarbeiten im Freien (bei abnehmendem Mond)
- Pfosten und Zaun setzen (bei abnehmendem Mond)

Ungünstig

- Gießen von Zimmer- und Kübelpflanzen

SKORPION

Blatttag
Im abnehmenden Mond von November bis Mai
Im zunehmenden Mond von Mai bis November

Skorpiontage sind Blatttage mit absteigender Kraft. Die Tagesqualität ist feucht-kühl. Die geistigen und seelischen Energien gehen eher in die Tiefe, wecken seltsame Ahnungen und lenken Gefühle in bisher verborgene Richtungen.

Sehr günstig

- Säen, setzen, auch ernten und trocknen von jeder Art von Heilkräutern
- Pflanzen, setzen und säen von Kopfsalat und anderen, zum Schießen neigenden Pflanzen (bei abnehmendem Mond)
- Schnecken abwehren (bei zunehmendem Mond)
- Pikieren von Pflanzen, die reiches Blattwerk tragen sollen (bei zunehmendem Mond)

Günstig

- Setzen und säen von Blattgemüse
- Rasen mähen
- Gießen von Zimmer- und Kübelpflanzen
- Düngen von Blumen und Wiesen (nicht so gut für Gemüse)
- Pfosten und Zaun setzen (bei abnehmendem Mond)
- Quellen fassen und Brunnensuche (bei zunehmendem Mond)

Ungünstig

- Schneiden von Obstgehölzen (bei zunehmendem Mond, besonders im Frühjahr)
- Bäume fällen (Borkenkäfergefahr!)
- Malerarbeiten im Freien

SCHÜTZE

Fruchttag
Im abnehmenden Mond von Dezember bis Juni
Im zunehmenden Mond von Juni bis Dezember

Schützetage sind Fruchttage und Knotenpunkt zwischen auf- und absteigender Kraft. Die Schützeenergie macht großzügig und lädt zu manchmal unbedachten Schritten ein. Die Tagesqualität ist trocken-warm, manchmal sind Schützetage schöne Ausflugstage. Mit Einschränkungen allerdings: An Schützetagen melden sich häufig Ischiasnerv, Venen und Oberschenkel. Oft schmerzt auch noch das Kreuz bis zu den Oberschenkeln, weil obendrein an Schütze, ähnlich wie an Zwillinge, das Wetter gerne umschlägt.

Sehr günstig

- Setzen und säen von Frucht tragenden Bäumen und Sträuchern und hochwachsendem Gemüse (Stangenbohnen, Hopfen usw.)
- Pikieren von Frucht tragenden Pflanzen (bei zunehmendem Mond)
- Pflanzen, setzen und säen von unterirdisch gedeihenden Pflanzen (bei abnehmendem Mond)
- Einkochen von Früchten und Gemüse (bei abnehmendem Mond)

Günstig

- Schneiden von Obstgehölzen (bei abnehmendem Mond im Frühjahr)
- Getreideanbau
- Düngen von Getreide, Gemüse und Obst im Frühjahr (unbedingt bei abnehmendem Mond oder kurz nach Vollmond!)
- Abwehr oberirdischer Schädlinge
- Malerarbeiten im Freien (bei abnehmendem Mond)

Ungünstig

- Hacken und jäten (Unkraut schießt gerne)

- Aufrichten von Gartenhäuschen (bei abnehmendem Mond)
- Salat setzen (schießt ebenfalls leicht)
- Pfosten und Zaun setzen

STEINBOCK

Wurzeltag
Im abnehmenden Mond von Januar bis Juli
Im zunehmenden Mond von Juli bis Januar

Steinbocktage sind Wurzeltage mit aufsteigender Kraft. Die Tagesqualität ist erdig-kühl, selbst an heißen Sommertagen in Steinbock wird die Hitze oftmals als nicht unangenehm empfunden und im Schatten kühlt man schneller ab. Die Energie dieser Tage lädt zu beharrlicher, ernsthafter Arbeit bei klarem Kopf ein. Der Erfolg der Arbeit ist dauerhaft und durchschlagkräftig.

Sehr günstig

- Unkraut jäten (bei abnehmendem Mond)
- Gartenwege anlegen (bei abnehmendem Mond)
- Pfosten und Zaun setzen (bei abnehmendem Mond)
- Aufrichten von Gartenhäuschen (bei abnehmendem Mond)

Günstig

- Pflanzen, setzen und säen von Wurzel- und Wintergemüse
- Roden, auslichten von Pflanzen, Waldrändern, Hecken (bei abnehmendem Mond)
- Ansetzen eines Mist- oder eines Komposthaufens (bei abnehmendem Mond)
- Abwehr von Ungeziefer, das in der Erde vorkommt
- Gelegentlich düngen bei Blumen mit schwacher Wurzelbildung

- Konservieren und Einkellern von Wurzelgemüse (etwa Sauerkraut einhobeln, bei abnehmendem Mond. Bei zunehmendem Mond verläuft der Gärungsprozess zu schnell)
- Malerarbeiten im Freien (bei abnehmendem Mond)

WASSERMANN

Blütentag
Im abnehmenden Mond von Februar bis August
Im zunehmenden Mond von August bis Februar

Wassermanntage sind Blütentage mit aufsteigender Kraft. Sie sind für fast alle Gartenarbeiten eher untauglich, Sie sollten sich auf das Notwendigste beschränken. Wassermann ist in Garten, Feld und Wald ein eher unfruchtbares Zeichen. Die Tagesqualität der Wassermanntage ist luftig-hell, der Geist bewegt sich ein wenig sprunghaft. Intuitive Gedanken kommen besser zum Zug, jede Form der Abhängigkeit wird weniger bereitwillig geduldet als sonst.

Günstig

- Aufhacken zum Jäten, Unkraut kann zur Verrottung liegen bleiben
- Gelegentlich düngen bei Blumen, die nicht mehr recht blühen wollen (jedoch nicht oft wegen Gefahr von Läusebefall)
- Aufrichten von Gartenhäuschen (bei abnehmendem Mond)
- Malerarbeiten im Freien (bei abnehmendem Mond)

Ungünstig

- Pikieren generell
- Umtopfen und umsetzen
- Gießen von Zimmer- und Kübelpflanzen

FISCHE

Blatttag
Im abnehmenden Mond von März bis September
Im zunehmenden Mond von September bis März

Fischetage sind Blatttage mit aufsteigender Kraft. Alles an diesem Tage Geerntete sollte sofort verbraucht werden. Die Schwingungen der Fischetage lassen manchmal die Umrisse der Dinge verschwimmen, der Blick hinter die Kulissen der harten Wirklichkeit fällt leichter. So mancher feste Standpunkt hat sich schon an Fische gelockert. Andererseits macht es Fische manchmal schwerer, Willensstärke zu zeigen.

Die Tagesqualität der Fischetage ist feucht-kühl. Wer an freundlichen Fischetagen einen Ausflug plant, sollte Regenzeug nicht vergessen und sich nicht auf den Boden setzen. Die Erde trocknet nicht vollständig ab.

Sehr günstig

- Quellen fassen und Brunnensuche (bei zunehmendem Mond)
- Pikieren von Pflanzen, die reiches Blattwerk tragen sollen (bei zunehmendem Mond)
- Pflanzen, setzen und säen von Kopfsalat und anderen, zum Schießen neigenden Pflanzen (bei abnehmendem Mond)

Günstig

- Setzen und säen von Blattgemüse
- Gießen von Zimmer- und Kübelpflanzen
- Rasen mähen
- Blumen düngen
- Kartoffeln setzen bei abnehmendem Mond. Besonders gut, wenn Fische auf den dritten Tag nach Vollmond fällt
- Aufrichten von Gartenhäuschen (bei abnehmendem Mond)
- Pfosten und Zaun setzen (bei abnehmendem Mond)

Ungünstig

- Schneiden von Obstgehölzen (bei zunehmendem Mond, besonders im Frühjahr)
- Konservieren, einkellern und lagern. Ernten nur zum sofortigen Gebrauch
- Malerarbeiten im Freien

Die Pflanze gleicht den eigensinnigen Menschen, von denen man alles erhalten kann, wenn man sie nach ihrer Art behandelt. Ein ruhiger Blick, eine stille Konsequenz, in jeder Jahreszeit, in jeder Stunde das ganz Gehörige zu tun, wird vielleicht von niemand mehr als vom Gärtner verlangt.

Johann Wolfgang von Goethe

Ein Nachwort – nicht nur für Gartenbesitzer

Unser kleiner Planet, die Erde, ist von Anfang an gedacht als Paradies für uns Menschen. Als Ort der Kraft und Lebensfreude, des fröhlichen Miteinanders während einer Reise in die gute Zukunft – als blaugrün leuchtender Edelstein im Weltall, als lebendiges Raumschiff für Menschen, Tiere, Pflanzen, das unter vollen Segeln am sinnvollen Tanz des Universums teilnimmt.

Weil die Wirklichkeit nicht so aussieht – *noch* nicht, hilft Ihnen dieses Buch, Ihr ganz persönliches Paradies zu schaffen und mitzugestalten. Auch wenn wenig dafür, vieles dagegen spricht: *Es ist möglich!* Sie haben die Wahl, und zwar immer und zu jedem Zeitpunkt Ihres Lebens.

Sie sehnen sich nach der Frische von Kräutern und Gemüse, unbelastet von Giften und Dünger, trauen sich aber nicht den nötigen »grünen Daumen« zu? Hoffentlich haben wir Ihnen gezeigt, dass jeder diesen sprichwörtlichen Daumen an beiden Händen trägt, denn nichts in der Gartenkunst ist kompliziert oder schwer zu durchschauen. Wer diesen Eindruck erweckt, ist ein Taschenspieler, der Sie blenden möchte, aus welchen Gründen auch immer.

Selbst wenn Sie nur einen kleinen Garten Ihr Eigen nennen, ja selbst wenn Sie nur einen Balkon »betreuen« oder in Ihrer Wohnung eine Fläche, die für ein paar Blumen- oder Kräutertöpfe ausreicht, selbst dann kann Ihnen dieses Buch hilfreich zur Seite stehen, um ein Stück Paradies zu schaffen, das nicht nur Ihnen und Ihrer Familie Freude macht, sondern buchstäblich allen Menschen. Denn alle vorgestellten Schlüssel und Tipps und Hinweise haben auch für Terrasse, Balkon und Blumenfenster Gültigkeit. Der kleine Unterschied ist nur: Gießen *müssen* Sie, aber nur an Blatttagen, zum

Umgewöhnen vielleicht zusätzlich an Wurzeltagen. Nur wenn eine Pflanze zu nahe an der Zentralheizung steht, dann braucht sie etwas mehr Wasser. Das ist aber auch schon der einzige Unterschied zu den Pflanzen im Garten.

Vergessen Sie nicht den ersten Schlüssel zum lebendigen Garten: Jede noch so kleine unscheinbare Tat, jede mit Freude statt mit Apathie oder Leid verbrachte Minute zählt – und zwar für alles und jeden auf diesem kleinen Raumschiff Erde.

Alles ist miteinander verbunden, wie das Blut, das eine Familie vereint. Alles ist verbunden. Was die Erde befällt, befällt auch die Söhne der Erde. Der Mensch schuf nicht das Gewebe des Lebens, er ist darin nur eine Faser. Was immer Ihr dem Gewebe antut, das tut Ihr Euch selber an. Nein, Tag und Nacht können nicht zusammenleben. Unsere Toten leben fort in den süßen Flüssen der Erde, kehren wieder mit des Frühlings leisem Schritt, und es ist ihre Seele im Wind, der die Oberfläche der Teiche kräuselt.

Eines wissen wir, was der weiße Mann vielleicht eines Tages erst entdeckt – unser Gott ist derselbe Gott. Ihr denkt vielleicht, dass Ihr ihn besitzt – so wie Ihr unser Land zu besitzen trachtet – aber das könnt Ihr nicht. Er ist der Gott der Menschen – gleichermaßen der Roten und der Weißen. Dieses Land ist ihm wertvoll – und die Erde verletzen heißt ihren Schöpfer verachten.

Wenn der letzte rote Mann von dieser Erde gewichen ist und sein Gedächtnis nur noch der Schatten einer Wolke über der Prärie, wird immer noch der Geist meiner Väter in diesen Ufern und diesen Wäldern lebendig sein. Denn sie liebten diese Erde, wie das Neugeborene den Herzschlag seiner Mutter. Wenn wir Euch unser Land verkaufen, liebt es, so wie wir es liebten, kümmert Euch, so wie wir uns kümmerten, behaltet die Erinnerung an das Land, so wie es ist, wenn Ihr es nehmt. Und mit all Eurer Stärke, Eurem Geist, Eurem Herzen, erhaltet es für Eure Kinder und liebt es – so wie Gott uns alle liebt.

Denn eines wissen wir – unser Gott ist derselbe Gott. Diese Erde ist ihm heilig. Selbst der weiße Mann kann der gemeinsamen Bestimmung nicht entgehen. Vielleicht sind wir doch – Brüder. Wir werden sehen.

Aus der Rede des Häuptlings Seattle
an den Präsidenten der Vereinigten Staaten von Amerika
im Jahre 1855

Anhang

Neues aus der Paungger-Poppe-Werkstatt

Zuerst eine Danksagung: Im Herbst 1991 erschien unser erstes Buch *Vom richtigen Zeitpunkt* – das Buch, das der Wiederentdeckung des Wissens um die Mondrhythmen den Weg ebnete, in zwanzig Sprachen übersetzt wurde und bis heute in den Bestsellerlisten zu finden ist.

Ein herzlicher Dank an Sie,
liebe Leserinnen und Leser!

Das beste Buch nützt nämlich nichts, wenn es niemand liest. Wir gaben und geben zwar unser Bestes, aber wenn unsere Arbeit bei Ihnen kein Gehör findet und auf fruchtbaren Boden fällt, dann haben wir keinen Grund zum Feiern. Und deshalb unser Versprechen, auch in Zukunft für Sie da zu sein mit dem, was wir am besten können: Aufrichtige Information über in Vergessenheit geratene Zusammenhänge in der Natur.

Neues vom Mond-Versand

Das große positive Echo, das unser kleiner Versand mit Produkten »vom richtigen Zeitpunkt« gefunden hat, ermutigt uns tagtäglich. Warum haben wir uns das eigentlich »angetan«, wollte kürzlich ein Journalist wissen? Nun, daran sind unsere Leserinnen und Leser schuld. Über die Jahre haben wir zahllose Briefe erhalten, die so oder so ähnlich lauteten: »Schön und gut, aber woher bekomme ich die Kosmetik, die zum richtigen Zeitpunkt hergestellt ist, das Holz, das nicht schwindet, dies und das, auf dessen Qualität ich mich verlassen kann?« Darauf wollten wir eine Antwort geben, denn als Pioniere haben wir Erfahrung.

Der ganze Mondversand zieht an einem Strang. Erstens wollen wir zeigen, dass unsere Vorfahren keine Narren waren in ihrer Achtsamkeit auf den Lauf des Mondes und auf die Gesetze, die den »richtigen Zeitpunkt« bestimmen. Die Zukunft zwingt uns, wieder auf natürliche, umweltschonende und damit menschenwürdige Methoden der Herstellung von Gebrauchsgegenständen zurückzugreifen. Wir tun es schon jetzt. Zweitens bemühen wir uns alle zusammen, Fairness walten zu lassen – faire Herstellung ohne Ausbeutung von Mensch und Natur, faires Miteinander im Handel. Wir fördern ehrliche Arbeit und altes Handwerk. Immer mehr Menschen sollen verstehen: Durch Spekulation verdientes Geld ist menschenunwürdig und im wahrsten Sinne umweltschädlich. Nur echtes Miteinander löst alle Probleme. Das Gegeneinander in der Welt dient bestimmten Interessen. Es sind niemals Ihre und unsere Interessen – und auch nicht die Interessen unserer Kinder.

Es hat sich viel getan seit der Gründung: Wir können Ihnen heute die einzige *Pflege-Kosmetikserie* der Welt anbieten, die frisch nach Bestellung zum richtigen Zeitpunkt zubereitet wird – ohne Lagerhaltung. Körperpflege hat nichts mit Zuspachteln, Verdecken und Verbergen zu tun. Wir sollten der Haut mit natürlichen Produkten helfen, weil wir uns sonst der Allergien nicht mehr erwehren können. Chemisch-künstliche Produkte sind nicht der Teufel, den wir an die Wand malen, wir bekämpfen sie nicht, aber für den, der an ihnen leidet, für den muss es Alternativen geben. Eine Kosmetik herzustellen, die alle Funktionen der Haut unterstützt und sie nicht lahm legt, nicht ihre Aufgaben für kurze Zeit übernimmt und sie dann im Stich lässt – das war unser Traum. Man braucht nicht viel, die Haut soll schließlich nicht arbeitslos werden. Alles, was nicht gebraucht wird, verkümmert. Bei Mensch, Tier und Pflanze, bei Seele, Geist und Körper. Heute, nach vielen Jahren, nach genauesten Beobachtungen und mit dem Wissen von gesunder Konservierung, Farbenergie und der jahrtausendealten Pyramidenenergie können wir uns dieser Kosmetik erfreuen.

Unsere vier *Original Paungger-Poppe Mond-Kräutertees vom richtigen Zeitpunkt* haben eine kleine Odyssee hinter sich. Unser Verständnis und

Gefühl für echte Qualität wollten wir auf Dauer gewahrt wissen und mussten deshalb so manchen Kräuterproduzenten wechseln. Verbunden mit der Anwendung unserer Gewebestraff- und Entschlackungsöle sind diese Tees ein wunderbar leichter Weg, Ihrem Idealgewicht entgegenzugehen oder es mühelos zu halten.

Und was haben wir sonst noch Neues und Bewährtes zu bieten? Vom Energie Fußbalsam über Bio-Olivenöl, Holzpuzzles und Super-Salz aus Deutschland bis zu Kirschkernkissen *Vom richtigen Zeitpunkt* – es ist wirklich ein buntes Programm der Besonderheiten, die es in dieser Form nur bei uns gibt. Wir bemühen uns, nicht nur über zeitlos wertvolle Dinge, Gerätschaften und Werkzeuge zu schreiben, sondern sie Ihnen auch gleich anzubieten, wenn sie nirgends oder nur schwer zu bekommen sind – wie beispielsweise Gartengeräte aus Kupfer! Wenn Sie dieses Buch in Händen halten, sollte es uns gelungen sein, diese Geräte für Sie bereitzuhalten.

Der Mond im Internet

Den Erfolg der Übersetzung in zwanzig Sprachen haben wir zum Anlass genommen, Paungger-Poppe auch eine Adresse im *Internet* zu geben: www.paungger-poppe.com. Hier finden Sie unsere gelungene Homepage (ein Dank den Programmiererinnen!), erhalten Infos, Leseproben, Vortragstermine und können auch unsere Bücher, Kalender und Produkte direkt bestellen.

Alpha/Omega und Biorhythmus – unser Leserservice

Nach jahrelangen Vorbereitungen ist es uns jetzt auch möglich, einen weiteren wertvollen »Dienst am Leser« anzubieten: Anhand eines von uns ausgearbeiteten *Fragebogens*, den wir Ihnen kostenlos zuschicken, können wir für Sie ermitteln, welcher Ernährungstyp Sie sind. Und wie wertvoll auch die Kenntnis der persönlichen Biorhythmen ist, haben wir ausführlich in unserem Buch *Aus eigener Kraft* dargestellt, ebenso wie sie ihn mühelos selbst ausrechnen können. In diesem Zusammenhang möchten wir auch an dieser Stelle unseren erfolgreichen Service anbieten, Ihren persönlichen Biorhythmus mit integriertem Mondkalender auszurechnen. Sie erhalten ein handgemachtes DIN-A 4 Heft, das sich übrigens auch als wertvolles und wirklich individuelles Geschenk eignet! Hier die Einzelheiten:

Die »Mondwoche« – unser Gesundheitsseminar

Die Gesundheitswochen unter der persönlichen Leitung von Johanna Paungger-Poppe finden immer mehr Anklang. Drei paradiesische Orte in Deutschland und Österreich stehen Ihnen inzwischen zur Auswahl. Viele Leser und Freunde haben schon die Möglichkeit genützt, sich dort eine Woche lang gesund essen und gesund bewegen zu können. Es erwartet Sie ein individuell zugeschnittenes Programm, wo Sie Körper und Seele besser kennen lernen – ohne Zwang, ohne allzu straff durchorganisierten Zeitrahmen mit viel Zeit für Muße. Umgeben von Menschen, die Freunde der Menschen sind.

Zu verschiedenen Zeiten im Jahreslauf können Sie fünf Tage lang ein buntes Programm erleben, in dessen Mittelpunkt Ihre Gesundheit und entspanntes Lernen und Erfahren stehen. Gekocht wird vegetarisch und ohne tierisches Eiweiß – eine wahre Erholung für Stoffwechsel und Kreislauf, wie Sie am schwebeleichten Wohlgefühl, das sich schon nach kurzer Zeit einstellt, erkennen können. Die köstliche Vielfalt dieser Küche hat uns schon längst so überzeugt, dass wir auch zu Hause fast immer vegan kochen.

Wohlbefinden und Lebensfreude erleben Sie nicht nur in dieser einen Woche: Unser Ziel ist es, dass Sie vieles mit nach Hause nehmen und zur Grundlage einer gesünderen Lebensführung machen können. Eine unvergessliche Zeit, wie die Teilnehmer bezeugen. Insgesamt eine wunderbare Möglichkeit, das Mondwissen intensiv kennen zu lernen und alle nur denkbaren Fragen beantwortet zu finden – in Gesprächen und Vorträgen, auf Kräuterwanderungen und bei vielen anderen Gelegenheiten. Vielleicht finden Sie und Ihre Familienmitglieder und Freunde einmal Zeit für eine dieser Wochen. Wir würden uns freuen, Sie persönlich kennen zu lernen.

Wenn Sie interessiert sind, erhalten Sie alle aktuellen Informationen auf unserer Homepage oder schreiben Sie uns (Adresse siehe S. 357).

Über ein Jahrzehnt Paungger & Poppe – was bisher geschah ...

Umweltschutz, Heilkunde, naturgemäßer Hausbau, giftfreier Betrieb von Gartenbau und Landwirtschaft und viele weitere Tätigkeitsfelder waren früher ohne das Wissen um die Mond- und Naturrhythmen gar nicht denkbar. Sich an dieses Wissen zu erinnern gehört zu den wichtigsten Aufgaben von Morgen. Unsere Bücher, Kalender und Produkte sind unsere Art und Weise, diese Aufgabe zu erfüllen.

Hier unser Gesamtprogramm:

- *Die Mondgymnastik* (Goldmann Verlag). »Ich bin jetzt schon 81, aber seit ich die Mondgymnastik mache, musste ich nicht mehr zum Arzt« – »Noch nie ist es mir gelungen, eine Gymnastik oder körperliche Übungen regelmäßig zu machen, aber auf die fünf Minuten Mondgymnastik freut sich mein Körper jeden Morgen. Ich kann gar nicht mehr anders als mit ihr den Tag anzufangen.« Zwei Zitate aus Briefen, die uns von Lesern unseres Buches *Die Mondgymnastik* erreicht haben. Das Geheimnis dieser Gymnastik liegt im richtigen Zeitpunkt unseres Tuns. Dieses Buch weist einen einfachen und direkten Weg zur körperlichen Aufwärtsspirale. Ein gangbarer Weg, ein erfolgreicher Weg mit einfachsten Mitteln, für jedes Alter.

- *Alles erlaubt! Ernährung, Körperpflege, Schönheit – zum richtigen Zeitpunkt* (Goldmann Verlag). Das Buch gibt diesen wichtigen Bereichen unseres Alltags ein neues Fundament – jenseits des Diktats der Diätregeln und Kalorientabellen. Mit ausführlicher Alpha-Omega-Beratung!

- *Aus eigener Kraft* (Goldmann Verlag). Das Werk befasst sich gründlich mit dem Zusammenhang zwischen Mondphasen und Mondstand im Tierkreis und Wirkung und Erfolg vorbeugender und heilender Maßnahmen für Körper, Geist und Seele. Ein Gesundheitsbuch im wahrsten Sinne des Wortes!

- *Der Mond im Haus – Renovieren, Hausbau, Holzverarbeitung zum richtigen Zeitpunkt* (Goldmann Verlag). Das Buch kommt dem Leser mit jahrtausendealtem Wissen zu Hilfe, um Chemiegifte und Konservierungsmittel entbehrlich zu machen und zahlreichen Krankheiten den Boden zu entziehen.

- *Das Mondlexikon vom richtigen Zeitpunkt* (Goldmann Verlag). Das Handbuch für das Leben mit dem »richtigen Zeitpunkt«. Sie finden darin alle Tätigkeiten des Alltags, soweit ihr Erfolg vom »richtigen Zeitpunkt« profitieren kann – aus Heilkunde, Garten, Land- und Forstwirtschaft, aus Haushalt, Renovieren und Hausbau. Von A wie Abbeizen über D wie Düngen und F wie Fensterputzen bis Z wie Zahnarztbesuch.

- *Vom richtigen Zeitpunkt* (Irisiana Verlag). Unser Klassiker, mit dem alles anfing. Das Grundlagenwerk über den Mondeinfluss in Gesundheit, Gartenbau, Kräuterkunde, Haushalt und Alltag.

- *Der Mondkalender – Der Mond im PC* (CD-ROM für Windows 95 bis Windows XP, Euro 16,90). Das Münchner Software-Haus *United Soft Media* hat in Zusammenarbeit mit uns das neue PC-Programm *Der Mondkalender* entwickelt, mit dem wir sehr zufrieden sein können. Vom Schreiner über den Architekten bis zum Heilpraktiker, vom Landwirt über den Lehrer bis zum Tierarzt – das Programm eignet sich ideal zur Umsetzung der Mond- und Naturrhythmen in den Alltag.

Ein rundes Mond-Kalenderprogramm

Damit Sie sich immer auf Informationen aus erster Hand verlassen können, bieten wir neben unseren Büchern ein vielfältiges Mondkalenderprogramm an:

- *Ganz neu!* Das *Mondjahr* als *Familienkalender!* Der unentbehrliche Begleiter durch den Termindschungel der Familie. Mit allen Symbolen und schönen Mondfotos.

- Das bewährte *Mondjahr als Taschenkalender* in zwei verschiedenen Ausführungen: Schwarz-Weiß und Farbe.

- Der *Foto-Wandkalender*. Zwölf wunderschöne Landschaftsfotos mit Mond verwandeln diesen Monatskalender in eine Zierde für Heim und Büro. Enthält sämtliche Symbole und Texte, die auch im Taschenkalender zu finden sind. Viel Mondwissen auf einen Blick im Format 28 x 32 cm (aufgeklappt 56 cm hoch x 32 cm breit).

- *Die Jahresübersichten 2006–2016*. 10 Jahre Mondkalender im Format DIN-A 4, eine Loseblatt-Sammlung, das unentbehrliche Werkzeug in seiner einfachsten Form.

- Der *Wochenplaner* für den Schreibtisch mit allen Symbolen und Texten, die auch *Das Mondjahr* enthält. Zum Aufstellen für den Schreibtisch im Format 32 x 11 cm.

- Der *Büro-Jahresplaner für den großen Überblick*: Mit Angabe aller Symbole des Taschenkalenders und genug Platz für Notizen, im Jumbo-Format 61 x 88 cm.

- *Filofax*: Ein Päckchen mit Einlegeblättern für Ihren Zeitplaner. Mit allen Symbolen, die auch im Taschenkalender enthalten sind. 106 Seiten, pro Doppelseite 1 Woche, Format 95 x 171 mm, 6-fach Lochung 6 mm im Abstand 19/19/51/19/19 mm.

- Der *Original Paungger-Poppe Abreißkalender* für jeden Tag. Mit vielen Mini-Geschichten, die das Wirken der Mondrhythmen leicht verständlich nahe bringen, mit zeitlosen Weisheiten und natürlich mit den Grundregeln des Mondwissens. Enthält auch sämtliche Symbole, die im Taschenkalender zu finden sind. Format 13 x 11,5 cm.

- *Das Mondjahrbuch*. Auf vielfachen Leserwunsch gibt es zusätzlich seit 2005 den Inhalt des Abreißkalenders mit sämtlichen Tätigkeitssymbolen und zusätzlich mit Tabellen und weiteren Informationen als Taschenbuch mit dem Titel »Das Mondjahrbuch«. Die Texte gehen dann nicht mehr verloren und können gesammelt werden. Fragen Sie Ihren Buchhändler.

Sie sehen, bei uns ist immer viel los und viel Neues in der Auslage! Wenn Sie sich generell für unsere Arbeit, für Kalender, Bücher und Produkte interessieren und stets auf dem Laufenden bleiben wollen, schreiben Sie uns und fordern Sie kostenlos unseren kleinen Versand-Prospekt an beim:

Mondversand
Hauptstraße 34 · D-83730 Fischbachau
Tel.: 0049-8028-904635 · Fax: 0049-8028-9059958
E-Mail: mondversand@t-online.de
www.paungger-poppe.com

Bitte haben Sie Verständnis, wenn wir es nicht immer schaffen, alle privaten Anfragen zu beantworten. Bis heute können wir diese Arbeit nur persönlich erledigen.

Stichwortverzeichnis